LES MARINS

DU XVᶜ ET DU XVIᶜ SIÈCLE

PAR LE VICE-AMIRAL

JURIEN DE LA GRAVIÈRE

MEMBRE DE L'INSTITUT

Ouvrage enrichi de gravures et d'une carte spéciale.

TOME SECOND

PARIS

E. PLON ET Cᵢᵉ, IMPRIMEURS-ÉDITEURS

RUE GARANCIÈRE, 10

1879

Tous droits réservés

LES MARINS
DU XVᵉ ET DU XVIᵉ SIÈCLE

L'auteur et les éditeurs déclarent réserver leurs droits de traduction et de reproduction à l'étranger.

Ce volume a été déposé au ministère de l'intérieur (section de la librairie) en novembre 1878.

PARIS. — TYPOGRAPHIE DE E. PLON ET Cie, RUE GARANCIÈRE, 8.

LES MARINS

DU XVᵉ ET DU XVIᵉ SIÈCLE

PAR LE VICE-AMIRAL

JURIEN DE LA GRAVIÈRE

MEMBRE DE L'INSTITUT

Ouvrage enrichi de cartes et de figures.

TOME SECOND

PARIS

E. PLON ET Cⁱᵉ, IMPRIMEURS-ÉDITEURS

RUE GARANCIÈRE, 10

1879

Tous droits réservés

LES MARINS
DU XVᵉ ET DU XVIᵉ SIÈCLE

TROISIÈME PARTIE
LA COMPAGNIE MOSCOVITE

CHAPITRE PREMIER

STEPHEN BURROUGH

La Compagnie moscovite avait affranchi le grand empire de l'est du blocus maritime, qui seul aurait eu le pouvoir de l'arrêter dans son expansion. La fortune nouvelle de l'Angleterre commençait également à se dessiner. Puissance agricole et manufacturière, l'Angleterre tendait à se substituer, comme puissance commerciale, à la ligue dont elle avait jusque-là enrichi les flottes en leur confiant le transport exclusif de ses produits. C'était chez les Anglais désormais, et non plus dans la péninsule Ibérique, qu'il fallait aller chercher la féconde ardeur des entreprises lointaines, la généreuse passion des découvertes. Nous avons montré Jean Cabot donnant à cette passion son premier essor, et le second fils de Jean, Sébastien Cabot, tout occupé encore, dans sa verte vieillesse, d'attiser le foyer que son père, soixante-deux ans plus tôt, avait allumé. Les rêves du cosmographe avaient eu un dénoûment imprévu. Ce dénoûment était heureux sans doute, fertile en conséquences; il ne suffisait pas cependant à une ambition qui s'était promis davantage. Willoughby s'était égaré, une autre piste avait entraîné Chancelor, Stephen Burrough dédommagerait la compagnie de ces deux mécomptes. Sur la *pinace le Searchthrift* (l'*Heureuse Recherche*), chétive barque assez semblable à nos chasse-marées, n'ayant en tout que huit hommes d'équipage et ne tirant que quatre ou cinq pieds d'eau, le vaillant compagnon de Chancelor, l'ancien maître du *Bonaventure*, si les prévisions de Sébastien Cabot se réalisaient, ferait un pas de plus dans la grande entreprise. Il n'arriverait peut-être pas, en un seul voyage, au Cathay; il arriverait tout au moins jusqu'à l'embouchure de l'Oby.

On chercherait vainement le nom et le cours de l'Oby sur la mappemonde de 1544. C'est Giles Holmes, un des compagnons de Killingworth, qui paraît avoir le premier, pendant son séjour à Kholmogory, — le *Colmogro* des Anglais, — recueilli les notions que Sébastien Cabot a sur-le-champ songé à utiliser. «On connaît, écrit Holmes, la route de l'embouchure de la Dwina à la Petchora;

De la Petchora, voyageant avec des rennes ou avec des cerfs, on compte cinq jours de voyage par terre jusqu'au fleuve Oby ; autant par eau, si l'on est en été. L'Oby est un fleuve rempli de hauts-fonds. L'embouchure a soixante-dix milles russes de large. Sur la côte même habitent les Samoïèdes, race hideuse à voir, mais pleine d'agilité et habile à tirer de l'arc. Les Samoïèdes se nourrissent généralement de poisson ou de chair de renne ; ils se mangent aussi quelquefois entre eux. Si un marchand étranger vient les visiter, ils n'hésiteront pas, pour le bien recevoir, à tuer un de leurs enfants ; en revanche, si le marchand meurt pendant son séjour parmi eux, ils ne l'enterrent pas, ils le mangent [1]. C'est de leur pays et de contrées plus éloignées encore, mais s'étendant toujours sur le bord de la mer, que viennent les peaux de zibelines, de renards blancs et noirs, de cerfs et de faons. »

Ces renseignements étaient bien vagues encore. La cour de Moscou ne possédait de beaucoup plus précis. Les premières communications entre la

---

[1] « Ceci, m'écrit-on d'Arkhangel, est absolument faux. Jamais les Samoïèdes n'ont été sérieusement accusés d'anthropophagie. Lepechin, illustre voyageur du dix-huitième siècle, donne de grands détails sur ces populations. Le nom de Samoïèdes vient de *Samo*, qui veut dire *homme* dans le langage de ces tribus ; *iidi* est la terminaison du pluriel. *Samoïède* veut donc dire *des hommes*. Traduit littéralement du russe, ce même mot signifierait : *se mangeant soi-même*. C'est à cette interprétation qu'il faut probablement attribuer l'opinion erronée de Giles Holmes. »

Russie septentrionale et le pays des fourrures remontent à la fin du onzième ou aux premières années du douzième siècle. A cette époque, la grande et puissante république de Novgorod s'empara de toutes les contrées qui forment aujourd'hui le gouvernement d'Arkhangel. Des colons russes vinrent occuper le pays des Tchouds, et ces colons ne tardèrent pas à nouer des relations avec les Vogouls et les Samoïèdes, qui leur apportaient chaque année « du pays des bois noirs », les uns le produit de leur chasse, les autres le produit de leur pêche. Vers le commencement du quinzième siècle, quand Vasili II régnait à Moscou, Novgorod dut céder au fils de Dimitri Donskoï les droits qu'elle s'était arrogés sur l'antique Biarmie, devenue la Permie et l'Iougorie modernes. En 1499, Jean le Grand, Ivan III, fit franchir à ses troupes les montagnes de l'Iougorie et la vallée de la Petchora. Les Vogouls et les Ostiaks, dont il avait fallu plus d'une fois repousser les incursions, reçurent à leur tour la visite des Russes. Une petite partie de la Sibérie septentrionale appartint dès lors, nominalement du moins, à la grande principauté de Moscou. Le successeur d'Ivan III, Vasili IV, inséra dans ses titres celui de « tsar d'Obdorskoï et de Kondorskoï », c'est-à-dire des pays situés sur l'Oby et sur la Kondora.

C'est très-vraisemblablement à cette époque que

fut rédigé l'itinéraire dont l'envoyé de l'empereur Maximilien, le baron Sigismond Herberstein, eut communication pendant son séjour à Moscou, et qui parut à Bâle en 1556, traduit pour la première fois par les soins du baron, en latin. La route de Moscou à Vologda devait être, dès le quinzième siècle, si l'on en croit ce précieux document, une route journellement fréquentée et d'un parcours facile. La rivière de Vologda, puis celle de Soukhana, étaient également, longtemps avant l'apparition des vaisseaux de Chancelor et de Killingworth, la voie généralement suivie entre Vologda et Oustioug. Formée par la réunion des eaux de la Soukhana et du Joug, la Dwina portait, sans exiger aucun transbordement, les voyageurs d'Oustioug à Kholmogory. Cinq jours de marche encore, et l'on pouvait atteindre l'extrémité du fleuve « qui se jette par six bouches dans l'océan du Nord ». Ce n'est pas toutefois à l'océan Glacial, c'est à la Petchora que l'itinéraire russe s'engage à nous conduire.

Faisons un instant abstraction de notre science moderne; devenons en esprit un contemporain d'Herberstein, et voyons si la *Moscoviæ descriptio*, les *Chorographicæ Tabulæ* et les *Itineraria* publiés à Bâle ne nous égareront pas dans ce long labyrinthe de lacs et de rivières, à travers lequel une révélation indiscrète nous promène. N'oublions pas, d'ailleurs, lorsque la voie fluviale nous paraîtra offrir de trop amples lacunes, que là où l'eau manquait, les soldats d'Ivan III et de Vasili IV, non moins prompts à prendre un parti que les Cosaques du Don et les sauvages du nouveau continent, chargeaient sans hésiter sur leurs larges épaules « canots, hardes et vivres ». Avec « le portage », tout s'explique. Mettons-nous donc hardiment en route sur la foi du savant diplomate qui naquit en 1486 dans la Styrie, fut en 1516 ambassadeur de l'empereur d'Allemagne à Moscou et mourut en l'année 1566, président de la chambre des finances d'Autriche.

Nous devrons, pour le suivre, commencer par abandonner à Kholmogory la Dwina. Il nous suffira de remonter l'espace de deux cents verstes la Pinega, dernier affluent de la Dwina sur la droite, pour arriver à la rivière Kouloï; huit jours après, la Kouloï nous aura déposés sur la côte orientale du golfe, « grand comme une mer », qui porte en effet aujourd'hui le nom de *mer Blanche*. Il faut ici de toute nécessité affronter l'air salin. Nous ne l'affronterons en somme que pour une bien courte traversée, pour un trajet de cinq ou six lieues à peine. Le cap Kargoskoï est doublé; nous voici revenus, pour y rester à tout jamais fidèles, à la tranquille, mais laborieuse navigation d'eau douce. Les barques tournent leur proue du côté du sud et refoulent le cours de la rivière Mezen. Elles arrivent ainsi en cinq jours à la rivière Pesa. Cinq semaines tout entières seront employées à passer de la Pesa dans la Tzilma. Quel étrange circuit, et que l'on comprend bien, à tant de détours, dans quelles solitudes vierges, à travers quelles régions souvent impénétrables on veut nous emmener! Par bonheur, nous touchons au but. La Tzilma descend directement des monts de l'Iougorie et va se jeter dans la Petchora. Parvenus au point de jonction de la rivière tributaire et du fleuve, si nous nous laissons aller au fil de l'eau, le sourd murmure de la mer et des vents ne tardera pas à frapper nos oreilles. L'itinéraire russe ne compte que cinq jours pour descendre de l'embouchure de la Tzilma au poste fortifié de Poustoser. Voilà donc enfin sur le pays des Nocturnes et des Hippophages des notions précises, des renseignements que les cosmographes peuvent utiliser. Sébastien Cabot ne saurait trop se hâter de retoucher sa mappemonde.

Essayerons-nous maintenant de passer plus avant, et les guides qui nous ont servi pour atteindre les bouches de la Petchora ne nous égareront-ils pas quand ils prétendront nous mener aux bords plus inconnus et plus fabuleux encore de l'Oby? La première épreuve semble faite cependant pour inspirer confiance. Embarquons-nous de nouveau sur le grand fleuve que nous venons de descendre. Il s'agit cette fois de remonter le cours de la Petchora pendant vingt ou trente jours. Nous aurons alors franchi la distance de deux cents milles environ qui sépare l'embouchure de la Tzilma, affluent de la rive gauche, de l'embouchure de l'Ousa, affluent de la rive droite. Nous n'avons guère, après tant d'efforts, changé de latitude; nous nous sommes, en revanche, considérablement avancés du côté de l'Orient.

L'Ousa prend sa source sur un des rameaux de la chaîne immense que les Russes ont nommée Zemnoï-Poyas, — la ceinture du monde, — *Cingulus mundi*. « Couvertes en toute saison de neiges et de glace, ces montagnes ne sauraient, sous le parallèle où nous sommes, être franchies sans quelque péril. Elles se prolongent si loin vers le nord qu'elles vont former la terre inconnue de l'Engroneland. » Le duc de Moscovie, Basile, fils d'Ivan III, envoya jadis deux de ses capitaines, Féodorovitch Kourbski et le kniaz Uchatoï, pour explorer les pays qui s'étendent à l'est de cette longue barrière. Kourbski mit dix-sept jours à gravir la montagne, et encore ne put-il arriver au sommet. Un autre détachement, expédié de Moscou, à peu près à la même époque, évita ce mécompte. Il laissa derrière lui le confluent de l'Ousa et ne quitta le lit de la Petchora que lorsqu'il fut parvenu, après trois semaines du plus rude labeur, aux bouches de la Shugor et de la Podtcheria. Entre les deux rivières, les soldats firent un dépôt des vivres qu'ils avaient apportés de Russie. Ils visitèrent ensuite la contrée que bordent d'un côté le mont Camëni-Bolchoï, de l'autre la Petchora, vaste bassin qui n'a vers le nord de limites que « la mer et les îles d'alentour ». La colonne russe trouva tout cet espace rempli « d'innombrables nations », d'oiseaux de toute espèce, d'animaux de toute sorte : zibelines, martres, castors, loutres, hermines, écureuils, sans compter sur terre des loups et des ours blancs ; dans l'Océan, la baleine et le morse. Séduits par l'importance de cette première conquête, les sujets de Basile résolurent de faire un pas de plus vers l'Oby, et, pendant trois semaines, ils ne cessèrent de marcher à l'encontre du courant, pour se rapprocher autant que possible des sources de la Shugor. Du point que leurs barques, volant presque à fleur d'eau, purent ainsi atteindre, il ne fallut que trois jours pour gagner le revers interdit au capitaine Koursbki et au kniaz Uchatoï. Qu'aperçurent les Russes, quand ils se trouvèrent sur la pente orientale du Zemnoï-Poyas ? Ils virent « un grand pays, une contrée sauvage, toute couverte de cèdres, ayant des habitants, n'ayant pas de maisons ». C'était la Lucomorie[1]. Par

---

[1] Le nom de *Lucomorie* (littoral d'été) est généralement attribué par les marins russes à la côte occidentale de la mer Blanche. Le baron

la rivière d'Artavicha et la rivière Sibir, les hardis Argonautes gagnèrent la Sosna, dont les eaux vont directement grossir l'énorme volume de l'Oby. Quelques années plus tard, un château fut bâti à l'embouchure du fleuve, et tout le littoral compris entre Poustoser et Obdorsk reconnut, nominalement du moins, la puissance de Vasili IV.

Le cours supérieur de l'Oby était occupé par des peuplades moins faciles à soumettre que les timides Vogouls, et pendant près d'un siècle ce fut la Permie qui dut de ce côté se tenir sur la défensive. Pour remonter, d'ailleurs, du château d'Obea — ou d'Obdorsk — jusqu'au confluent de l'Irtich, on aurait employé, suivant le baron Herberstein, toute une saison d'été. Sur l'Irtich se trouvaient Jerom et Tumen, résidences fameuses des kniez Juhorski. « Les Russes, observe, non sans quelque apparence de raison, le prudent diplomate, m'ont affirmé que la Lucomorie obéissait aux lois du prince de Moscou. Cependant le royaume de Tumen n'est pas très-éloigné de la contrée qu'habitent les Lucomores, et le tsar Tumenski, c'est-à-dire le roi de Tumen, a récemment infligé de sérieux dommages aux provinces possédées par le grand-duc Basile. On peut en inférer que les nations de la Lucomorie, si elles

---

Herberstein est d'accord avec les naturels du pays d'Obdorsk, en appliquant cette désignation au littoral situé au delà de l'Oby.

subissent un joug, subissent plutôt le joug de leur
proche et puissant voisin, le souverain tartare, que
celui du prince russe qui règne si loin d'elles à
Moscou. »

La colonie permienne était donc constamment
inquiétée. Elle n'en grandissait pas moins à vue
d'œil. Il semble même qu'elle n'ait point attendu,
pour se frayer un chemin vers les régions du nord-
est, les explorations triomphantes des capitaines de
Vasili IV. « Il y a un peuple en Moscovie qui s'appelle les enfants d'Anika. » C'est en ces termes que,
dès les premières années du seizième siècle, on
commence à parler de la famille d'Anika Strogonof.
Cette famille occupait les bords de la Vitchegda,
près de la petite ville de Solvitchegodsk, par 61° 20'
environ de latitude nord et 44° 37' de longitude à
l'est du méridien de Paris. Le produit des salines
dont Strogonof dirigeait lui-même l'exploitation ne
suffisait pas à expliquer la richesse des Aniconiens.
Cette fortune si prompte devait avoir quelque origine mystérieuse. Strogonof avait en effet découvert
une mine dont aucun autre marchand ne songeait
encore à lui disputer les bénéfices. Le premier, il voulut savoir quel était le pays d'où venaient chaque
année sur le marché d'Oustioug tant de belles pelleteries, tant d'objets inconnus aux autres provinces de
l'empire. Les gens qui apportaient ces précieuses
marchandises ne parlaient pas le russe. Leurs habits,

leur religion, leurs coutumes, les distinguaient aussi des Moscovites. Anika traita secrètement avec eux. Quand ils quittèrent Oustioug, il eut soin de les faire accompagner par dix ou douze de ses esclaves auxquels il recommanda de bien observer tous les endroits par où passerait la caravane. L'année suivante, il ne se contenta pas de charger de la même mission un plus grand nombre de ses serviteurs; il leur confia cette fois divers objets de troc : de la verroterie, des sonnettes et autres merceries d'Allemagne. Les Aniconiens voyagèrent ainsi jusqu'à la rivière Oby, traversant en route des déserts et des fleuves. Ils prirent alors une connaissance plus exacte des mœurs du peuple étrange que nous voyons, à dater de ce jour, s'introduire dans l'histoire sous le nom générique de Samoïèdes.

Les Samoïèdes n'avaient point de villes; rassemblés par troupes, ignorant complétement la culture du blé, ils vivaient de leur chasse, fort paisibles d'ailleurs et gouvernés par les anciens des tribus. Pendant quelques années, Anica continua de pratiquer sans bruit des échanges dont tout l'avantage naturellement était de son côté. Les profits de ce commerce furent tels que les Aniconiens purent bientôt acheter d'immenses quantités de terres et faire bâtir des églises à leurs frais. « Ils avaient tant de bien qu'ils ne savaient plus qu'en faire. » La prospérité heureusement ne les aveugla pas. Ils

prévirent prudemment qu'il leur serait bien difficile
de conserver ce qu'ils avaient acquis s'ils ne prenaient la précaution de se créer quelque appui
sérieux à la cour. Après avoir adroitement gagné
par leurs présents un des boyards le plus en crédit,
ils s'ouvrirent à lui de leur découverte. Ce boyard
se chargea d'en faire part à l'empereur. « Quelques
gentilshommes pauvres » partirent alors de Moscou
« avec les enfants d'Anica ». Ces gentilshommes
parlèrent aux Samoïèdes de l'empereur de Moscovie. Ils leur firent entendre que le grand prince
dont ils se faisaient gloire d'être nés les sujets était
moins un roi qu'un dieu condescendant à habiter
la terre. Un tel langage, dans la bouche de gens
convaincus les premiers de ce qu'ils avançaient, ne
pouvait manquer de produire une vive impression
sur les simples esprits qu'il s'agissait de séduire.
Les peuplades campées en deçà de l'Oby se crurent
trop heureuses de pouvoir, au prix bien modique
d'une redevance annuelle, acheter la protection
d'un si puissant monarque. L'an 7033 de la création du monde, — 1525 de notre ère, — elles
promirent de payer chaque année au tsar un tribut
de deux peaux de martre-zibeline par tête d'habitant. Ce tribut devait être porté à Petchora et à Pousosér [1]. Sous le règne d'Ivan IV, les Samoïèdes, qui

---

[1] Le nom de Poustoser est dérivé de deux mots russes : *pousto*, désert, et *osero*, lac.

n'avaient encore paru jusque-là qu'à la grande foire d'Oustioug, commencèrent à fréquenter le marché de Kholmogory. Ce village dépendait de l'évêché de Vologda. En 1543, il eut un gouverneur; Vasili-Mikaïlovitch Vorontzof vint y représenter la personne sacrée du tsar. A la même époque, des marchands de Kholmogory, attirés par l'appât du lucre, osèrent franchir le golfe de l'Oby et s'avancer de plus de deux cents lieues vers l'Orient. « Ils virent en ce voyage plusieurs espèces d'animaux rares, de belles fontaines, de beaux bois, des herbages admirables, et divers Samoïèdes dont les uns étaient montés sur des élans, les autres traînés par des attelages de chiens qui couraient aussi vite que des cerfs. » Un de ces facteurs, dont les chroniques anglaises nous ont légué le nom, Féodor Toutigui, prétendait être arrivé ainsi, « suivant toujours la côte », à ce lointain empire vers lequel tendaient de nouveau tous les vœux du persévérant gouverneur de la Compagnie moscovite. Quelque malentendu se glissa probablement dans cet entretien : Féodor put rencontrer des peuplades venues de la Mongolie ou des bords du lac Baïkal; il est impossible d'admettre qu'il ait visité lui-même le Cathay. Ce nouveau Sinbad trouva d'ailleurs la mort dans un second voyage; il périt, massacré, dit-on, par les Tartares.

On voit par ce rapide exposé quelles étaient les notions nouvelles que la Compagnie moscovite avait acquises en 1556 sur des parages qu'au mois de mai 1553 elle ne connaissait encore que par les élucubrations plus ou moins plausibles d'un octogénaire opiniâtre. Ces notions peuvent jusqu'à un certain point expliquer la confiance renaissante de Sébastien Cabot. En expédiant le *Searchthrift* vers le château d'Obdorsk, on ne l'envoyait pas, comme autrefois l'*Édouard-Bonaventure,* la *Speranza* et la *Confidentia,* côtoyer dans la brume le pays des chimères. Plus d'un fantôme hantait encore cependant la province récemment conquise, et la Sibérie d'Herberstein ne ressemble guère à celle qu'ont décrite les auteurs du siècle dernier ou les voyageurs de nos jours. Le Zemnoï-Poyas et les monts Riphées sont devenus, sous leur nom moderne de monts Ourals, « une chaîne de montagnes d'une monotonie désespérante, plutôt insipide que dangereuse ». La partie méridionale du pays, malgré « son ciel lugubre », est comparativement fertile et productive. Ces districts privilégiés sont, il est vrai, assez circonscrits. « Un degré de plus vers le nord, un pas au delà du grand chemin, vous êtes dans le désert, au milieu de marais bourbeux, dans lesquels le sauvage Ostiak chasse, tout l'hiver, le renard et l'ours, se contentant, pendant l'été, qui dure deux mois, de poisson pour toute nourriture. » La Sibérie, en somme, est un très-bon pays « pour des exilés », une mine inépuisable de richesses souterraines. Ce qui en rend surtout la possession précieuse, c'est qu'elle paraît en voie de devenir, comme l'avait si bien pressenti Sébastien Cabot, le plus court des chemins qui mèneront au Cathay.

Le choix du capitaine placé sur le *Searchthrift* était déjà un gage de succès pour la mission nouvelle. Stephen Burrough passait avec raison pour un des meilleurs pilotes de la marine anglaise, et deux campagnes récentes lui avaient rendu familières les épreuves des navigations arctiques. Si un destin fatal l'enlevait prématurément à l'expédition, son frère, William Burrough, non moins habile que lui « à relever le soleil ou les côtes au compas, à mesurer l'élévation du pôle à l'aide de l'astrolabe », serait sur le *Searchthrift* prêt à le remplacer.

Accompagné du *Philippe-et-Marie*, l'*Édouard-Bonaventure* avait pris les devants. Ces deux vaisseaux étaient déjà mouillés depuis plusieurs jours à l'embouchure de l'Orwell, quand, le 27 avril de l'année 1556, « le digne Sébastien Cabot », alors âgé de plus de quatre-vingts ans, vint visiter à Gravesend la *pinace le Searchthrift*. L'illustre gouverneur de la Compagnie moscovite amenait avec lui plusieurs gentilshommes et des dames. Quand il eut soigneusement inspecté la *pinace* dans ses moindres détails, et fait honneur à la collation qui lui fut offerte, il descendit à terre, laissant à l'équipage une gratification telle qu'on pouvait l'attendre de sa générosité bien connue. « Le bon vieillard » ne s'en tint pas là : il distribua aux pauvres de Gravesend de libérales aumônes, les invitant à prier pour l'heureux succès de l'expédition ; puis il convia les deux officiers du *Searchthrift* à venir dîner avec lui à l'auberge renommée de Christophe. La confiance que montrait l'équipage de la *pinace* lui semblait du meilleur augure. Dans la joie que lui inspiraient ces bonnes dispositions, il prit gaiement sa part des plaisirs de la jeune et folle bande. On le vit, malgré ses seize lustres, se mêler à la danse. Il fallut cependant songer à regagner Londres. La nuit s'avançait, et la marée n'est aux ordres de personne. Sébastien Cabot dut donner à regret le signal du départ, non sans avoir toutefois recommandé Stephen Burrough, son frère et tout l'équipage du *Searchthrift* « à la conduite du Dieu tout-puissant ».

Arrêtons-nous un instant devant ce tableau et contemplons, — chose rare dans l'histoire, — la physionomie d'un homme à la fois célèbre et heureux. De quel prix plus amer avait payé sa gloire le sombre rêveur qui fatigua quinze ans les monarques catholiques de ses doléances ! La destinée de Christophe Colomb fut celle qui attend généralement les poëtes. Sébastien Cabot connut un meilleur sort. Le lot qui lui échut n'a été réservé par le ciel qu'aux esprits pratiques. Quand l'amiral décrit les merveilles du monde nouveau qu'il vient de découvrir, on croirait presque entendre chanter le Tasse : « Les montagnes d'où descendent en cascades les eaux claires, les ruisseaux qui serpentent à travers la plaine, les arbres chargés de fleurs, les arbustes couverts de fruits, le chant du rossignol, aussi doux qu'en Espagne, la voix même du grillon », tout le séduit et l'enchante. Sébastien Cabot n'a pas de ces accents, et tout nous porte à croire qu'il a ignoré ces plaisirs; les tortures morales de Christophe Colomb lui ont été en revanche épargnées. Ce n'est pas le pilote-major d'Édouard VI, le gouverneur de la Compagnie moscovite, qu'on verrait, vêtu de la robe de bure de saint François, « invoquer à son aide les maîtres de la guerre et les quatre vents », pleurer les Indes en proie à la révolte, se croire et se dire sans cesse plus maltraité que s'il avait donné ce joyau envié des Indes occidentales, « non pas aux Espagnols, mais aux Maures ». Sébastien n'a trouvé le monde ni injuste ni ingrat, et, parvenu au déclin de la vie, il songe sans amertume, — si toutefois il y songe, — au néant des grandeurs et des gloires humaines. Voilà certes deux Génois qui ne se ressemblent guère! Ce fut peut-être au début la même argile; les mains qui l'ont pétrie en ont tiré deux vases bien différents.

Le 29 avril 1556, le *Searchthrift* appareilla de Gravesend avec une belle brise de sud-ouest et alla jeter l'ancre à son tour devant l'embouchure de l'Orwell. Stephen Burrough se rendit sur-le-champ à bord de l'*Édouard-Bonaventure*. La Compagnie avait désiré qu'il gardât la conduite de ce vaisseau jusqu'à l'arrivée de l'escadre au port de Varduus. Cette escadre, le 15 mai, se trouvait à sept lieues environ de la côte méridionale de la Norvége, par 58° 30′ de latitude. La terre courait au nord-nord-ouest, au nord-quart-nord-ouest, au nord-ouest-quart-nord, « comme on peut le voir, nous dit Stephen Burrough, sur la carte ». Le 16, on reconnut l'île de Saint-Dunstan ; le soleil restait alors à l'est [1]. Quand on le releva au sud, la latitude fut trouvée de 59° 42′. L'escadre approchait de la hauteur de Bergen. Elle fit ainsi une vingtaine de lieues au nord-ouest, en longeant d'assez près la côte. Le 20 mai, ses vigies découvrirent à travers la brume « la haute terre au sud de Lofodèn ». Le 23, Stephen Burrough se supposait par le travers « de la chapelle de Kedilwike »; quand on aperçut soudain le cap qui forme, neuf lieues environ plus à l'est, l'extrémité septentrionale du Finmark. Ce promontoire a gardé le nom que, dans le voyage de 1553, lui assigna

---

[1] C'est en observant et notant fréquemment l'azimuth du soleil que les navigateurs du seizième et du dix-septième siècle suppléaient la plupart du temps à l'absence d'horloges. Le 16 mai 1556, — vieux style, — quand Stephen Burrough relevait le soleil à l'est, — relèvement corrigé de la variation, — il était 6 h. 52ᵐ du matin (temps vrai), — midi quand Stephen le relevait au sud.

Stephen Burrough ; il s'appelle encore aujourd'hui le cap Nord. La partie délicate de la traversée était accomplie. Les vaisseaux n'avaient plus que quarante lieues à faire pour se rendre au mouillage de Varduus.

C'était à Varduus que Stephen Burrough devait monter de nouveau la *pinace*. Le 7 juin, nous le trouvons à bord du *Searchthrift*, mouillé, en compagnie du *Bonaventure*, sur la côte occidentale de la mer Blanche, « dans la baie de Corpus-Christi ». Où placer cette baie sur nos cartes modernes? Tout fait présumer que les Anglais avaient jeté l'ancre dans l'anse Katchovski, petite baie « d'une demi-lieue à peine de profondeur », située par 67° 28′ de latitude. Ils quittèrent ce mouillage, suivant les expressions du journal de bord, « quand le soleil leur restait au nord-est-quart-est [1] ». En sortant de la baie, les navires rencontrèrent un courant si violent qu'on eût pu croire à un ras de marée. Le *Searchthrift* et le *Bonaventure* firent d'abord d'une seule traite vingt lieues au sud-est-quart-sud. Ils durent ranger ainsi, d'après nos calculs, l'île Morjovets [2] de très-près. La variation de l'aiguille aimantée se trouvait être alors dans la mer Blanche, non pas, comme aujourd'hui, de sept ou huit degrés

---

[1] C'est-à-dire à 4 h. 10^m du matin (temps vrai).
[2] L'île Morjovets ou Morshovez est située dans la mer Blanche, à l'entrée du golfe de Mezen, par 66° 45′ de latitude nord et 40° 10′ de longitude est.

nord-est, mais de trois ou quatre tout au plus L'île était à peine dépassée qu'il fallut serrer toutes les voiles. Une brume épaisse enveloppait les vaisseaux, et le fond du golfe demeurait encore encombré d'une énorme quantité de glaces flottantes. Le *Searchthrift* se décida le premier à continuer sa route à tout risque. Il venait de laisser tomber sa misaine et de mettre le cap au sud-sud-est, quand un coup de canon retentit dans la brume. L'*Édouard* faisait à sa fidèle conserve ses adieux. La *pinace* répondit par un coup d'espingole, mais le brouillard était trop intense pour que les deux navires pussent s'apercevoir. Le signal entendu heureusement suffisait. Chaque capitaine avait désormais la faculté de naviguer à sa guise. Le *Searchthrift* allait poursuivre seul l'aventureux projet; l'*Édouard-Bonaventure* se rendait sur la rade de Saint-Nicolas; il devait y attendre son ancien commandant, Chancelor, déjà parti de Moscou pour Vologda et Kholmogory avec un ambassadeur d'Ivan IV.

Le 9 juin, Stephen Burrough avait traversé de biais la mer Blanche et passé sans encombre de la côte des Lapons à la côte des Kerils [1], de la rive occidentale du golfe à la rive orientale. Un nouveau havre recevait la *pinace*. Ce havre, où le *Search-*

---

[1] Nous adoptons dans ce récit les désignations de Stephen Burrough. Faisons remarquer cependant que, pour les Russes, *Kiril* ou *Kirilo* est un nom de baptême et n'est pas un nom de tribu.

thrift mouillait par huit brasses d'eau, n'était autre que l'entrée de la rivière Kouloï, située par 66° 12′ de latitude. Le 18 juin, Burrough voulut reprendre le large; le vent du nord le contraignit de rentrer en rivière. Plusieurs bateaux russes s'étaient, pendant ce temps, rassemblés à Kouloï; chaque jour y amenait de nouvelles *lodias,* qui descendaient l'une après l'autre le fleuve. Les moindres avaient vingt-quatre hommes d'équipage. Bientôt on put compter trente de ces bateaux, tous à peu près semblables. Dans le nombre s'en rencontra un dont le patron, par une singulière fortune, prit en amitié le capitaine du *Searchthrift.* Ce patron, nommé Gabriel [1], paraît avoir été doué d'une bienveillance et d'une fidélité peu communes. Il apprit à Stephen Burrough que la flottille réunie à Kouloï avait pour destination Petchora, « importante pêcherie de saumons et de morses ». Il lui fit également comprendre qu'avec un bon vent, il fallait sept ou huit jours pour se rendre de Kouloï à l'embouchure de la Grande-Rivière. Rien ne semblait plus naturel et plus simple que de suivre les lodias quand elles appareilleraient, puisqu'on avait à faire la même route; mais les lodias, avec le vent en poupe, marchaient beaucoup mieux que le *Searchthrift.* Le 22 juin, la *pinace* et toute la flottille russe cinglaient de com-

---

[1] En russe, Gavrilo.

pagnie vers le nord. La brise était fraîche et soufflait de l'arrière. Les lodias eurent bientôt pris une très-grande avance. Stephen Burrough n'aurait donc pas tardé à se trouver sans guide, si Gabriel ne fût resté fidèle à la promesse qu'il avait faite à son ami, le capitaine anglais, « de ne pas l'abandonner et de lui montrer les bancs sur la route ». Dès qu'il vit la pauvre *pinace* ainsi distancée, Gabriel n'hésita pas à se séparer de ses compagnons. Il amena ses voiles et attendit le *Searchthrift*. Le 23 juin, au moment où le soleil restait à l'est-nord-est [1], Stephen se trouva par le travers d'une pointe qu'il nomme le cap Saint-Jean et qui devait être le cap Kanushin. « De cette pointe à la rivière ou baie qui va jusqu'à Mezen, c'est toute terre noyée, hauts-fonds et bancs de sable. Vous avez à peine deux brasses d'eau que vous ne voyez pas encore la terre. » En voulant aller jeter l'ancre dans une crique située non loin du cap Saint-Jean [2], probablement dans la rivière Shemoksha, le *Searchthrift*, toujours guidé par Gabriel, faillit de bien peu se perdre sur la barre et terminer là son voyage. Où passait la lodia, la *pinace*, en dépit de son faible

---

[1] Autrement dit, à cinq heures du matin.

[2] Par 67° 10′ de latitude. Le journal de Stephen Burrough dit 66° 50′; mais les latitudes du *Searchthrift* sont souvent en erreur de quinze ou vingt minutes. Cette approximation est déjà fort remarquable qu' on se représente les instruments dont on faisait alors usage.

tirant d'eau, pouvait encore se trouver arrêtée. Gabriel ne s'en doutait pas peut-être; Stephen Burrough aurait dû y songer. De nouvelles lodias occupaient cette étape. Un des patrons vint à bord du *Searchthrift*. Il avait revêtu sa plus belle veste de soie et orné son cou d'un riche collier de perles. C'était un glorieux et, qui pis est, un jaloux. La faveur dont jouissait l'honnête Gabriel lui fit sur-le-champ ombrage. « Comment pouvait-on accorder confiance à cet homme, qui n'était que le fils d'un prêtre? Son père, à lui, était un gentilhomme. » Mieux eût valu, on en conviendra, pouvoir, en fait d'ancêtres, se recommander dans cette occasion d'un pilote. L'art de conduire un navire au milieu des bancs ressemble à l'instinct du chien de chasse ; il constitue une aptitude à part, on serait presque tenté de dire héréditaire : puisque le nouveau venu, pas plus que Gabriel, ne possédait du sang de pilote dans les veines, le plus sage n'était-il pas encore de s'en remettre, pour la suite du voyage, au pratique, qui, à défaut d'habileté, donnait du moins des preuves incontestables de son bon vouloir?

Le 4 juillet, le vent soufflait de l'est-nord-est. Le *Searchthrift* en profita pour appareiller, et, faisant route au nord, doubla le cap Saint-Jean. Singulier promontoire, « élevé d'une dizaine de brasses au-dessus de l'eau, sur lequel on n'apercevait ni arbres, ni pierres détachées, ni rocher affleurant le sol ; terre noire, si pourrie que, quand une parcelle s'en détache et tombe dans la mer, elle flotte, comme ferait une pièce de bois ». Les Anglais avaient à peine dépassé de deux lieues cette tourbière qu'ils aperçurent, — « véritable régal en pareil pays », — une maison bâtie dans la vallée, et, peu de temps après, trois hommes au sommet d'une colline. Stephen Burrough jugea que les hommes avaient dû venir de quelque autre endroit pour établir en ce lieu désert les piéges qu'on tend d'habitude aux animaux à fourrure. En se rapprochant de la côte, les marins du *Searchthrift* découvrirent en effet des trappes dressées en grand nombre.

A quinze lieues dans le nord-nord-est du cap Saint-Jean, commencèrent à se montrer les dunes de sable. Par 68° 30′ de latitude, on en vit la fin ; la côte avait de nouveau changé d'aspect. Elle s'étendait vers le nord-quart-nord-ouest, et l'eau devenait rapidement plus profonde. Le 8 juillet, le *Searchthrift* doubla le cap Canin. Stephen Burrough détermina très-exactement la position de cette pointe rocheuse, qui marque, du côté de l'est, l'entrée de la mer Blanche. Le 10, la *pinace* était encore une fois à l'ancre. Une tempête menaçante se formait peu à peu dans le nord-ouest. Attendre au mouillage ce vent qui tout à l'heure allait probablement battre en côte, c'eût été se résigner à périr corps et biens. Où chercher pourtant un refuge dans ces parages qu'on n'avait jamais visités? On distinguait bien, il est vrai, non loin du cap Canin, une sorte de coupure qui paraissait se prolonger assez avant dans les terres; la sonde, par malheur, laissait peu d'espoir de pouvoir arriver jusqu'à cet enfoncement où l'on eût peut-être rencontré un abri. L'inquiétude de Burrough était grande. Pendant que ses regards se portaient alternativement sur les divers points de l'horizon, allant du nuage sombre où grossissait l'orage à la côte que la houle frangeait déjà d'une large bande d'écume, une voile se montra tout à coup sortant de la crique dont les marins du *Searchthrift* jugeaient impossible de tenter l'accès. Gabriel venait au secours de ses amis. En passant près de la *pinace*, il fit signe à Stephen Burrough de se diriger vers l'est. Le *Searchthrift* sur-le-champ leva l'ancre et fit route à l'est-quart-sud-est, avec des vents d'ouest-nord-ouest. Le temps était brumeux. Burrough parvint pourtant à suivre Gabriel. Le 11 juillet, on avait fait une trentaine de lieues. La Iodia piqua droit à terre, et la *pinace* se maintint dans ses eaux. C'était vers un port qu'on se dirigeait, mais vers un port défendu par une formidable ligne de brisants. Le *Searchthrift* passa la barre par deux brasses et quart environ. En dedans de ce seuil, les sondeurs trouvèrent cinq brasses, quatre brasses et demie, trois brasses. La *pinace* pouvait librement tourner sur ses ancres ; le fond ne lui ferait pas défaut. Cherchez sur la carte le port Morgionets, — c'est là que Stephen Burrough prétend avoir mouillé, — vous ne rencontrerez aucun nom qui rappelle de près ou de loin celui-là. En revanche, vous avez le choix entre deux enfoncements marqués sur la côte orientale de la presqu'île Canin : Nambalniza [1] et Rybnaïa. Sur le rivage beaucoup de bois flotté, — ce bois ne pouvait venir que des côtes de la Tartarie ; — mais nulle trace de végétation. Les oiseaux de mer se trouvaient chez eux dans cette solitude ; on en pouvait voir là de toutes les espèces : mouettes, goëlans, pies de mer, sans compter maintes variétés encore innomées ou pour la plupart même inconnues. Le 12 juillet au matin, Gabriel aperçut une fumée au large. Il se dirigea de ce côté avec son bateau. Au moment où le soleil restait au nord-ouest [2], on vit la lodia revenir au mouillage. Gabriel n'avait pas fait une sortie infructueuse. Il ramenait un de ces êtres étranges qui, au témoignage de Féodor Toutigui, « ont coutume de passer tout un mois dans la mer sans poser une

---

[1] Ce serait Nambalniza, si la latitude observée par Burrough, — 68° 20′, — est exacte ; mais, sans manquer de respect aux meilleurs observateurs de cette époque, il ne faut pas trop tenir compte avec eux des tiers de degré.

[2] A 8 heures 45ᵐ du soir.

seule fois le pied sur la terre ferme ». Entre le veau marin et le pêcheur samoïède, il serait difficile de distinguer l'homme, car le pêcheur se taille d'ordinaire un vêtement complet dans la peau de l'amphibie. Les dépouilles du phoque enveloppent tout le corps de la tête aux pieds; les mains mêmes disparaissent; il ne reste de découvert que le visage. La fantastique bordure de la mappemonde elliptique défilait ainsi peu à peu devant les Anglais. Après les Scricfini, les Nocturnes et les Hippophages, c'étaient maintenant *los que tienen todo el cuerpo como de persona umana, salvo la cabeza, que tienen como de puerco, y que gruñendo se entienden como puercos* [1], qui semblaient à leur tour se détacher du cadre. Sous plus d'un rapport, Sébastien Cabot, Giles Holmes, Herberstein, les avaient calomniés. Aux étrangers admis dans leurs domaines, ces êtres monstrueux ne se faisaient connaître que par leur courtoisie et leur extrême douceur. Le Samoïède qu'amenait Gabriel avait apporté trois jeunes oies et une jeune macreuse; il en fit don à Stephen Burrough.

Le 14 juillet, le *Searchthrift* quittait la côte orientale de la presqu'île Canin et faisait vingt-cinq lieues à l'est. Les Anglais virent alors au nord-ouest une

---

[1] Légende de la mappemonde de Sébastien Cabot, *Tabula prima*, nᵒ 10.

île qui leur restait à huit lieues de distance environ. C'était l'île Kolguef, qu'avait déjà contournée Willoughby. Le 15, traversant la grande baie de Tcherskaïa et doublant un cap Sviatoï, qu'il ne faut pas confondre avec le promontoire du même nom situé sur la côte de la Laponie, ils franchissaient « la dangereuse barre de la Petchora ». Dans la passe même, le *Searchthrift* ne trouva qu'une brasse d'eau. La mer de chaque côté brisait avec furie, et ce ne fut pas sans quelque émotion que Stephen Burrough se jeta au milieu du tourbillon d'écume où la lodia russe s'était la première engagée. Le 20 juillet, la *pinace* reprenait la mer; Gabriel et Stephen Burrough, d'un commun accord, séparaient leurs fortunes. Le temps était beau, et le vent soufflait de terre : Stephen n'en eut pas moins « à remercier Dieu que son vaisseau tirât si peu d'eau », car il lui fallut, pour sortir du fleuve, traverser un fond moindre encore que celui qu'il avait rencontré en y entrant.

Stephen n'avait eu jusqu'alors à subir que les épreuves inhérentes à tout voyage de découverte. Un danger plus sérieux, dont paraît avoir été exempte la navigation de Willoughby, l'attendait à la sortie de la Petchora. Le 21 juillet, les marins du *Searchthrift* crurent apercevoir la terre du côté de l'est. Ils venaient de découvrir en réalité un monstrueux amas de glace.

2.

La glace qui encombre si souvent les bassins des mers polaires a deux origines différentes. L'une est le produit de l'eau douce; l'autre, de l'eau salée. Les montagnes flottantes qu'on rencontre parfois errant au gré des vents, jusque sous le 48ᵉ degré de latitude, sont des glaciers pareils à ceux des Alpes. Un long suintement a limé leurs crampons, et l'obliquité de leur poids les a fait glisser peu à peu du flanc de la montagne. Ces glaciers ne constituent pas seulement, quand il leur arrive de se détacher du rivage, un immense archipel dérivant tout d'une pièce vers le sud. Outre la vaste et uniforme dérive que leur impriment les courants polaires, ils ont à subir une autre action. Bien qu'ils émergent à peine de deux cents pieds au-dessus de la surface, alors même que la hauteur totale de l'*iceberg* en mesure souvent près de deux mille, cet énorme tirant d'eau ne saurait être le gage d'une inertie complète. Le vent pousse les diverses fractions de la banquise devant lui, et il les pousse généralement d'un mouvement inégal. Le baleinier qui prend le parti d'abriter son navire sous ce rempart à pic et d'y fixer pour un instant son câble aurait donc tort de se fier à une vaine apparence : le bloc se meut, — *si muove.* — Il se meut, et, suivant la superficie émergée qu'il déploie, suivant le plus ou moins d'aptitude que sa carène possède à fendre l'onde, il demeure en arrière des autres îlots ou les gagne insensiblement de vitesse. De ces inégalités de marche résultent des collisions formidables. On croirait assister à la rencontre de deux mondes. Le cristal éclate avec un long craquement sous le choc, la masse se divise, et de larges fêlures sillonnent en tous sens la montagne tout à l'heure compacte et transparente. Pour l'îlot qui vogue isolé, la dissolution se fait peu attendre. La température plus élevée des couches inférieures de l'Océan l'attaque par le bas; par en haut, le soleil d'été travaille sans relâche à le démolir. Sur les flancs ruinés de la forteresse qui s'écroule descendent avec fracas les clochers dentelés, les pyramides aiguës, les grands pans de muraille; puis, comme un cétacé qui vient respirer l'air, montent en bouillonnant les fragments détachés que, du fond de l'abîme, laisse échapper de temps en temps la base. Hier on eût dit un de ces châteaux merveilleux qui surgissent en une nuit sous la main des fées; aujourd'hui ce n'est plus qu'un amas de décombres; dans quelques heures on pourra distinguer à peine quelques glaçons noirâtres qui se tiendront humblement à fleur d'eau. L'île a disparu; il faut maintenant se tenir en garde contre les écueils.

Tous ces débris qu'a laissés le vaste effondrement ont la dureté du roc et le tranchant du fer. Il n'en est pas tout à fait ainsi de l'amas spongieux produit par la congélation de l'eau salée. Deux glaçons placés côte à côte indiqueront facilement par leur seul aspect quelle fut leur provenance. Le glaçon d'eau douce, essentiellement diaphane, prendra, sous les rayons du jour qui le traversent sans peine, une teinte d'émeraude; le glaçon tout chargé de matières salines demeurera blanchâtre, poreux et presque opaque. Ce dernier s'écrasera aisément sous le pied; pour fendre l'autre, il faudra recourir à la hache. Au temps de Stephen Burrough, on n'admettait pas que l'eau de l'Océan pût se congeler. Les marins, comme les cosmographes, croyaient reconnaître, dans les champs de glace auxquels venaient butter leurs navires, la débâcle des grands fleuves consolidée de nouveau par un froid subit. Aujourd'hui la congélation de l'eau de mer a été établie à la fois par l'observation et par l'expérience. On sait que, pour solidifier de l'eau contenant à peu près la trentième partie de son poids en matière saline, un froid de 3 degrés centigrades au-dessous de zéro peut suffire. La cristallisation sera sans doute encore imparfaite. Conservant dans ses interstices le liquide salin, la glace n'aura que la contexture granulaire d'un sirop congelé. Un froid plus intense pourra débarrasser la couche inférieure de tout le sel qu'elle contient; la croûte superficielle ne dépouillera jamais complétement cet aspect glutineux que lui donne l'humidité entretenue par la présence d'un corps étranger au sein des minces plaques dont elle se compose.

Il faut des siècles pour former un glacier; les champs de glace saline se détruisent et se recomposent tous les ans. Dès le mois de mai, ils commencent à éprouver l'action dissolvante du soleil; bientôt le dôme se brise sous l'influence du vent et de la vague, les fragments disjoints s'écartent et se dispersent dans des sens opposés. Avant la fin de juin, il ne reste plus de bancs de glace compactes; mais c'est alors surtout que de longs et terribles conflits s'engagent. Les glaçons se compriment, se broient ou se chevauchent. Il se produit comme un plissement général dans la plaine tourmentée; quand un froid intense viendra de nouveau souder toutes ces masses tabulaires, ce ne sera pas la surface unie d'un grand lac, ce sera une sorte de conglomérat confus, un véritable chaos de vallées, de ravins, de collines, qui se trouvera tout à coup saisi et immobilisé par le vent du pôle.

On ne rencontre pas de glaciers au sud de la Nouvelle-Zemble. La portion de cet archipel qui s'étend sous le parallèle de 72 degrés s'élève à peine à dix-neuf cents pieds au-dessus de la surface de la mer et n'atteint pas, par conséquent, le niveau des neiges éternelles. Au nord seulement, on a pu mesurer des pics de trois mille et quatre mille pieds de haut. En revanche on est exposé, dès qu'on a dépassé l'île Kolguef, à tomber inopinément au milieu des champs de glace que nous venons en dernier lieu de décrire.

Stephen Burrough, le 21 juillet 1556, se trouva, en moins d'une demi-heure, enfermé au sein de la banquise, entouré de toutes parts avant d'avoir pu le soupçonner. « C'était, dit-il, un terrible spectacle. Le vent, très-faible, nous permettait à peine de gouverner. Pendant six heures, tout ce que nous pûmes faire, ce fut de nous écarter d'un monceau de glace pour aller donner immédiatement sur un autre. Quand nous eûmes réussi enfin à nous dégager, nous prîmes le plus près et gouvernâmes à l'est. » Du 22 au 27 juillet, la *pinace* avança lentement, souvent gênée de nouveau par les glaces, plus fréquemment encore arrêtée par le calme. Le *Searchthrift* naviguait entre le parallèle de 70 degrés et celui de 70° 30'. La quille d'un vaisseau européen avait déjà sillonné ces parages, et Stephen Burrough ne l'ignorait pas. Il faut bien se garder de mettre sur le même rang la *pinace le Searchthrift* et le ship *la Speranza*. Ce n'est rien, en effet, quand il s'agit de pareilles entreprises, de passer le second. Le difficile est d'oser affronter ce que nul œil humain n'a encore entrevu. La *Speranza* était un navire de cent soixante tonneaux, la *pinace* n'en jaugeait pas trente ; le plus gros navire n'est pas le plus commode à sortir d'embarras. Le *Searchthrift*, à tout prendre, eût à peine mérité le nom de chaloupe. Les audaces d'une chaloupe lui étaient donc permises ; il est vrai qu'en même temps la prudence d'une chaloupe lui était commandée : nous verrons à tout l'heure Stephen Burrough s'en souvenir. Pendant que la *pinace* se balance immobile sur la vague endormie, quelle est cette montagne humide qui s'est gonflée tout à coup sous sa proue? Est-ce un rauque mugissement, ou l'haleine à demi étouffée d'un grand soufflet de forge qu'on entend s'élever des profondeurs de l'abime? L'onde s'entr'ouvre enfin, une carcasse gigantesque apparaît. Dieu soit loué ! Ce n'est qu'une baleine ; mais c'est une baleine monstrueuse. « Nous aurions pu la harponner, avoué naïvement le capitaine du *Searchthrift* ; nous jugeâmes plus sage de nous abstenir. La baleine provoquée aurait été de taille à chavirer notre vaisseau. » Des deux masses que le hasard mettait en présence, la plus lourde et la plus résistante n'était pas en effet la *pinace*. « J'appelai immédiatement l'équipage sur le pont, ajoute Stephen Burrough; nous criâmes tous ensemble, et nos cris décidèrent le monstre à s'éloigner. » Les monstres s'éloignent, les fantômes s'évanouissent; que les antiques légendes fassent place « aux livres de bonne foi [1] ».

Un groupe d'îles s'aperçoit bientôt vers ce point de l'horizon où le soleil se lève. Le *Searchthrift* laisse

---

[1] « Et pour ce, dit avec raison Marco-Polo, mettons les choses vues pour vues, et les entendues pour entendues. »

porter, et, quelques heures après, son ancre a mordu, par quinze et dix-huit brasses, un fond de vase noire. La *pinace* a trouvé là un assez bon mouillage, et, « ce qui n'était pas non plus à dédaigner », elle y a trouvé de l'eau douce. Rien de plus simple que d'emplir ses futailles d'eau potable quand on a fait la rencontre d'un glacier flottant; les cavités du moindre *iceberg* sont autant de bassins d'où la manche de toile fera descendre sans peine un courant exempt d'amertume. Les champs de glace saline n'offrent pas cette ressource, et il est difficile, quelque soin que l'on prenne d'en faire égoutter les blocs, d'obtenir ainsi un liquide qui ne demeure empreint de la saveur la plus désagréablement saumâtre. Stephen Burrough, au milieu de tant de glaçons, ne se félicitait donc pas sans raison d'avoir découvert une aiguade. Dès qu'il eut renouvelé au mouillage sa provision d'eau douce, il voulut s'occuper sans retard de chercher, à travers les terres qui l'avaient arrêté, comme elles avaient déjà suspendu la marche de Willoughby, une ouverture quelconque qui pût lui donner un libre accès du côté de l'orient. L'honnête Gabriel ne se trouvait plus là pour aider de son expérience les navigateurs étrangers. Depuis qu'ils avaient quitté la bouche occidentale de la Petchora, les Anglais ne demandaient plus leur chemin qu'à la boussole et aux astres. Combien de fois il dut leur arriver de regretter le temps où la pinnace de Ratcliffe n'avait qu'à se laisser conduire par la lodia de Kouloï, où il lui suffisait de marcher dans les eaux de la barque russe pour passer à sa suite entre les bancs du large et les écueils du port! Cette longue tutelle n'avait-elle pas, jusqu'à un certain point, ébranlé la confiance qu'auraient dû avoir en leurs propres forces les deux élèves de Sébastien Cabot? Mouillés par 70° 42′ de latitude, ils appelaient de leurs vœux, sans toutefois oser l'espérer, un nouveau pilote ; et, chose à peine croyable en ces solitudes, le pilote se trouva! Ainsi, ce qui avait constamment manqué à Willoughby, ce qui lui avait manqué sur les côtes de la Laponie, aussi bien que sur les côtes de la Nouvelle-Zemble, les marins du *Searchthrift*, à deux reprises différentes, l'obtinrent d'une faveur spontanée du sort. Willoughby semble avoir été la victime expiatoire qu'attendait l'Océan arctique profané par l'audace des enfants de Japhet. Nul secours ne lui vint en aide, et, de quelque côté qu'il se retournât, il n'eut jamais, dans son amère détresse, que le choix de la catastrophe. Stephen Burrough, au contraire, dans chaque perplexité, devait rencontrer un appui : Gabriel d'abord, un autre sujet d'Ivan IV ensuite.

Les habitants des côtes de la mer Blanche sont encore aujourd'hui les meilleurs marins de toute la Russie. Entreprenants jusqu'à la témérité, ils se distinguent aussi par l'amour du travail, la probité et les mœurs les plus hospitalières. La sobriété seule ne fait pas partie de leurs vertus. Toute leur science nautique est d'ailleurs demeurée une science d'instinct. Ils n'en vont pas moins, guidés par leur mémoire et par l'aspect des côtes, commercer en Norvége, pêcher à la Nouvelle-Zemble. La forme et la voilure de leurs navires se prêteraient peu à un long louvoyage. Le vent cesse-t-il de souffler favorable, les Kerils [1] se laissent sur-le-champ porter vers l'abri le plus proche. S'ils manquent de rades où se réfugier, le cas ne laisse pas de devenir grave. Le calcul de l'estime ne suffira pas à diriger la lodia, et la nef de sapin aux trois voiles carrées ne saura désormais qu'errer à l'aventure. Parties en même temps que le *Searchtrift* de la rivière Kouloï, quatre lodias furent ainsi poussées, en partie malgré elles, de Kanin-Noss à la terre de l'Oie. Le 28 juillet, un de ces bateaux venait accoster l'île sous laquelle Stephen Burrough avait jeté l'ancre. Le patron se nommait Loshak. Jamais capitaine dévoyé de sa route ne se montra moins déconcerté. Dès sa première entrevue avec Stephen Burrough, il lui déclara sans hésitation que la pinnace avait dépassé le détroit qui pouvait la conduire à l'Oby. « Cette côte où nous avons tous les deux abordé

---

[1] Ce nom de *Kéril* ne serait pas compris aujourd'hui. On appelle les populations du littoral *Pomori*, du mot *Pomorié*, qui signifie *littoral*.

s'appelle, lui dit-il, *Novaïa Zemlia,* ce qui signifie en russe la nouvelle terre. C'est ici que se trouve la plus haute montagne du monde. Camen-Bolchoï, sur le continent, n'a pas de sommet qui atteigne à cette élévation. » Si Loshak n'eût point eu d'autres renseignements à fournir, sa rencontre eût été d'un prix insignifiant; mais Loshak se faisait fort d'indiquer comment on pouvait arriver au pays des Vogouls, et Stephen Burrough recueillait avidement tous les détails que le Keril[1] lui-même avait reçus des pêcheurs samoïèdes. Un miroir d'acier, deux cuillers d'étain, une paire de couteaux renfermés dans un étui de velours payèrent amplement cette leçon de cosmographie. Loshak offrit en retour aux Anglais dix-sept oies sauvages.

Le 31 juillet, le vent fraîchit et ne tarda pas à tourner à l'ouest. Le *Searchthrift* en profita pour aller mouiller au milieu d'un groupe d'îles peu distant de la côte méridionale de la Nouvelle-Zemble. La pinnace s'engageait ainsi peu à peu dans le détroit que les Russes appellent aujourd'hui Karskie-Vorota, — la porte de la mer de Kara, — et que les Anglais désignèrent longtemps sous le nom de détroit de Burrough. Ce canal a près de dix lieues de large; il

---

[1] Il eût été plus juste de dire *le Pomory*. Ce nom désigne, comme nous l'avons dit plus haut, les gens d'origine slave, qui habitent le long du littoral. *Kiril* ou *Kirilo,* nous le répétons, est un nom de baptême, comme *Gabriel,* en russe *Gavrilo*.

sépare la grande île Waigatz de la terre découverte par Willoughby et retrouvée par l'ancien maître de l'*Édouard-Bonaventure*. Retenu pendant deux jours au mouillage par la dérive des glaces et par les tempêtes de neige, Stephen Burrough appareilla le 3 août et parvint à gagner l'extrémité nord-est de l'île Waigatz, en d'autres termes, le cap Bolvanovsky, situé par 70° 29′ de latitude. Là se trouvait déjà rendue la lodia de Loshak. « Les morses se font rares sur ces îles, dit au capitaine de la pinnace anglaise l'entreprenant patron. Si Dieu nous envoie un temps et un vent favorables, j'irai jusqu'à l'Oby avec vous; j'irai du moins jusqu'à la rivière Naramzay, — probablement la rivière de Kara, — où le peuple n'est pas aussi sauvage que les Samoïèdes de l'Oby. Ces derniers tirent sur tous les hommes qui ne peuvent s'adresser à eux en leur langue. Les Samoïèdes de Naramzay visitent au contraire souvent l'île Waigatz. Ils n'ont pour subsister que le produit de leur chasse et le blé que nous leur apportons. Leurs canots, comme leurs tentes, sont faits de peaux de rennes. Quand ils arrivent à terre, ils emportent la barque qui leur a servi sur leur dos. Adroits chasseurs, ils n'ont pas d'habitations fixes, ignorent complétement l'usage de l'écriture et adorent de grossières idoles auxquelles, de temps à autre, ils viennent, ici même, adresser leurs prières ou faire leurs sacrifices. »

Le cap Bolvanovsky semble avoir été de longue date un promontoire sacré. Quand Stephen Burrough, accompagné de l'intelligent Keril, descendit à terre, Loshak le conduisit vers un monceau d'idoles samoïèdes, au nombre de trois cents environ. « C'était bien, dit Burrough, le plus brutal ouvrage que j'eusse jamais vu. » La plupart des idoles affectaient la forme d'hommes, de femmes ou d'enfants; quelques-unes n'étaient qu'un vieux bâton avec deux ou trois coches destinées à figurer la bouche et les yeux. Toutes se présentaient barbouillées de sang. De distance en distance, devant ce panthéon sauvage, avaient été dressés de gros blocs de bois pour y poser, suivant toute apparence, à la portée des dieux les sanglantes offrandes qu'on leur apportait. Le sol gardait encore tout alentour de nombreuses traces des Samoïèdes et de leurs traineaux. Les foyers et les broches dont ils avaient fait usage se rencontraient aussi çà et là. Il était évident que l'île Waigatz recevait souvent la visite de ces tribus nomades, et que le canal qui séparait l'île de la terre ferme devait être un canal facile à traverser.

Le 5 août, un terrible amas de glaces parut se diriger sur le mouillage qu'occupait le *Searchthrift*. La mer de Kara se mettait en mouvement. Il fallut s'éloigner au plus vite et retourner sous la côte méridionale de la Nouvelle-Zemble. Le bateau de Loshak et deux petites lodias de Kholmogory ne tardèrent pas à y rejoindre la pinnace. Stephen Burrough se fit descendre à terre et se mit en devoir d'observer avec soin la variation du compas ainsi que la latitude. Ses préoccupations de capitaine, si graves qu'elles pussent être, ne lui faisaient jamais oublier ses devoirs d'hydrographe. La variation ne dépassait pas 8 degrés nord-ouest ; la latitude, 70° 25'. Stephen Burrough s'opiniâtrait encore à ces observations, quand il vit tout à coup les trois lodias quitter précipitamment le mouillage et se diriger vers le sud. Ces bateaux, pour gagner le large, durent circuler au milieu des îles et passer pardessus des bancs où la pinnace ne pouvait songer à les suivre. Burrough resta donc à l'ancre, se demandant en vain d'où venait la hâte de ses compagnons et pourquoi Loshak, jusque-là si fidèle, s'éloignait le premier sans avoir pris le temps de lui faire ses adieux. Le ciel, dès le lendemain, se chargeait d'expliquer cette fuite et de justifier l'apparent abandon. Un effroyable coup de vent de nord-nord-est s'abattit sur la rade où s'était réfugié le *Searchthrift*. L'instinct des Kerils les avait dès la veille avertis d'un péril qui n'admettait pas, pour y échapper, de délai. La petite île qui couvrait la pinnace de la mer du large fut, en quelques minutes, entourée et débordée par les glaces. La tempête se prolongea ainsi du 6 au 8 août, accompagnée de neige, de pluie, de grêle. Jamais situation ne fut plus périlleuse. Le vent se calma enfin et passa insensiblement du nord-est au sud-est. Le moment était venu de suivre l'exemple des Russes et d'abandonner des parages où l'on se trouvait exposé à de tels assauts.

La neige, dans les régions arctiques, commence généralement à tomber dès les premiers jours du mois d'août. L'épais brouillard qui flotte dans l'atmosphère se dépose en même temps sous forme de gelée blanche et couvre le sommet de toutes les éminences; la surface de la mer fume comme un four à chaux. La première couche de glace ne tardera pas à s'étendre sur les flots alourdis. Vers la fin d'octobre, la mer solidifiée n'aura pas moins de cinq ou six pieds d'épaisseur. Le 9 août, Stephen Burrough parvint à se mettre au large des bancs et des petites îles. Le temps était si brumeux qu'on pouvait à peine distinguer les objets à la distance d'une ou de deux encâblures. Stephen donna l'ordre de ferler toutes les voiles pour faire peu de chemin. Une éclaircie lui permit heureusement, vers le soir, de rétablir sa voilure et de serrer le vent pour redescendre au sud, le long de l'île Waigatz. Le brouillard et la pluie vinrent alors de nouveau envelopper la pinnace. Il fallut s'en fier à la sonde pour se tenir à une distance convenable de la terre. Le 12 août seulement, la brume se dissipa, et une jolie brise de nord-est conduisit le *Searchthrift* près de l'extrémité sud-ouest de l'île Waigatz. Stephen

Burrough n'espérait plus rencontrer de Russes, — les lodias de Kouloï, comme celles de Kholmogory, faisaient probablement à cette heure route directe pour le port — Stephen se flattait de pouvoir encore s'aboucher avec quelques chasseurs samoïèdes. Le canot qu'il s'empressa d'envoyer à terre revint bientôt à bord. Cette embarcation n'avait rencontré nul indice qui pût faire soupçonner que des êtres humains se fussent attardés sur une côte que la neige couvrait déjà tout entière de son blanc linceul. Les Samoïèdes eux-mêmes s'étaient retirés vers le sud. Le 13 août, le vent souffla de l'ouest, et les Anglais durent, à travers la brume qui persistait toujours, aller chercher sur un autre point de la côte un meilleur mouillage. Celui qu'ils occupaient ne les défendait que contre le vent d'est. Ils firent route ainsi pendant quelque temps, à l'aveugle; puis jugeant à l'état de la mer qu'ils se trouveraient désormais suffisamment abrités, ils laissèrent à tout hasard retomber leur ancre. Quand le ciel s'éclaircit, ils reconnurent qu'ils étaient entrés dans un long bras de mer, — probablement dans la baie de Liamtchina [1]. — Le 19, à trois heures de l'après-midi, la brume se dissipa, et le vent vint à

---

[1] Cette baie, d'après la carte américaine de 1872, serait située un peu au nord du cap Grebeni, par 66° 56′ de latitude nord, 56° 34′ de longitude est.

l'est-nord-est ; le *Searchthrift* en profita sur-le-champ pour appareiller.

« Nous fîmes ainsi huit lieues au sud-quart-sud-est, dit Stephen Burrough, pensant apercevoir les dunes que nous avions reconnues un mois auparavant à l'est de l'embouchure de la Petchora. » A sept heures du soir, les dunes n'avaient pas encore paru. Stephen Burrough jugea prudent de tirer au large. Que n'eût-il pas donné pour faire en cette crise la rencontre d'un autre Gabriel ou d'un second Loshak! Mais il ne lui restait plus d'autre ami que la sonde, d'autre conseiller que son astrolabe, et ces deux guides muets lui recommandaient avant tout une sage méfiance. Stephen Burrough semble avoir éprouvé ici une émotion que trahit rarement sa relation aussi froide que fidèle : « Nous serrâmes, dit-il, notre grande voile, — car le vent augmentait toujours, — et nous gouvernâmes, sous notre seule misaine, à l'ouest-nord-ouest, avec des vents d'est-nord-est. A la nuit, il éclata une si terrible tempête que nous n'en avions pas encore vu de pareille, bien que nous en eussions essuyé beaucoup depuis notre départ d'Angleterre. On a peine à comprendre comment notre frêle barque put résister à ces lames monstrueuses. Dieu, qui n'abandonne jamais ceux qui se confient en lui, vint sans doute à notre aide. Le 20 août, la tempête était dans toute sa fureur; le vent ne tarda pas à mollir et à tourner au nord. J'estimai que la pointe occidentale de la rivière Petchora devait nous rester au sud, à la distance de quinze lieues environ. Nous établîmes notre grande voile et primes le plus près avec des vents de nord-ouest-quart-nord. Nous faisions peu de chemin à cause de la grosseur de la houle. A minuit, nous virâmes de bord et mîmes le cap au nord-nord-est. »

Le 21 août, la sonde rencontrait encore un fond de sable; le 22, elle tombait sur un fond de vase. Tout indice est précieux pour le navigateur qui cherche à tâtons sa route. « Ce fond de vase, dit Stephen Burrough, nous indiquait que nous nous rapprochions de la Nouvelle-Zemble. » Ce n'était certes pas la Nouvelle-Zemble que les marins du *Searchthrift* se souciaient alors de revoir. Tous leurs désirs et tous leurs efforts tendaient vers la baie de Saint-Nicolas. On en peut croire l'intrépide capitaine quand il inscrit dans son journal de bord ces lignes découragées : « Nous avions perdu l'espoir de faire de nouvelles découvertes cette année, et nous résolûmes de profiter de la première brise favorable pour regagner le port que nous avions quitté au mois de juin. Nous nous étions déjà engagés trop avant au milieu de ces glaces, et je remercie Dieu de notre délivrance. »

La continuité des vents de nord-est et de nord l'obscurité des nuits, l'approche de l'hiver, n'au-

raient peut-être pas suffi pour inspirer à tous ce
véhément désir de regagner le port; mais les
glaces étaient là, menaçantes, rapprochées à moins
de trois lieues, semblables à la terre ferme, aussi
loin que la vue pouvait porter du nord-ouest jusqu'à
l'est. Le 23 août, dans l'après-midi, « le Seigneur
envoya aux pauvres marins un petit coup de vent
de sud qui leur permit de doubler la partie occi
dentale de la banquise ». A la nuit, il fit calme de
nouveau, et le vent passa au sud-ouest. Jusqu'au
24 août à midi, le *Searchthrift* fit route au nord-
ouest-quart-ouest. « Il y avait de la houle, dit Stephen Burrough, si bien que nous ne pûmes observer
exactement la latitude. » Que la mer fût plate ou
agitée, il n'était jamais facile de tenir l'astrolabe
en repos. Aussi, quand on s'efforce de suivre les
navigateurs du seizième siècle, est-il prudent de ne
point prendre à la lettre les latitudes qu'ils n'ont
pu déduire que d'observations faites sur un pont
branlant. A terre, rien ne vient déranger l'instru-
ment de la verticale, et la moyenne des résultats
obtenus avec un engin imparfait étonne souvent par
sa précision. Quoi qu'il en soit, le 24 août, Stephen Burrough s'estimait par 70° 30' de latitude.
Le 25 s'éleva une légère brise du sud. La pinnace
put mettre le cap à l'ouest-quart-sud-ouest. On sonda,
et, au moment où la sonde rapportait vingt-neuf
brasses, fond de vase et de sable noir, on reconnut l'île

Kolguef. La pinnace n'en était qu'à cinq lieues à peine. Les Anglais se retrouvaient donc enfin dans des parages connus. Ils se hâtèrent de rectifier leur estime incertaine sur ce nouveau point de départ. Le vent du sud, par malheur, les abandonna, et il leur fallut recommencer à courir des bordées. Ce ne fut que le 28 août qu'ils parvinrent à contourner la partie occidentale de l'île. La neige tombait en abondance; le vent du nord-ouest secouait impitoyablement la pinnace. Un abri eût été en ce moment doublement précieux. Stephen Burrough en chercha vainement sur la côte dont il interrogeait d'un œil anxieux les contours. Le *Searchthrift*, épuisé, dut reprendre le large. Cette dernière épreuve, du moins, ne fut pas longue. Les bourrasques sont fréquentes dans les mers polaires; par compensation, elles ont peu de durée. Le 29 août, dans l'après-midi, le vent était revenu au sud, et la pinnace faisait encore une fois route à l'ouest.

Le brouillard, en se dissipant, laissa bientôt se dessiner une longue ligne de côte qui occupait au sud la majeure partie de l'horizon. De nouvelles nuées de brume effacèrent, comme d'un coup d'estompe, ce paysage. Surpris par les ténèbres dans un couloir obscur, que reste-t-il à faire? Il faut s'avancer avec précaution, tâter du pied le sol, tendre les bras pour éviter un choc imprévu. C'est ainsi que Stephen Burrough essayait encore de se

diriger, en dépit de l'obscurité profonde, vers le
promontoire lointain qu'il croyait avoir entrevu.
Quand la déclivité du fond est régulière, la sonde
peut tenir lieu des clartés de la voûte céleste. Du
29 au 31 août, les Anglais naviguèrent au milieu
d'un brouillard intense à peine entrecoupé par de
rares éclaircies. Le vent changeait, la brume s'é-
paississait ; les marins du *Searchthrift* ne s'arrê-
taient pas ; la sonde, pour les guider, plongeait et
replongeait toujours. Rencontrait-elle au large des
fonds de trente-cinq brasses, Stephen Burrough revi-
rait à terre; il tournait, au contraire, le dos au rivage
dès que le plomb en accusait dix-neuf. De bordée en
bordée, la pinnace parvint de cette façon à gagner
Kanin-Noss. Le cap doublé, on avait devant soi la
mer Blanche. L'équipage du *Searchthrift* demandait,
après tant d'efforts, un peu de répit. Stephen se
rendit à ses vœux et laissa tomber l'ancre. L'endroit semblait, il faut le dire, singulièrement propice à la pêche ; néanmoins, les lignes étaient à
peine à l'eau qu'il fallut se hâter de les relever. Le
vent d'ouest-sud-ouest fraichissait rapidement et
menaçait de souffler en tempête. La pinnace, en
quelques minutes, fut sous voiles. La brise l'em-
porta vers le sud-sud-ouest, le long de cette côte
dont une hydrographie naissante avait, pour ses
débuts, trois mois auparavant, si soigneusement
décrit et dessiné les divers gisements. Le 11 sep-

tembre 1556, le *Searchthrift* mouillait à Kholmogory et prenait ses dispositions en vue d'y passer l'hiver. La recherche de l'Oby était ajournée pour longtemps.

CHAPITRE II

ÉTABLISSEMENT DES RELATIONS COMMERCIALES
ENTRE L'ANGLETERRE ET LA RUSSIE

Le *Searchthrift* nous a ramenés au fond de ce grand golfe que découvrit, au mois d'août 1553, Chancelor. Profitons-en pour continuer l'étude des rapports, de jour en jour plus intimes, qui vont s'établir entre deux nations que la nature essentiellement différente de leurs produits paraissait avoir faites pour se compléter l'une par l'autre. Ces relations fécondes ont duré sans interruption trois cents ans. L'avenir seul pourra nous apprendre si ce fut une nécessité fatale ou un simple malentendu qui les rompit. Revenons donc, sans plus nous inquiéter du *Searchthrift* et d'un projet qui ne devait être repris qu'en l'année 1580, revenons aux opérations régulières de la Compagnie moscovite, et par conséquent aux vaisseaux dont s'était séparée la pinnace le 3 et le 7 juin 1556. Conduit de Varduus à l'entrée de la Varsina, le *Philippe-et-Marie* y avait retrouvé les navires de Durforth et de Willoughby veufs de leurs équipages. Dès les premiers jours de juillet, quatre vaisseaux anglais, l'*Édouard-Bonaventure*, le *Phi-*

lippe-et-Marie, la *Speranza* et la *Confidentia*, occupaient le mouillage de Rose-Island, à l'embouchure occidentale de la Dwina. Grâce aux Russes, la Compagnie était de nouveau en possession de ses deux vaisseaux égarés. Comment aurait-elle mis en doute la bonne foi d'Ivan IV? Le tsar lui réservait d'ailleurs un témoignage plus éclatant encore du prix qu'il attachait à consolider l'œuvre dont Killingworth venait de poser les bases. Le 20 juillet, Osip Népéi[1] Gregorievitch, gouverneur de la ville et du district de Vologda, accompagné de seize autres Moscovites, prit passage sur l'*Édouard-Bonaventure* pour aller porter « aux excellents princes Philippe et Marie les lettres affectueuses et les présents d'Ivan Vasilévitch ». Ces présents comprenaient, entre autres merveilles, 240 peaux de zibelines, 20 zibelines entières de toute beauté, avec leurs dents, leurs oreilles et leurs griffes; 6 fourrures très-rares, que l'empereur seul en Russie a le droit de porter; 4 zibelines vivantes, avec chaînes et colliers; un gerfaut dressé à chasser les oies, les cygnes, les cigognes et les divers oiseaux de grande taille; puis enfin, pour terminer ici cette liste déjà longue, un tambour d'argent aux cercles dorés, qui servait à rappeler le faucon dans son vol[2].

---

[1] Ou Joseph Napeia, suivant l'orthographe des notes qui m'ont été si obligeamment transmises d'Arkangel.

[2] Telle est la liste fournie par les archives de la Compagnie mosco-

La suite de l'ambassadeur était trop nombreuse pour trouver place tout entière à bord du *Bonaventure*. Dix Russes durent s'embarquer sur la *Speranza*, dont la cargaison était estimée six mille livres sterling. Le chargement total de l'escadre, composé de cire, d'huile de poisson, de suif, de fourrures, de feutre, de fils de caret, ne pouvait s'évaluer à moins de vingt mille livres. Les vaisseaux de la compagnie seraient-ils revenus, si l'on considère leur faible tonnage, plus richement chargés des Indes ou du Cathay? La flotte était d'ailleurs de nouveau en mains sûres, car Chancelor, celui que les Anglais appelaient « le grand pilote », venait d'en reprendre le commandement. Monté avec Osip Népéi sur le *Bonaventure*, cet habile homme de mer n'eût voulu s'en fier à personne du soin de conduire à bon port une ambassade aussi importante. Malheureusement les deux navires rendus à la compagnie, la *Speranza* et la *Confidentia*, n'avaient pas sans dommage passé deux hivers sur les côtes de la Laponie. Ils faisaient beaucoup d'eau, et les pompes marines, dont les Espagnols semblent avoir dès l'année 1529 généralisé l'usage, seraient peut-être d'un faible

---

vite. Les archives russes mentionnent : six paires de martres des plus chères ; — vingt martres empaillées, avec leurs dents, leurs oreilles et leurs griffes ; — quatre martres vivantes avec de riches colliers et des chaînes ; — six ourrures superbes qu'avait portées le tsar ; — un faucon blanc avec un tambour d'argent et une chaînette.

secours en cas de tempête. Or comment se flatter de passer sans tempêtes des bords de la Dwina aux bords de la Tamise! Peu de jours après le départ, la flotte était dispersée. La *Bona-Speranza*, le *Philippe-et-Marie*, la *Confidentia*, furent poussés sur la côte de Norvége, dans les eaux de Drontheim. Le *Philippe-et-Marie* hiverna dans ce port et ne reparut sous les quais de Londres que le 18 avril 1557; la *Confidentia* sombra sur un rocher à l'entrée de la baie. Quant à la *Speranza*, ni Londres ni Moscou n'en eurent de nouvelles. Le malheureux vaisseau de Willoughby sombra très-probablement en pleine mer. Méfiez-vous des navires que poursuit la malechance. Pas plus qu'un général, un navire ne saurait, sans quelque raison secrète, être habituellement malheureux. L'*Édouard-Bonaventure*, du moins, se montra-t-il fidèle à sa bonne fortune? Nous avons regret à le dire : l'*Édouard-Bonaventure* ne sut pas, en dépit de son nom et d'un premier succès, échapper cette fois au commun désastre. Depuis près de quatre mois, ce vaisseau, séparé de ses compagnons, battu de tous les vents, n'avait cessé de tenir la mer. Le 10 novembre 1556, la tempête le portait vers la côte septentrionale d'Écosse. Chancelor crut devoir y laisser tomber l'ancre. Il mouilla dans la baie ouverte de Petslego [1]. Ce fut à coup

---

[1] Petslego-Castle. Ce château, aujourd'hui en ruine, est situé à

sur une manœuvre imprudente; peut-être aussi fut-ce dans la circonstance une manœuvre nécessaire et désespérée. La violence du vent ne tarda pas à faire chasser le *Bonaventure* sur ses ancres. Par une nuit sombre et noire, le vaisseau s'en allait rapidement à la côte, et quelle côte! De toutes parts émergeaient des rochers, bouillonnaient des brisants. Chancelor ne perdit pas néanmoins son sang-froid. Sa première pensée devait être, et elle fut en effet pour l'ambassadeur d'Ivan IV. Périsse le *Bonaventure*, mais qu'au moins Osip Népéi soit sauvé! La chaloupe avait été halée le long du bord. Chancelor y fit descendre l'ambassadeur russe et sa suite.

La mer était énorme; le canot eut à peine atteint les premiers brisants qu'il fut submergé. Osip Népéi et sept de ses compagnons parvinrent cependant à gagner la plage. Presque au même instant le navire s'échouait, et la vague, en quelques minutes, le mettait en pièces. La catastrophe fut à peu près complète : Chancelor, son fils, trois passagers, la plupart des matelots périrent. Le 1er décembre, on apprit à Londres la nouvelle lamentable. La compagnie demanda sur-le-champ et obtint aisément de la reine Marie, dont le royal époux venait de mon-

---

trois milles à l'ouest du cap Kinnaird, par 57° 42′ de latitude nord, 4° 26′ de longitude ouest.

ter sur le trône d'Espagne, des lettres pour la reine douairière, veuve de Jacques V, et pour les lords qui composaient alors le grand conseil d'Écosse. L'*Édouard-Bonaventure* pouvait être perdu sans ressources; les sauvages habitants d'Inverness n'avaient pas pour cela le droit d'en mettre la cargaison au pillage : la Compagnie moscovite réclamait donc avec énergie la restitution de ses marchandises. La terre d'Écosse serait-elle aux Anglais plus inhospitalière que n'avaient été les rivages glacés de la Russie? Il ne fallait pourtant pas se faire à ce sujet d'illusions. Les seigneurs des hautes terres connaissaient trop bien la valeur des objets précieux que le destin propice mettait entre leurs mains. La reine douairière elle-même, Marie de Guise, ne fût point parvenue à leur arracher ces épaves. C'était déjà beaucoup que les puissants bandits ne prétendissent pas mettre les naufragés à rançon. La compagnie, du reste, avait tout prévu. Munis d'une forte somme d'argent et des divers objets dont un ambassadeur échappé au naufrage peut avoir besoin, le docteur Lawrence Hussie et George Gilpin venaient, avec un interprète, se mettre à la disposition d'Osip Népéi. D'autres agents s'occuperaient de poursuivre la restitution de la cargaison du *Bonaventure*. Le 14 février 1557, Osip Népéi quitta, sous la conduite de Lawrence Hussie et de George Gilpin, la terre des Pictes et des Calédoniens. Le 18, il posait pour la première fois, à Berwick, le pied sur le sol anglais. Le gardien des Marches orientales, lord Wharton, l'attendait à la frontière même. Il le reçut avec toute la pompe qu'on eût pu déployer devant un souverain. Le 27 février, l'ambassadeur n'était plus qu'à douze milles de Londres. Là il trouva, venus à sa rencontre, quatre vingt marchands, tous en grand costume, tous portant au cou leur chaîne d'or. La vieille Angleterre, dans ce qu'elle avait de plus solide et de plus respectable, ouvrait ses bras à la sainte Russie. Délégués par la Compagnie moscovite, ces marchands commencèrent par conduire Osip Népéi dans une grande maison éloignée de quatre milles environ de la ville. Des étoffes d'or, de velours et de soie y furent présentées à l'envoyé d'Ivan Vasilévitch. Osip Népéi s'en composa sur l'heure un magnifique habillement de cheval, puis, après s'être reposé toute la nuit, il fit le lendemain son entrée dans Londres, accompagné de cent quarante marchands et d'autant de serviteurs en livrée. La reine, de son côté, ne restait pas inactive : trois cents cavaliers venaient, suivant ses ordres, se joindre au cortége préparé par la compagnie. A la tête de la nouvelle escorte, on voyait s'avancer le chevalier Montague, que la reine Marie avait chargé d'embrasser en son nom Osip Népéi et de lui faire accueil. On arriva ainsi au nord de la Cité. Un magnifique cheval hongre splendidement caparaçonné piaffait impatient sous la garde de quatre marchands, des plus richement vêtus. Osip enfourcha le coursier dont la compagnie, dans sa munificence, jugeait à propos de lui faire hommage, puis il franchit, porté par sa nouvelle monture, la barrière de Smithfield. A partir de ce point, l'ambassadeur d'Ivan IV cessait en quelque sorte d'être l'hôte de la reine; il devenait l'hôte du peuple anglais, car au delà de Smithfield commençaient les fameuses franchises de la Cité de Londres. Le lord-maire et ses aldermen, habillés d'écarlate, se tenaient déjà prêts à prendre possession de l'illustre étranger. Ayant auprès de lui, d'un côté, le grand magistrat de la cité, de l'autre le représentant de la reine, Osip Népéi s'achemina au milieu d'un immense concours de peuple vers le logement qui lui avait été préparé dans Fant-Church street. Le roi Philippe II était alors en Flandre. On jugea convenable d'attendre son retour pour présenter à la reine l'envoyé du tsar.

Le 21 mars 1557, le prince débarquait en Angleterre. Dès le 25, jour de l'Annonciation, l'ambassadeur est mandé au palais de Westminster. Une longue galerie le conduit du vestibule à la salle du trône. Dans cette galerie, Osip trouva rangés les lords, le chancelier, le grand trésorier, le ministre du sceau privé, l'amiral, l'évèque d'Élie et les autres membres du conseil. Quand il eut fait avec tous ces hauts dignitaires échange de saluts et de politesses, il se dirigea, suivi à distance de ses serviteurs, vers le sanctuaire interdit aux profanes. Osip allait donc enfin pouvoir s'acquitter de l'importante mission que lui avait, l'été précédent, confiée son puissant maître. Arrivé, après tant de traverses, après tant de périls, au terme de sa tâche, le gouverneur de Vologda ne s'arrêta pas à contempler la riche décoration de la chambre royale, ni l'ameublement somptueux dont on avait pris soin d'en rehausser la magnificence ; il s'avança vers le trône d'un pas ferme et adressa en russe aux deux époux assis sous le même dais d'honneur une courte harangue. Cette harangue fut à l'instant traduite en anglais et en espagnol par les interprètes. Osip remit alors aux souverains, en même temps que deux lots de zibelines, les lettres d'Ivan IV, que, grâce à la protection divine, il était parvenu à sauver du naufrage. Le roi et la reine l'embrassèrent cordialement, puis tous les courtisans le reconduisirent à la barque qui l'attendait au pied même du palais. L'ambassadeur d'Ivan Vasilévitch put ainsi regagner par eau sa demeure, salué, durant ce long parcours, par les acclamations enthousiastes de tout le peuple de Londres. Deux jours se passèrent : l'évêque d'Élie et sir William Peter vinrent alors, par ordre de Leurs Majestés, conférer secrètement avec Osip Népéi. Les conditions d'un traité de commerce et d'alliance furent bientôt réglées. La besogne de la diplomatie se simplifie beaucoup entre agents qu'un intérêt commun et nettement défini rassemble. Au parchemin sur lequel ces conditions furent inscrites, le lord du sceau privé suspendit la cire blanche empreinte du sceau royal, et ainsi se trouva confirmée pour trois siècles la plus solide et la plus profitable amitié qui ait jamais présidé aux échanges de deux peuples.

La saison cependant avançait. La compagnie venait de fréter quatre navires capables de recevoir dans leurs flancs de riches cargaisons : le *Primerose*, de deux cents quarante tonneaux, confié à John Buckland ; le *Jean-l'Évangéliste*, de cent soixante-dix tonneaux, ayant pour maître après Dieu Laurence Roudal ; l'*Anne* et la *Trinité* de Londres, jaugeant cent soixante et cent quarante tonneaux, sous le commandement de David Philly et de John Robins. Chancelor, il est vrai, n'était plus là pour diriger la flotte ; Sébastien Cabot, après avoir vu le couronnement de son œuvre, touchait aussi au terme de sa longue carrière. Sa main n'apparaît plus du moins dans les décisions du conseil, mais nous pouvons sans crainte nous figurer ce grand cosmographe et ce grand pilote devisant tous les deux avec Magellan et Christophe Colomb sous les ombrages des Champs-Élysées. Privée de leurs services, la navigation hauturière ne manquera pas de guides. Stephen Burrough a déjà pris la place de Chancelor ; Gérard Mercator prépare à Duisbourg sa mappemonde basée sur la théorie des latitudes croissantes, et voici Anthony Jenkinson qui suppléera amplement sir Hugh Willoughby. Déjà connu par de nombreux voyages sur toutes les côtes de la Méditerranée, Jenkinson venait d'être nommé capitaine général de la nouvelle escadre. Pour vaisseau amiral on lui avait assigné le *Primerose*. Il se chargea de ramener au port de Saint-Nicolas Osip Népéi.

Lorsque Walter Scott nous dépeint les moulins à foulon des Flamands venant, dès le milieu du douzième siècle, effaroucher par leur bruit monotone les hérons et les grues du Shropshire, il nous fait en réalité assister à l'origine modeste de la grandeur anglaise. La toison des brebis prendra, quatre cents ans plus tard, avec Jenkinson, la route de la Bactriane et de la Perse; sans les guerres intestines qui ont suspendu la marche des caravanes, elle irait de ce premier élan jusqu'à Khambalich. On affirme que Christophe Colomb était le fils d'un cardeur de laine [1], et que Colbert dut grandir à l'ombre de l'enseigne du *Long-Vestu* [2]; nous n'es-

---

[1] Examen critique de l'histoire de Christophe Colomb attribuée à son fils Fernand, par M. Henri Harrisse, Paris, 1875. « Dans un acte notarié, enregistré à Savone, dit M. Harrisse, Christophe Colomb, à la date du 20 mars 1472, est qualifié de cardeur de laine génois, résidant à Savone, où effectivement son père, Dominique, avait transféré son métier et ses foulons antérieurement à l'année 1469. »

[2] Rue de Cérès, à Reims. Disons cependant qu'il paraîtrait résulter

sayerons pas d'en conclure qu'il existe quelque relation secrète entre le tissage des draps et le développement de l'industrie navale. La seule chose que nous nous permettrons de faire remarquer, c'est que, si Londres n'eût pas eu, en 1553, un stock surabondant de *kersies*[1], la marine britannique se fût peut-être trouvée moins bien préparée à repousser, au mois d'août 1588, les attaques de la flotte de Philippe II. La poursuite acharnée de la clientèle ne date pas d'aujourd'hui chez nos voisins d'outre-Manche. Longtemps avant le règne d'Édouard VI, les manufactures britanniques commencèrent à souffrir de la pléthore. Voilà pourquoi Anthony Jenkinson s'apprêtait à porter, dès qu'il en aurait obtenu l'autorisation du tsar, ses échantillons au pays des Turcomans et des Usbeks ; voilà pourquoi il devait les aller déposer un jour au pied même du trône du Sophi. Peu de voyageurs ont fait en leur vie autant de chemin ; Ahasvérus et Marco-Polo pourraient à peine se targuer d'en avoir fait davantage. Depuis le 2 octobre 1546, Jenkinson ne connaissait plus le repos. « Je passai d'abord en Flandre, nous dit-il ;

---

d'une note communiquée en 1839 par la famille de Colbert à M. Eugène Sue, « qu'antérieurement au crédit de Colbert, sa famille était non-seulement réputée noble, mais même qu'elle jouissait de la notoriété d'une noblesse ancienne ». (*Histoire de la vie et de l'administration de Colbert*, par M. Pierre CLÉMENT.)

[1] Kersey (*coarse wollen stuff*), sorte d'étoffe de laine grossière, carisel, creseau.

je visitai ensuite.les Pays-Bas. Des Pays-Bas, je me rendis en Allemagne; puis, traversant les Alpes, je descendis dans la haute Italie ; par le Piémont, je pénétrai en France. Quand j'eus parcouru dans tous les sens ce royaume, je voulus voir l'Espagne : je ne m'arrêtai pas à l'Espagne; je poussai jusqu'au Portugal. Les mers du Levant me devinrent familières; j'en connus les principales îles, Rhodes, Malte, la Sicile, Chypre, Candie, sans parler des Cyclades. La Morée, l'Achaïe, les lieux où fut Corinthe m'ont retenu longtemps. J'ai voyagé en Turquie, en Syrie et dans diverses parties de l'Asie Mineure. J'avais franchi les Alpes; je franchis également les montagnes du Liban, et j'arrivai ainsi dans la riche vallée de Damas. Non content d'avoir exploré la province de Samarie, la Galilée, la Palestine et toute la Terre Sainte, je suis allé m'agenouiller à Jérusalem. En quittant la Terre Sainte, j'ai côtoyé l'Afrique; j'ai pris terre à Tripoli et à Tunis, j'ai fait escale à Colo et à Bône, j'ai débarqué sur les quais d'Alger. » De toutes ces pérégrinations, Jenkinson rapportait la conviction intime que le moment n'était pas encore venu de disputer à Venise la seule voie commerciale que conservât à la reine de l'Adriatique l'amitié du Grand Turc. Les Vénitiens continueraient donc de transporter sur les côtes de Syrie les draps fabriqués par les habitants de la Grande-Bretagne; ils rapporteraient en échange les épices de l'Inde et les soies gréges de la Perse. Ce n'étaient pas les États du sultan de Constantinople, c'étaient ceux du tsar qu'il fallait se mettre en mesure de traverser, si l'on voulait arriver, par l'intérieur des terres, au Cathay ou aux bords du golfe Persique.

Pas plus que Chancelor et Stephen Burrough, Jenkinson ne paraît avoir songé à travailler pour la gloire; il se préoccupe avant tout de frayer de nouveaux chemins aux étoffes de la Grande-Bretagne, de leur trouver de nouveaux acheteurs. Le caractère étroit de sa mission est, à lui seul, le gage de l'exactitude et de la sincérité de ses récits; Jenkinson ne nous ferait pas grâce d'une étape. Les journées de marche à travers le désert aussi bien que sur l'Océan et sur les fleuves sont supputées avec un soin religieux; les incidents dramatiques ne viennent qu'en seconde ligne. L'intrépide et calme voyageur se garderait bien, d'ailleurs, de voir un drame dans chaque péril encouru, dans la moindre épreuve surmontée. Il raconte simplement ce qu'il a simplement et héroïquement souffert. On peut saluer dans ce mandataire des marchands drapiers de Londres le précurseur de Mungo-Park et de Livingstone. De tels hommes, quand il le faudra, seront de taille à se mesurer avec les plus vaillants chevaliers de l'Europe.

La reine Marie et le roi Philippe avaient tenu à

reconnaître dignement la courtoise munificence
d'Ivan IV. Le *Primerose* emportait pour le tsar
deux riches pièces de drap d'or et d'argent, une
belle pièce de drap écarlate, une autre de violet
cramoisi, une de bleu azur. Fussent-ils demeurés
sans communication avec l'Angleterre et les Flan-
dres, les Russes n'en auraient pas moins, grâce
aux déserts de la Sibérie, dépassé en magnificence
les lis de nos jardins et la pompe de Salomon ; mais
on apprécie rarement à sa juste valeur ce qu'on
possède, et les étoffes anglaises flattaient plus que
les peaux de zibeline et de martre le regard d'un
peuple étranger encore à toute industrie. Les Anglais, au contraire, attachaient un prix infini aux
fourrures du Nord. Il fallut plus d'un demi-siècle
pour les en fatiguer. Quel prince, quel magistrat,
à ces riches pelleteries, « si graves, si délicates, si
bien faites pour rehausser la dignité et pour récon-
forter la vieillesse », eût osé, en l'année 1557, préférer « les nouvelles soieries, les peluches et les
chiffons dont la vogue insensée devait tendre à tarir
la richesse du royaume » ? Les présents échangés
entre les deux cours n'étaient que l'exact et frappant symbole du besoin mutuel que les deux pays
avaient l'un de l'autre.

Outre les draps violets et les draps écarlate, les
souverains d'Angleterre envoyaient aussi à Ivan IV
une magnifique cotte de mailles, un casque recou-

4.

vert de velours cramoisi et de clous dorés ; un lion et une lionne choisis dans la ménagerie royale, comme une digne réponse à l'envoi du gerfaut. Quant à Osip Népéi, il partait de Londres avec une chaîne d'or d'une valeur de cent livres, avec une aiguière et une cuvette d'argent doré, avec une paire de brocs et une paire de flacons également de vermeil. Les marchands qui l'avaient si splendidement hébergé commençaient cependant « à le trouver moins accommodant qu'au début ». — « L'ambassadeur, écrivaient-ils à George Killingworth, à Richard Gray et à Henry Lane, leurs agents en Russie, s'imagine toujours qu'on songe à le tromper. Vous aurez donc soin de faire grande attention à la façon dont vous traiterez avec lui et avec ses pareils. Il faudra que tous vos marchés soient clairs et couchés par écrit, car ces Russes sont un peuple à la fois subtil et méfiant. Enclins à la fraude, ils prêtent volontiers ce défaut aux autres. »

Le 12 mai 1557, Osip Népéi s'arrachait aux délices de l'hospitalité britannique et allait s'embarquer à Gravesend. Le 29 mai, les quatre navires qui composaient la nouvelle flotte de la compagnie se trouvaient au large des bancs de Yarmouth. Les vents de nord-ouest et de nord retardèrent pendant plusieurs jours leur progrès ; enfin, le 25 juin, l'escadre reconnut, par 66° 40′ de latitude, la côte de Norvége. « Nous gouvernâmes alors au nord-quart-nord-ouest », écrit **Jenkinson** aux consuls de la compagnie, André Judde, George Barne, Anthonie Huse, William Garrard et William Chester. « Nous tenions beaucoup, ajoute-t-il, à ne pas trop nous approcher de la terre, car entre les îles de Rost et les îles Lofoden se trouve un tourbillon appelé Maëlstrom, — le courant qui moud. — A partir du demi-jusant jusqu'au demi-flot, ce tourbillon fait un si terrible bruit qu'il secoue les portes des maisons sur leurs gonds à dix milles au moins de distance. Si une baleine vient à traverser ce courant, on l'entendra pousser un cri plaintif. Les arbres que la marée entraîne vers le remous en sont rejetés plus tard par le jusant ; ils en sortent avec les branches froissées comme des tiges de chanvre quand on les a broyées. » Voilà donc tout ce que les Anglais, dès leur quatrième voyage aux régions polaires, trouvent à nous raconter touchant le fameux gouffre qu'on nous représentait encore, quand nous étions sur les bancs du collége, engloutissant et revomissant vingt-quatre heures après les vaisseaux.

Vane
Sembianze, e folle chi per voi rimane !

La légende a eu ses beaux jours en Angleterre aussi bien qu'en Espagne. Mais les temps sont changés, les contes d'autrefois doivent s'aller réfugier sur le gaillard d'avant. Ils ne trouvent plus en 1527 accès dans la cabine du capitaine [1].

La côte du Finmark, que longe avec une prudente audace le *Primerose*, semble former de loin une chaîne de montagnes, qui s'abaisse parfois, qui ne s'interrompt jamais. D'un bout de l'année à l'autre, cette chaîne se présente, si nous en croyons Jenkinson, constamment et uniformément couverte d'un épais manteau de neige. La falaise est partout abrupte et escarpée; la sonde, près du rivage, n'accuse pas moins de cent et cent cinquante brasses de profondeur. Au sein de ces eaux bleues, près de l'île Senien, des baleines de soixante pieds de long, sans souci des navires qu'elles n'ont point encore appris à craindre, prennent majestueusement leurs ébats.

« C'était le moment de leurs amours; elles mugis-

---

[1] Le Maëlstrom est situé entre l'île Mosken et la pointe sud de l'île Lofoden, par 67° 48′ de latitude nord, 10° 30′ de longitude est. Voici comment s'exprime au sujet de ce tourbillon le *Pilote norvégien*, publié par la direction hydrographique de Norvége : « Le tournant d'eau, jadis si redouté, qui se trouve entre le cap de Lofoden et Mosken, n'a pas, à beaucoup près, l'importance qu'on lui a donnée. Sa plus grande vitesse peut-être évaluée à environ six nœuds. Souvent, en hiver, les tempêtes de l'ouest règnent au large et font entrer dans les fiords une mer très-grosse, tandis qu'un temps clair et sec maintient dans l'intérieur une jolie brise de terre. Dans de pareilles circonstances, il serait dangereux de s'approcher du Maëlstrom, car le courant principal et deux autres courants sous-marins, agissant conjointement, transforment ce remous en un brisant continu. On voit donc qu'en hiver on ne doit pas conseiller d'entrer ou de sortir par le Maëlstrom; mais, avec un vent fait et après plusieurs jours de beau temps, il n'y a rien qui, en été, empêche d'y passer. »

saient et poussaient des cris formidables. » L'île Senien, l'île Kwalo, sont bientôt dépassées. Le 2 juillet, l'escadre double le cap Nord. A minuit, Jenkinson observe le soleil à quatre degrés au-dessus de l'horizon. N'aura-t-il pas le droit de s'écrier avec un naïf orgueil, quand il bercera ses vieux jours du souvenir de ses campagnes passés : « J'ai navigué sur la mer Glaciale, là où nous avions une clarté constante et la vue du soleil pendant dix semaines consécutives; j'ai navigué sur les côtes de la Norvége, de la Laponie, de la Samoïédie et dans les contrées les plus étranges. » Le 3 juillet, Jenkinson passe devant le port danois de Varduus; il s'abstient soigneusement d'y entrer : « On a sujet de craindre, lui ont dit les consuls de la compagnie, qu'à Varduus quelque trahison n'ait été machinée par les rois, princes ou associations auxquels déplait le nouveau trafic. » Varduus, — les Anglais l'ignoraient en 1553, ils le savent depuis quatre années en 1557, — est un château bâti sur une île à deux milles environ du continent. Il appartient au roi de Danemark, et c'est la terre la plus orientale que ce souverain possède. Il existe deux autres îles peu éloignées de celle sur laquelle a été établi le château. Les habitants de ces îles ne vivent que de pêche et préparent beaucoup de poisson sec, qu'ils font, comme en Islande, sécher pendant la gelée. Ils n'ont ni pain ni boisson fermentée, à moins qu'on ne leur en apporte. Le peu de bétail qu'ils conservent, ils ne le nourrissent ni d'herbe, ni de fourrages; ils le nourrissent, comme ils se nourrissent eux-mêmes, de poisson. De Varduus à l'entrée de la mer Blanche, on pouvait suivre, sans crainte, la côte de la Laponie. « C'est encore là, nous apprend Jenkinson, une terre élevée et gardée toute l'année par d'éternels frimas. » Stephen Burrough en visitait précisément les mouillages et les criques, au moment même où Jenkinson en suivait au large les contours.

Parti avec le *Searchthrift* de Kholmogory le 23 mai 1557, Burrough espérait retrouver une seconde fois la *Speranza* et la *Confidentia* dans les parages où les avait conduites, quatre années auparavant, Willoughby, et d'où les avait ramenées le *Philippe-et-Marie* en 1556. Mais la carrière de la *Speranza* et de la *Confidentia*, nous l'avons déjà dit, était terminée : leur belle et fine carène, doublée de feuilles de plomb, ne devait plus, ni l'hiver, ni l'été, fendre l'onde; il eût fallu en demander les bordages disjoints et les membres épars aux rochers de Drontheim. Le 29 mai, Burrough franchissait la barre de la Dwina et constatait qu'à l'endroit le moins profond il restait encore treize pieds d'eau [1]. L'amplitude de la marée, dans les

---

[1] Il n'y a plus aujourd'hui que trois pieds d'eau sur cette barre. Les

sizygies, ne dépassait pas trois pieds. L'embouchure de la Dwina se trouvait, par cette exploration plus sûre que celle des pilotes russes, ouverte désormais à toutes les flottes marchandes de l'Angleterre. La ville d'Arkangel ne tardera pas à s'élever, et le monastère de Saint-Nicolas ne sera plus que la résidence des vingt moines qui l'habitent. Stephen Burrough a longé, l'année précédente, le côté oriental de la baie; il en reconnaît cette année la rive occidentale. Les noms qu'il impose aux promontoires, aux îles, seront, pendant deux siècles, adoptés par toutes les marines étrangères; ils viennent à peine de céder la place aux noms russes. Cross-Island est redevenue l'île Sosnovets [1]; le cap Bonne-Fortune est le promontoire Voronof [2], le cap Grâce s'appelle aujourd'hui Danilof [3]; vous retrouverez le cap Race dans le cap Orlof [4]. Le 11 juin, le *Searchthrift*, battu du vent du nord, les haubans, les manœuvres roidis par le givre, se voit forcé d'aller chercher sur la côte un abri. Son capitaine pour la première fois prononce un nom russe. Mouillé sous l'île Trek, Burrough nous

---

navires entrent maintenant dans la Dwina par la passe de Bérésof, où ils trouvent douze pieds d'eau à basse mer.

[1] Ile Sosnovets : latitude 66° 30′ nord, — d'après Burrough 66° 24′, — longitude 38° 22′ est.

[2] Cap Voronof : latitude 66° 31′ nord, longitude 39° 59′ est.

[3] Ile Danilof : latitude 66° 44′ nord, longitude 38° 47′ est.

[4] Cap Orlof : latitude, 67° 13′ nord; — d'après Burrough, 67° 0′; — longitude 39° 0′ est.

apprend qu'il a jeté l'ancre dans la baie de Tri-Ostrove.[1]. Après trois jours de tempête, le vent revient au sud ; le *Searchthrift* se prépare à sortir de la baie. En dépit de ses voiles et de ses avirons, la glace le retient, pendant près de vingt-quatre heures, au port. Le 21 juin, Burrough arrive à la pointe de Corpus-Christi. Dans ce cap que le capitaine anglais a placé par 67° 29' de latitude, nous avons reconnu la pointe Katchkof [2] de nos cartes modernes. Le *Searchthrift* fait quelques pas de plus. Le voilà parvenu au cap Gallant, « que les Russes, ajoute avec assurance Stephen, appellent Sotinoz [3] ». — « Nous étions, dit-il, entre ce cap et le cap Comfort [4], quand le vent passa au nord-ouest, puis au nord. Nous fûmes obligés de laisser porter. Nous trouvâmes heureusement un mouillage abrité de tous les vents, par sept brasses, entre l'île Saint-Jean et la terre [5]. Le vent continuait de souffler du nord ; la neige, par gros flocons, tombait en abondance. Des Lapons au nombre de seize viennent à bord. Quelques-uns parlent le russe ; je leur demande où ils

---

[1] L'île Trek ou Veshnyak est située par : latitude 67° 6' nord, longitude 39° 6' est. La pointe Triostrov a formé avec l'île Trek le mouillage de Veshnyak.

[2] Pointe Katchkof : latitude 67° 26' nord, longitude 38° 48' est.

[3] Sviatoï-Noss (la pointe sainte) : latitude 68° 10' nord, longitude 37° 27' est.

[4] Le cap Cherni : latitude 68° 21' nord, longitude 36° 23' est.

[5] Les îles Jukanskie : latitude 68° 4' nord, — d'après Burrough 68° 1' nord, — longitude 37° 13' est.

vivent. Ils me répondent qu'une de leurs hordes, composée de cent hommes, sans compter les femmes et les enfants, habite non loin de là, sur les bords de la rivière Jekonga. Ils m'apprennent en même temps qu'ils se sont rapprochés de la côte pour y chercher leur subsistance sur les roches, puis ils ajoutent avec résignation : « Quand nous « ne trouvons rien, nous ne mangeons pas. » J'ai vu de ces pauvres gens, comme une vache qui paît, manger avec avidité des herbes marines ; d'autres avalaient des œufs crus, et, avec ces œufs, les petits près d'éclore. »

De l'île Saint-Jean le *Searchthrift* a passé au cap Cherni, puis aux sept îles qui, pour Burrough, sont les îles Saint-George. « Sous la plus méridionale de ces îles on trouve une bonne rade, bonne du moins quand les vents se bornent à souffler du nord-ouest au nord-est. » Après les îles Saint-George viennent les îles Saint-Pierre, — îles Oleni, — puis les îles Saint-Paul, — îles Gavril, — le cap Teriberskoï, — enfin l'île Kilduin. « On dirait de loin une grande baie semée d'une foule d'îlots. » Vingt lieues encore, et la pinnace sera bien près d'arriver à Kegor. Elle aura doublé le cap Bonaventure, — le cap Loukoï — et le cap Chebe-Novoloche, — la pointe Lavitch[1], — « sur laquelle on distingue

---

[1] Pointe Lavitch latitude : 69° 46′ nord, longitude 30° 45′ est.

une tache noire, hutte abandonnée de quelque trappeur »; elle contournera la pointe Kekourski, « pareille à deux collines rondes, avec une selle au milieu »; le 27 juin, elle jettera l'ancre par quinze brasses à un demi-mille de terre. Dans le port même, on peut affourcher deux ou trois petits navires dont le tirant d'eau ne dépasse pas onze ou douze pieds. On y est à l'abri de tous les vents. Une chaîne de roches défend le mouillage contre les vents du nord; le vent d'est-nord-est reste le plus à craindre. Une barque de Drontheim, trois ou quatre bateaux norvégiens de Bergen, occupaient déjà le mouillage de Kegor quand le *Searchthrift*, le 30 juin, gagna le fond de la baie. Ce fut de ces équipages étrangers que Stephen Burrough apprit le sort des navires dont il n'avait encore pu trouver aucune trace. « Le fils du bourgmestre de Drontheim » avait vu le *Philippe-et-Marie* hiverner dans ce port et en repartir pour l'Angleterre au mois de mars. La *Confidentia* était complétement perdue; le fils du bourgmestre avait acheté ses voiles. La *Speranza*, au dire des marins du yacht, avait sombré au large. Après ces informations si précises, le *Searchthrift* pouvait, sans se livrer à de nouvelles recherches, reprendre le chemin de la Dwina. Sa croisière avait été infructueuse; devait-elle cependant s'appeler une croisière inutile? Les campagnes de Stephen Burrough ont toutes eu leur utilité. Bien des années se passeront avant qu'aucun hydrographe ose rien ajouter aux renseignements que le capitaine du *Searchthrift* rapporte à Kholmogory. Un seul havre lui a échappé; ce havre deviendra le rendez-vous des navires hollandais que le privilége de la Compagnie moscovite éloignera pour longtemps encore de la mer Blanche. Débouchant par 68° 52′ de latitude nord et 50° 43′ de longitude orientale, entre l'île Kilduin et la péninsule de Kegor, la rivière de Kola donne son nom au port où le *Searchthrift* a négligé de mouiller. On compte en 1557, à Kola, une cinquantaine d'habitants. Kegor, au contraire, n'a pas de population fixe. Stephen Burrough y a rencontré, outre des Lapons nomades, des Russes et des Kerils. « Les Russes et les Kerils [1], dit-il, voulaient me vendre du poisson; les Lapons m'en offraient aussi. Je leur fis répondre que je n'avais ni marchandises ni argent à leur donner en échange. Quelques-uns de ces Lapons, pour arriver sur leur terrain de pêche, avaient voyagé pendant huit semaines avec leurs rennes, et ces rennes ont plus de vitesse que des chevaux. Pendant que je m'entretenais avec eux, le député de l'empereur de Russie, venu à Kegor pour y recueillir le tribut, me fit inviter à me rendre à sa tente. Après des salutations très-courtoises, il me demanda pourquoi nos bâtiments ne fréquen-

---

[1] Nous avons déjà dit ue ce nom de *Kerils* était inconnu en Russie.

taient pas ces parages. Je lui répondis qu'avant l'époque présente nous ne connaissions pas le port de Kegor. Nous ignorions qu'il y eût de ce côté un marché ouvert. Il me dit alors : « Si vous voulez « conduire ici vos navires, il y viendra certainement « des pêcheurs en grand nombre. Vous devriez, « sans plus attendre, commencer. » Je répliquai : « L'année prochaine, s'il plaît à Dieu, vous verrez « venir à Kegor un navire anglais. »

Que pourront apporter les Anglais à ces pauvres Lapons pour le troquer contre leur poisson sec, le meilleur stockfish de toute la Russie? L'argent, les perles, les draps, bleu, rouge ou vert, la farine, le vin, l'étain, la bière, pourvu qu'elle soit forte, seront reçus avec une égale faveur. Ces sauvages ne sont pas cependant gens à qui l'on puisse absolument se fier; ils sont, dans leur naïveté apparente, prétend Stephen Burrough, « tout aussi voleurs que les Russes ». Les voilà cependant qui, après avoir payé le tribut à l'empereur de Russie, le payent également, sous les yeux des Anglais, au roi de Suède et au roi de Danemark. Stephen Burrough interroge à ce sujet Vasili Féodorovitch, le député d'Ivan IV. « N'est-il pas à craindre que le commerce de la compagnie n'ait à compter avec tous ces collecteurs de taxes? — Non, non! répond avec orgueil et avec assurance l'officier moscovite; ni Danois, ni Suédois n'ont rien à voir à ce qui se passe ici. Les

Lapons, simples et craintifs, aiment mieux payer le tribut à tous les souverains qui l'envoient réclamer, que s'exposer au mauvais vouloir d'un d'entre eux; mais ce pays appartient à mon maître, vous pouvez en toute confiance y venir. Si quelque Lapon idolâtre veut se soumettre à la foi chrétienne, c'est toujours le rit russe qu'il embrasse. Les conflits, quand on n'a pu les dénouer à l'amiable, sont tranchés par les délégués de l'empereur ou portés à Moscou. Enfin, dernière et irrécusable preuve de la souveraineté du tsar, le monastère de Pechinchov, situé entre Kegor et les confins du Finmark, à la partie méridionale de la grande baie de Dommes-Haff, a un prieur désigné par le métropolitain de Moscou. »
On se fût peut-être livré, à cette extrémité du monde, suivant l'expression si souvent reprochée à Voltaire, de sanglants combats « pour quelques arpents de neige ». Par bonheur, le monastère de Pechinchov avait, dès le quinzième siècle, tranché la question. La frontière des deux États voisins est restée ce que la préférence des moines orthodoxes l'avait faite.

« Le vent était court pour gagner Colmogro, nous dit en terminant le capitaine du *Searchthrift*. Je m'arrêtai à l'est de la pointe Kegor, et je fis faire deux fournées de pain dans les fours que les Kerils avaient construits là pour leur usage. » Les fours des Kerils sont, comme leurs huttes et leurs poêles,

les produits tout spontanés d'un art qui n'a trouvé ses inspirations que dans « la lutte pour la vie ». Les architectes de Memphis ne les auraient probablement pas inventés.

Stephen Burrough devança de quelques jours à peine l'escadre de Jenkinson dans la baie de Saint-Nicolas. Le *Primerose* doublait, le 7 juillet, le cap Sviatoï. « Sur ce cap, écrit Jenkinson, se trouve une grande pierre à laquelle toutes les barques qui passent ont coutume de faire des offrandes de beurre, de farine et d'autres provisions. Les marins russes craindraient, s'ils négligeaient de se rendre ainsi les dieux de la mer propices, de s'exposer à périr, comme cela s'est vu trop souvent; car, près de Sviatoï-Noss, le temps est généralement sombre et brumeux[1]. » Les vaisseaux de Jenkinson n'avaient pas cessé jusque-là de naviguer de conserve. Au moment de donner dans la mer Blanche, ils se perdirent de vue et demeurèrent deux jours sans pouvoir se rejoinde au milieu du brouillard. Enfin, le 12 juillet, ils mouillèrent tous ensemble sur la rade de Saint-Nicolas. Les pilotes estimaient que, depuis le départ de Londres, on devait avoir fait environ sept cents cinquante lieues[2].

La traversée d'Angleterre en Russie n'avait plus

---

[1] Ces offrandes n'ont plus lieu aujourd'hui. Cependant les habitants du littoral de la mer Blanche ont conservé l'habitude de verser, pendant la tempête, de l'huile sur les flots courroucés.

[2] La distance réelle de Londres à Arkangel est de sept cent cinq lieues.

désormais de mystères. Stephen Burrough venait de relier, par ses observations, les côtes d'OEgeland et de Halgeland à la terre des Scricfini. Les flottes de la Compagnie moscovite pouvaient donc appuyer sur des bases certaines leurs opérations commerciales, calculer à l'aide de données précises la durée probable de leurs traversées, arrêter à l'avance l'époque où elles devaient quitter chaque année la Tamise, celle où il conviendrait d'effectuer le retour. Il ne restait plus pour entraver le nouveau trafic que les hasards habituels de la mer. Ces hasards étaient grands sans doute. Les mers australes faisaient-elles aux caraques portugaises et aux galions espagnols un chemin beaucoup plus facile? Ne nous laissons pas emporter trop loin par l'enthousiasme que nous ont inspiré tant de courageux efforts. Dans l'admiration la mieux motivée, il convient de garder encore une juste mesure. De l'aveu même des Anglais, Christophe Colomb demeure hors de pair. Son œuvre, ils l'ont appelée avec tous les contemporains « chose divine plutôt que chose humaine ». L'audacieux et patient labeur doit céder la palme au génie; le génie ne sera jamais que la resplendissante inspiration qui vient d'en haut. L'illustre et savant Hakluyt [1]

---

[1] Richard Hakluyt, né en 1553 à Eyton, dans le comté d'Hereford, a rendu à la géographie maritime les plus signalés services. En 1589, il avait publié en un volume in-folio tout ce qui avait rapport aux navigations des Anglais. En 1598, 1599 et 1600 il publia trois nouveaux vo-

s'est recpectueusement incliné devant la gloire de celui qui avait donné un monde à l'Espagne, une secousse que nous voyons durer encore à l'univers. Il n'a demandé à la postérité que de consentir à mettre sur le même rang « la découverte du vaste et dangereux océan qui s'étend au delà du cap Nord et la découverte du cap de Bonne-Espérance ». — L'éminent compilateur des navigations britanniques eût voulu qu'on reconnût un égal mérite « aux marins qui étaient arrivés, par la baie de Saint-Nicolas et par la Dwina, au cœur du vaste empire de Russie et aux navigateurs qui, d'étape en étape, parvinrent, à la fin du quinzième siècle, jusqu'aux Indes ». Sans la priorité, qui en pareille matière a bien sa valeur, nous serions tentés de donner au chroniqueur anglais toute satisfaction sur ce point. L'entreprise de 1497 et celle de 1553 sont deux entreprises du même ordre, et, si l'on en considère les conséquences immédiates ou lointaines, deux entreprises à la rigueur qui se valent.

---

lumes, admirable recueil de pièces officielles, inappréciable collection sans laquelle le souvenir de tant de grandes choses accomplies n'existerait peut-être plus. Jacques 1ᵉʳ le récompensa en lui donnant, durant sa vie, une prébende et un rectorat, et après sa mort, qui eut lieu le 23 octobre 1616, une tombe dans l'église de Westminster.

CHAPITRE III

LES MARCHANDS ANGLAIS EN RUSSIE

La façon dont Jenkinson s'était acquitté de sa tâche d'amiral avait dû rassurer Osip Népéi sur les conséquences d'un voyage maritime. Jenkinson l'avait, d'une seule traite et sans l'exposer aux investigations des Danois de Varduus, conduit de Londres à la baie de Saint-Nicolas. Le naufrage n'était donc pas au bout de toute traversée. L'ambassadeur russe n'en avait pas moins hâte de sortir de l'arche où, durant deux longs mois, il avait vécu confiné. A peine le *Primerose* eût-il jeté l'ancre, que Osip Népéi exprima le désir d'être conduit à terre ; on l'y transporta, et les bâtiments anglais commencèrent à se décharger. Rechargés aussitôt, ils repartirent pour l'Angleterre le 1er août 1557. Pendant ce temps, Osip Népéi Gregorievitch s'était installé au couvent de Saint-Nicolas. Quand on eut transporté ses bagages à terre et qu'il les eut de nouveau arrimés sur les grandes barques qui devaient remonter la Dwina, l'envoyé d'Ivan IV songea sérieusement à se mettre en route. Jenkinson ne pouvait, sans lui faire injure, le précéder à Moscou. C'était au gouverneur de Vologda qu'il appartenait d'exposer le premier à l'empereur les résultats de l'importante mission qu'il venait, au risque de sa vie, de remplir. Le plus facile moyen de se rendre à Vologda consiste à remonter le cours de la Dwina. Cette traversée, si l'on voyage jour et nuit, peut s'accomplir en quatorze fois vingt-quatre heures; mais on doit alors s'embarquer sur un de ces bateaux faits d'un seul tronc d'arbre, qui refoulent aisément le courant à la rame. En traîneau, il ne faudrait pas plus de huit jours pour le même trajet; seulement n'oublions pas qu'on ne peut faire usage du traîneau qu'en hiver. Tant que la gelée n'a pas aplani les routes, ce serait folie de vouloir s'aventurer au milieu des marais et des fondrières; on aurait le sort du courrier expédié à Moscou après la première apparition sur les côtes de Russie de l'*Édouard-Bonaventure* et de Chancelor. A partir de Vologda, la route n'est pas toujours facile, mais il y a une route. Osip Népéi était sans doute impatient d'aller déposer ses hommages aux pieds de son souverain; il n'entendait pas pour cela confier sa dignité et son importance à une pirogue. La barque qui le reçut était une grande barque de vingt tonneaux; elle fut tranquillement tirée à la cordelle par l'équipage marchant à pas comptés sur la rive. Quand la rive était trop fangeuse ou trop inaccessible, on se poussait avec de grandes perches appuyées sur le fond. Le 20 juillet, Osip quittait le monastère de Saint-Nicolas ; le 26, il faisait son entrée à Kholmogory et s'y arrêtait huit jours. Au seizième siècle, le temps comptait pour peu de chose. On ne vivait pas, comme à notre époque, dans une fièvre perpétuelle, et les plus bouillants s'accordaient volontiers des semaines entières pour prendre un parti.

À Kholmogory, Osip Gregorievitch fut fêté à l'envi par toutes ses connaissances. Les uns lui envoyaient du pain blanc ; d'autres, du pain de seigle ; les plus humbles se faisaient un devoir d'expédier leur offrande. Aussi de tous côtés affluaient vers la demeure d'Osip Népéi, outre le pain beurré et les crêpes, du bœuf, du mouton, du lard, des œufs, des poissons, des cygnes, des oies, des canards ou des poules. Toutes ces provisions, en somme, n'étaient pas superflues, car de Kholmogory à Oustioug on ne pouvait se flatter de trouver de grandes ressources. Le pays des Tchouds était encore, dans la majeure partie de son étendue, un désert. A Oustioug, il fallut changer de barques ; à Vologda, prendre de petites charrettes attelées chacune d'un cheval. De délai en délai, cinquante-trois jours se passèrent avant que Osip Népéi et les trophées opimes qu'il rapportait de son grand voyage, trophées dont l'ambassadeur avait tenu à ne se point séparer, vissent s'ouvrir devant eux les portes de la Zemlianoï-Gorod. Le 12 septembre 1557, le premier Russe qui ait visité la grande île inconnue du couchant rentrait, après une absence de quatorze mois, à Moscou.

Anthony Jenkinson ne partit que le 15 août de Kholmogory. La Dwina roule avec une grande rapidité ses eaux claires sur un lit de craie et de sable. Pour en remonter le courant, Jenkinson prit un petit bateau qui lui fit dépasser, le jour même du départ, l'embouchure de la Pinega, située à quinze verstes en amont de Kholmogory. Le 19 août au matin, Anthony arrivait à un village appelé Yemps[1]; de Yemps, il atteignait Oustioug, et d'Oustioug gagnait, en compagnie de nombreuses barques poussées par un vent favorable, le village de Totma. Là durent s'arrêter « les dosnicks et les nassades ». La Dwina devient sur ce point peu profonde, et bien que la nassade, portant bravement ses deux cents tonneaux de sel, ne tire que quatre pieds d'eau, elle ne réussirait pas à franchir les roches et les hauts-fonds qui encombrent à Totma le lit de la rivière. Le 20 septembre, Jenkinson prenait terre à Vologda. Il avait fait le voyage de Kholmogory à cette ville moins commodément peut-être que Osip Gregorievitch, il ne l'avait pas fait plus vite. Osip parcourut les mille verstes, du 29 juillet au 27 août; Jenkinson, du 15 août au 20 septembre. L'un y avait employé vingt-neuf jours;

---

[1] Probablement Yam, — station de poste, village astreint à fournir des moyens de transport aux messagers du tsar.

l'autre, trente-six. La proportion fut renversée pour le trajet entre Vologda et Moscou : Jenkinson attendit à Vologda le commencement de l'hiver, il accomplit le dernier tiers de son voyage en traineau ; Osip dut recourir à la telega. Du 1ᵉʳ au 6 décembre 1557, Jenkinson glissa de Vologda à Commelski, de Commelski à Obnorsk, à Teloytski, à Uri, à Voshansko, à Jaroslav, à Rostov, à Rogarin, à Peroslav, à Domnina, à Godoroki, à Ouchay, à Moscou. Il dévora cinq cents verstes et quatorze postes en moins de six jours. La charrette embourbée d'Osip avait, au mois de septembre, tracé sur la même voie son pénible sillon pendant deux longues semaines. Killingworth, en octobre, se vit obligé d'atteler à sa telega dix chevaux de poste.

Ivan IV n'avait pas eu jusqu'alors d'Anglais à son service. Osip Népéi lui amenait de Londres un médecin, M. Standish, et divers personnages qui devaient prendre place dans les rangs de cette précieuse phalange d'artisans et d'officiers étrangers que l'empereur s'appliquait sans relâche à recruter sur tous les marchés de l'Europe. « Ivan Vasilévitch, — nous raconteront bientôt ces observateurs dont aucune déception n'est encore venue refroidir l'enthousiasme, — ne se soucie ni de la chasse au faucon, ni de la chasse à courre, ni de la musique. Tout son plaisir, il le met en deux choses : d'abord servir Dieu, — il est très-dévot, — puis vaincre et subjuguer ses ennemis. Il dépasse ses prédécesseurs en dignité comme il les surpasse en courage. Lithuaniens, Polonais, Suédois, Danois, Livoniens, Criméens, Nogaïs, se sont plus d'une fois conjurés contre lui. Ils ne l'ont pas plus effrayé que les alouettes n'effrayent un cheval en Écosse. » Les prédécesseurs de Basile présentaient dans leurs casques l'avoine au cheval du Grand Khan de Crimée. Basile lui-même n'avait pu se soustraire à cet humiliant hommage qu'en faisant accepter en échange au souverain tartare, abusé ou séduit, le tribut annuel d'un riche lot de fourrures; Ivan IV, le premier, est, dans toute la plénitude de l'expression, un tsar, c'est-à-dire un roi qui ne paye de tribut à personne [1].

De 1553 à 1561, la principale ambition d'Ivan IV paraît avoir été d'acquérir un libre accès au golfe de Finlande. L'océan Glacial et la mer Caspienne marquaient les deux extrémités de son empire; la Baltique pouvait en devenir la grande artère. L'ordre de Livonie ne résista pas mieux au tsar que ne lui avait résisté la Horde d'or. Narva est prise d'assaut presque à la vue de Ketler, le dernier grand maître des porte-glaive; Dorpat capitule; vingt villes ouvrent leurs portes au voïvode Chouiski. Les Russes sont bientôt maîtres de la Livonie tout entière,

[1] Les historiens russes ne sont pas ici tout à fait d'accord avec les Anglais. Suivant eux, Ivan III avait, dès l'année 1480, refusé le tribut au khan de la Grande Horde

à l'exception de Riga et de Revel. Le roi de Danemark se plaint qu'on lui fasse tort de ses droits du Sund, en commerçant avec la Russie par la baie de Saint-Nicolas; Ivan IV vient d'ouvrir à ses alliés une voie bien plus directe, s'ils veulent venir d'Angleterre à son aide. De l'embouchure de la Narova à Pleskov et à Novgorod les transports sont faciles; sur la rive gauche du fleuve, Ivan a bâti une ville; sur la rive droite, un château qui portera le nom d'Ivangorod. Ce château est, dit-on, l'œuvre d'un Polonais; les Russes le regardent comme imprenable. Sait-on, s'il faut en croire la sombre légende qui s'attache à tous les actes d'Ivan le Terrible, quelle a été la récompense de l'habile architecte? Ivan lui a fait crever les yeux, afin qu'il ne pût jamais construire pour ses ennemis un château semblable.

De pareils contes, alors même qu'ils sont attestés par plus d'un témoignage, ne sauraient être admis à la légère. Ivan IV tenait trop à faire rechercher son service pour le rendre follement aussi périlleux. Il a brûlé vifs des étrangers; mais ces étrangers, comme le docteur allemand Bomélius, le trahissaient. Quant à ceux qui l'ont secondé fidèlement, il n'est sorte de faveurs qu'il n'ait accumulées sur leur tête. Dès le lendemain de leur arrivée à Moscou, le tsar veut voir les nouveaux serviteurs que vient de lui amener le *Primerose*. Osip Népéi les introduit ; Ivan IV les reçoit comme il aurait reçu des ambassadeurs, la couronne impériale sur le front, le sceptre d'or garni de pierres précieuses à la main. Le soir même, il les fait dîner en sa présence, dîner avec ses gentilshommes, avec ses Circassiens, avec son propre frère et les deux rois de Kazan, celui qu'il a vengé et celui qu'il a vaincu. L'un est un homme fait; l'autre, un enfant de douze ans. Tous les deux ne sont plus aujourd'hui que les hôtes soumis du tsar. C'est toujours un honneur insigne d'être admis, ne fût-ce qu'au dernier rang, à de pareils banquets. Quant au festin, les Anglais « en ont souvent vu de meilleurs ». La variété des boissons et des plats ne laisse pas toutefois de les étonner. « La table ne restait pas vide un instant. » Six chanteurs sont entrés pendant le repas dans la salle; ils se tiennent debout, le visage tourné vers l'empereur. Avant la fin du dîner, ils avaient chanté trois fois : leurs voix et leurs chansons ont pu charmer les Russes ; elles n'ont pas plu aux oreilles britanniques. Les Anglais cependant observent tout; ils ont intérêt à connaître les inclinations de leur nouveau maître. Le dîner dure cinq heures. L'empereur ne porte jamais un morceau à sa bouche sans se signer d'abord; il en fait autant quand il boit. Ce souverain, se disent les Anglais, est « à sa façon très religieux. Il paraît estimer ses prêtres plus que ses gentilshommes. » Mais avant tout il montre le désir de tenir ses hôtes en joie, car, après les avoir abreuvés largement de sa propre main, il fait porter le soir à leur logis trois barils d'hydromel. Le 16 septembre, chaque Anglais reçoit, par ordre d'Ivan IV, un cheval tartare pour faire ses courses en ville; nous l'avons déjà dit, un homme bien né ne sortirait pas à pied dans Moscou. Le 18, ce sont des pelisses fourrées, des pelisses de drap d'or et de velours à ramage qu'on apporte. Les unes sont garnies d'hermine blanche, les autres d'écureuil gris; toutes ont des revers et des bordures de castor noir. Quant aux banquets impériaux, les Anglais ne passent pas un mois sans s'y asseoir. Le 14 septembre, ils ont été servis dans de la vaisselle d'or; le 1ᵉʳ octobre, le repas semble plus intime; on n'a mis au jour que la vaisselle d'argent. Dîner le 3 novembre, dîner le 6 décembre, jour de la Saint-Nicolas, et chaque fois l'empereur a fait appeler ses convives dans la matinée pour les inviter de sa propre bouche. Jamais le puissant monarque ne manquerait à ce cérémonial : il croirait, s'il le négligeait, diminuer le prix de la faveur qu'il accorde. Puis viennent les libéralités en argent : soixante-dix roubles à Standish, trente roubles aux autres passagers du *Primerose*. Arrive le jour de la grande revue militaire, revue invariablement fixée au mois de décembre; les Anglais prennent place dans le cortége de l'empereur.

L'artillerie que renferme l'arsenal de Moscou a été traînée sur la plaine qui s'étend en dehors des faubourgs. On peut voir là toutes les espèces de bouches à feu connues : des bases, — pièces de campagne de petit calibre, — des fauconneaux, des minions, des sacres, des coulevrines, canon double et canon royal, basilik long et grand basilik. Six grosses pièces recevront, quand on les chargera, un boulet dont le diamètre mesure plus d'un yard. L'œil peut suivre, assure-t-on, cet énorme globe dans sa course. Remarquez également cette grande quantité de mortiers et de canonnières destinés à lancer le feu grégeois. Est-ce le roi Sigismond, Christian III ou Gustave Vasa qui pourraient mettre en batterie une pareille quantité de canons? Ces canons, on les a rangés devant deux maisons de bois remplies de terre; sur les façades noires on a dessiné deux belles cibles blanches. L'empereur et ses principaux nobles vont bientôt apparaître. Tous montent des chevaux turcs ou des genets d'Espagne; les selles sont recouvertes de drap d'or et de drap d'argent. L'empereur porte également une robe de drap d'or; son bonnet d'écarlate est orné de perles et de pierres fines. Cinq mille arquebusiers le précèdent, l'arquebuse sur l'épaule gauche, la mèche dans la main droite; ils forment une longue colonne où cinq hommes marchent de front. Les nobles viennent ensuite, s'avançant trois par trois. Une plate-forme d'un quart de mille de long a été dressée sur des poteaux. Les arquebusiers s'y déploient et s'alignent. En face, à soixante yards à peu près de distance, des blocs de glace de six pieds de hauteur, de deux pieds d'épaisseur, figurent les bataillons ennemis. L'empereur donne le signal; le feu de la mousqueterie commence; il ne cesse que quand la glace a été complétement rasée. Après les arquebuses, l'ordre de la revue appelle le feu grégeois. Un ruisseau de flammes jaillit des canonnières : magnifique spectacle bien fait pour porter la terreur dans les escadrons ! Laissez maintenant la parole à l'artillerie; les petites pièces de bronze ont ouvert le feu les premières, puis viennent successivement les moyennes et les grosses. Chaque pièce tire trois coups; à la fin du tir, les deux maisons de terre, malgré leurs trente pieds d'épaisseur, ont eu le sort de la glace : elles gisent étalées dans la plaine. Comprenez, ô monarques des mers orientales! Comprenez, porte-glaive de la Livonie! Et vous, que la sainte Russie craignit si longtemps, tremblez à votre tour, malheureux Tartares!

Jamais Ivan IV ne fût parvenu à vaincre les Polonais et les Livoniens, s'il n'avait emprunté à ses ennemis mêmes les armes et la discipline dont une civilisation supérieure leur assura pendant plus d'un siècle l'avantage. A part un corps d'élite, le corps des strélitz, l'armée russe n'était à proprement parler qu'une immense milice. Les miliciens portaient le nom de *syny-boïarsky*, ou fils de gentilshommes. La profession militaire suffisait, à elle seule, pour leur donner ce rang. Le métier des armes se transmettait ainsi avec la noblesse de père en fils. Tout soldat avait droit à une certaine portion de terrain; détaché du lot paternel, ce terrain eût pu, à la rigueur, être considéré comme un fief; on ne pouvait cependant l'occuper avant d'avoir été inscrit au nombre des tenanciers dont le grand connétable dressait chaque année la liste. Le grand connétable avait à la fois la haute main sur les terres affectées à l'entretien de la milice et sur les soldats, dont la culture de ces terres devait assurer la subsistance. C'était lui qui présidait aux levées générales. Quand l'appel fait aux *syny-boïarsky* ne suffisait pas, on y joignait l'appel des *kholopy*, soldats laboureurs, qui déposaient les armes aussitôt après la campagne terminée et retournaient sans murmure à leurs travaux serviles. Les *kholopy* ne cultivaient pas comme les *syny-boïarsky* le sol pour leur propre compte; ils étaient les serviteurs des seigneurs qui avaient la charge de les équiper. Longtemps la Russie ne connut pas d'autre armée que ces deux bans distincts de la milice. Ivan III le premier groupa un noyau de troupes permanentes autour de sa personne. Sous Ivan IV on comptait quinze mille *dvorianin*, cavaliers pensionnés représentant une dépense de cinquante cinq mille roubles [1], et douze mille strélitz, fantassins mousquetaires. A chacun de ces *dvorianin* et de ces strélitz — les delhis et les janissaires du Grand Turc — le tsar, outre douze mesures de seigle et d'avoine, allouait une solde de sept roubles par an. Ces vingt sept mille hommes formaient avec huit mille ou neuf mille auxiliaires étrangers, Polonais, Écossais, Allemands, Grecs, Turcs, Danois, Suédois, Circassiens, une force toujours prête à entrer en campagne. Joignez-y soixante cinq mille *droujinniks*, troupe à cheval que cent dix capitaines, choisis par l'empereur dans les rangs de sa meilleure noblesse, prenaient l'engagement, moyennant le payement d'une rente de quarante mille roubles, de fournir, d'équiper et de rassembler chaque année sur les frontières de la Crimée tartare, vous aurez une idée complète de l'organisation militaire de la Russie au seizième siècle. Une dépense annuelle de cent quatre-vingt mille roubles [2] mettait donc le tsar en mesure d'ouvrir, sans autres préparatifs, les hostilités, à la tête de quatre-vingt mille cavaliers et de douze mille fantassins. Les *syny-boïarsky* et les *kholopy*, comme l'avait remarqué Chancelor, ne lui coûtaient rien, mais l'empereur ne les convoquait jamais sans de

---

[1] Le rouble valait en 1557 de douze à treize schellings anglais, en 1582 seize schellings et huit pence. Le marc d'argent pesait une demi-livre, et deux marcs valaient vingt schellings.

[2] Deux millions trois cent quarante mille schellings environ.

graves motifs [1]. Dans les occasions ordinaires, les troupes régulières et soldées pouvaient se passer du concours de la milice. Comparées aux soldats des autres États de l'Europe, ces troupes auraient paru médiocrement armées. Le cavalier n'avait que son arc, son carquois et son sabre; le strélitz à pied portait la hache d'armes sur le dos, le sabre au côté, l'arquebuse ou le mousquet à la main. Quant aux vivres, les empereurs avaient pris la commode habitude de n'en point fournir à leurs troupes. Chaque soldat russe s'approvisionnait lui-même pour quatre mois de campagne d'un biscuit grossier qu'il appelait *souchary*; de farine d'avoine, d'un peu de poisson sec, de lard ou de viande séchée.

L'armée se partageait en quatre grandes légions [2] : l'aile droite, l'aile gauche, les troupes légères, la réserve. Le voïvode qui la commandait avait sous ses ordres un lieutenant général, quatre maréchaux de camp, huit généraux et une foule d'officiers subal-

---

[1] On aura remarqué l'extrême analogie qui existe entre les *synyboïarsky* russes et les timariotes ottomans. Une constitution à peu près semblable du pouvoir appelait nécessairement au seizième siècle des institutions militaires identiques dans l'empire de Soliman le Grand et dans celui d'Ivan Vasilévitch.

[2] Ceci n'est pas tout à fait exact. L'armée moscovite se composait à cette époque de cinq corps appelés *régiments* : le grand régiment, le régiment d'avant garde, le régiment de gazche, le régiment de droite et les gardes ou gardiens. Ce dernier corps formait la réserve. Chaque régiment était commandé par un voïvode ; le voïvode qui commandait le grand régiment était investi du commandement en chef.

ternes conduisant, les uns mille, cinq cents ou cent soldats, les autres cinquante ou dix. Le commandant de l'artillerie et le commandant du train, sans cesser de dépendre du commandement suprême, avaient une responsabilité spéciale et des fonctions nettement définies. Ils portaient, comme le général en chef, le titre de voïvodes. Le seul ordre de bataille que connussent les légions moscovites consistait à se grouper autour de leurs enseignes respectives. Une immense clameur, accompagnée du son des trompettes, des cornets à bouquin, des petits tambours de cuivre, que les officiers portaient suspendus à l'arçon de leur selle, donnait, le moment venu, le signal de la charge. De gros tambours suspendus entre quatre chevaux, et sur lesquels s'évertuaient huit frappeurs, augmentaient l'horrible fracas, moins destiné peut-être à porter la terreur chez l'ennemi qu'à noyer le sentiment du danger dans une ivresse guerrière. Les cavaliers se précipitent pêle-mêle en avant : ils ont lancé leurs flèches ; maintenant ils tirent leur sabre et le font tournoyer au-dessus de leurs têtes, avant d'en venir aux coups. Les escadrons se joignent dans des flots de poussière, tout semble confondu. Que le Dieu des armées en décide! le général en chef désormais n'y peut rien. Il lui reste cependant son infanterie. S'il a pris soin de la bien poster, de la cacher dans quelque pli de terrain, cette force, sortant à l'improviste de l'embuscade d'où elle a pu incommoder l'ennemi sans recevoir elle-même aucun mal, est capable de changer brusquement la face du combat. L'impétuosité de la cavalerie tartare s'est plus d'une fois, brisée à cet écueil car la supériorité du soldat russe se montre surtout dans la défensive. Nulle troupe n'est plus apte à supporter les rigueurs d'un siége; dans les combats corps à corps, l'avantage demeure, au contraire, aux Tartares.

Farouche par nature, le Tartare a été rendu plus hardi et plus sanguinaire encore par la pratique continuelle de la guerre. Le soldat russe, s'il commence à battre en retraite, met toute sa confiance dans la rapidité de sa fuite. Atteint par l'ennemi, il ne se défend pas, il ne demande pas non plus bassement la vie; il se résigne tranquillement à mourir. Le Turc, quand il a perdu l'espoir de s'échapper, a recours aux supplications. Il jette son arme, tend ses deux mains jointes et reste dans cette posture, prêt à subir le joug pour se soustraire au trépas. Le Tartare, lui, méprise tellement la mort qu'il ne cède jamais : il mordra l'arme qui vient de le traverser. Ni déserts ni fleuves ne l'arrêtent. De longues perches qu'il attache à la queue de trois ou quatre chevaux liés ensemble lui tiennent lieu, quand une rivière se présente sur sa route, de bac et de radeau. Le khan de Crimée a moins encore que l'empereur de Russie à se préoccuper de la subsistance de ses troupes. Chaque homme se rend à l'appel qui convoque la horde avec deux chevaux au moins ; il monte l'un et abattra l'autre lorsque viendra le tour de ce second cheval d'être mangé. Le troupeau qui doit nourrir l'armée, de cette façon, ne la quitte jamais ; les rations de la horde galopent avec elle. Vous rencontrerez rarement un cavalier tartare qui n'ait une jambe de cheval ou quelque autre portion de cet animal suspendue à l'arçon de sa selle. C'est la seule viande dont un vrai Tartare semble faire cas ; il la mange sans pain et la préfère de beaucoup à la viande de bœuf ou de mouton. Bien qu'il apprécie le lait de brebis et de vache, qu'il ait même coutume d'en emporter en voyage de grandes jarres, le sang chaud du cheval, le sang bu au moment où la veine ouverte le laisse échapper, est encore pour les petits-fils de Djinghis-Khan le meilleur des breuvages. Avec le cheval, la source même peut manquer, le Tartare y suppléera par une saignée plus ou moins copieuse.

On comprend que de pareilles armées soient faciles à mettre en mouvement. Aussi le territoire russe est-il envahi une ou deux fois par an. Le khan ne conduit pas toujours l'invasion en personne. Quand il juge à propos d'en prendre la direction, ce sont cent mille ou deux cent mille hommes qui s'ébranlent. Autrement ce ne sont que courtes et soudaines irruptions généralement tentées avec de moindres forces. Au temps de la Pentecôte, ou plus souvent encore au temps de la moisson, les Tartares commencent à rôder le long de la frontière. C'est aussi l'époque où les Russes font leur levée annuelle et cherchent à pressentir sur quel point va éclater l'orage. S'ils s'attendent à une attaque en masse, ils ne se contentent pas de rassembler leurs soixante-cinq mille cavaliers habituels; ils font avancer avec leur infanterie « le château roulant ». Cette forteresse mobile n'est autre chose qu'une double palissade portée sur des charrettes; on la peut au besoin développer sur un espace de six ou sept milles. La chose est bientôt faite. Le bois a été taillé de telle façon qu'une pièce s'ajuste à l'autre. Entre les deux murailles l'intervalle réservé aux soldats n'excède pas neuf pieds. Il suffit que le fantassin ait la place nécessaire pour charger et décharger son mousquet ou pour darder sa pique par les embrasures. Fermé aux deux extrémités, le château roulant protége très-efficacement l'infanterie contre des gens qui n'ont pas d'artillerie à lui opposer. On en tire un excellent parti contre les Tartares; on ne le dresse pas contre les chevaliers porte-glaive ou contre les Polonais; à ces ennemis bien pourvus de canons, c'est par le canon qu'il importe de répondre. Ivan IV avait apprécié de bonne heure l'effet tout-puissant de l'artillerie, et nul prince de la chrétienté ne rassembla, au seizième siècle, plus de bouches à feu dans ses arsenaux, n'en garnit dans une aussi large proportion son front de bataille. La cavalerie combattait sans armure, l'infanterie n'avait que de mauvais mousquets, dont le canon, grossièrement travaillé et fort lourd, ne lançait cependant qu'une très-petite balle; les belles pièces de bronze de Moscou rétablirent jusqu'à un certain point l'équilibre. Sans leur appui, le vainqueur de Kazan et d'Astrakan aurait eu peu de chances de réaliser ses projets sur les territoires que baigne le golfe de Finlande.

Le 25 décembre 1557, jour de Noël, Jenkinson fut à son tour admis en présence de l'empereur. Il fut également convié par l'empereur en personne au grand festin du soir. Ivan IV dînait ce jour-là dans la salle dont un pilier carré, profondément fouillé par le ciseau du sculpteur, soutient seul, comme Atlas, la voûte qui vient y appuyer ses arceaux. Dans cette salle immense, plus de six cents personnes avaient pu trouver place à table. Deux mille Tartares, gens de guerre venus récemment à Moscou pour s'engager au service de l'empereur prêt à entrer en campagne contre les Livoniens, dînaient dans d'autres salles. Jenkinson s'assit seul à une petite table; il faisait ainsi face au tsar; nul autre étranger n'avait encore été l'objet de semblable faveur. Toujours courtois, toujours prodigue de ses distinctions envers les Anglais, Ivan Vasilévitch n'eut garde, dans le cours du repas, d'oublier son hôte. Plus d'une fois il lui envoya de sa propre main des bols de vin et des coupes d'hydromel; il lui expédia aussi plusieurs plats de viande, et tout cela fut apporté à Jenkinson « par un duc! » Même après les récits de Chancelor et de Killingworth, Jenkinson fut ébloui. Les tables ployaient sous le poids de la vaisselle d'or et de la vaisselle d'argent. Il était telle coupe enrichie de pierreries qui eût valu à Londres quatre cents livres sterling. Une pièce d'orfévrerie avait deux yards de long; des têtes de dragon admirablement ciselées y flanquaient des tours d'or. Le travail de l'artiste devait avoir doublé la valeur du métal. Mais laissons ces banquets; d'autres spectacles nous promettent un intérêt plus sérieux et plus instructif. Ce qu'il nous faut maintenant aller contempler, c'est la magnificence des saintes cérémonies où le peuple russe, sauvé de la dispersion et de la servitude par le lien sacré qui l'unit, va se montrer aux raisonneurs anglais dans tout l'élan de sa foi orthodoxe.

Le 6 janvier 1558 est pour les sujets d'Ivan IV le jour des Rois[1]; l'empereur, accompagné de son frère et de tous ses nobles, se rend en procession à l'église. Dès neuf heures du matin, il en sort et se dirige vers les bords de la Moscova; le métropolitain se prépare à bénir la rivière. En avant marchent les lévites, tenant à la main de longs cierges dont la cire

---

[1] Cette fête s'appelle le jour des Rois chez les catholiques. Dans l'église d'Orient elle a été instituée en mémoire du baptême de Notre-Seigneur Jésus-Christ.

a été récoltée sur les bords de l'Oka. Une énorme lanterne garde et protége l'image vénérée que les Russes appellent Neroutchnoï[1]. Dans la ferme croyance des *moujiks,* cette image du Christ n'a pas été faite de main d'homme. Les cierges ont passé ; ce sont à présent les bannières qui s'avancent ; puis vient la grande croix d'or, dominant et faisant incliner la foule; puis les images de la Vierge, de saint Nicolas et d'autres bienheureux. Voici enfin le cortége des prêtres : ils sont au nombre d'une centaine environ. Derrière eux, Jenkinson a reconnu le métropolitain. Qui donc suit le prélat? qui donne à tous l'exemple de la foi recueillie, de la piété austère? C'est le plus grand et le plus humble des fidèles; c'est l'empereur Ivan IV, sa couronne sur la tête et sa noblesse « en bon ordre » sur ses pas.

Dans la glace de la Moscova, on a pratiqué un grand trou carré de trois brasses de côté environ. La procession se range sur le bord de cette ouverture. Le métropolitain monte sur une estrade et s'y assied; l'empereur reste sur la glace ; il y reste tête nue. N'est-ce pas aujourd'hui le jour des Rois? Oui ! mais le jour des Rois, c'est à Moscou le jour où les rois s'humilient. Les prêtres commencent « à chanter, à bénir et à encenser ». Le métropolitain prend dans ses mains un peu d'eau et en jette

---

[1] Niroukotvorinüy — fait par le mystère, et non de main d'homme.

quelques gouttes sur l'empereur; il asperge également quelques ducs. La procession rentre ensuite à la cathédrale. A peine l'empereur s'est-il retiré que plus de cinq mille personnes se précipitent, leur cruche à la main, pour la remplir. Le Moscovite qui devrait regagner son *isba* sans avoir pu s'approcher de cette eau consacrée se plaindrait amèrement de son sort; ses voisins le considéreraient comme très-malheureux. Une foule de gens profitent de l'occasion pour se plonger tout nus dans le fleuve; d'autres y plongent à diverses reprises des enfants ou des malades. La Moscova est devenue un nouveau Jourdain; on y baptise des Tartares, et l'on y fait boire les chevaux de l'empereur. La foule s'écoule lentement; Jenkinson va dîner, en compagnie de trois cents étrangers dans la maison de bois « artistement dorée », où nous a déjà conduits Chancelor.

L'époque des grandes austérités cependant approche. Les Russes commencent leur carême huit semaines avant Pâques. La première semaine, ils mangent des œufs, du lait, du fromage et du beurre. Ils font grande consommation de crêpes et d'autres plats du même genre. Le soir, ils se visitent, et s'enivrent régulièrement, si l'on en croit Jenkinson, toutes les nuits. « Personne, dit-il, n'en rougit et n'en ferait reproche à son voisin. » Durant les six semaines qui suivent cette première semaine d'abstinence, le beurre, le fromage, les œufs, le lait même, vont être interdits. Le dimanche des Rameaux ne le cède pas en solennité au jour des Rois. On prend un arbre « d'une bonne grosseur », et on l'attache entre deux traîneaux. Des branches pendent des pommes, des raisins secs, des figues, des dattes et d'autres fruits; cinq jeunes garçons, vêtus de blanc, se tiennent dans le feuillage et y chantent des cantiques. Les cierges allumés et la grande lanterne sont revenus prendre leur place dans la procession. Les longues bannières, les images des saints, ne sont pas non plus absentes. Les prêtres sont nombreux ; dix ou douze portent des étoles de damas blanc, brodées, les unes de belles perles de la grosseur d'un pois, les autres de saphirs. L'empereur et le métropolitain [1] marchent cette fois de front; seulement, l'empereur est à pied, le métropolitain a sa monture. Un grand drap blanc tombant jusqu'à terre enveloppe le palefroi ; les extrémités de ce drap ont fait au noble coursier d'immenses oreilles. Le cheval qui porte d'ordinaire l'évêque de Moscou s'est métamorphosé. Ce fut sur un âne que le Sauveur du monde entra dans Jérusalem ; c'est sur un âne que le métropolitain, en mémoire du dernier triomphe du Sauveur, doit se montrer au peuple. Le prélat, — ainsi le veut à Moscou la tra-

[1] *Patriarche*, et non *métropolitain*, me fait-on remarquer. Il y a une nuance, importante sans doute, mais dont le sens, je dois le confesser, m'échappe.

dition, — est assis de côté, à la façon d'une femme. Il tient de la main gauche, appliqué contre sa poitrine, un livre dont la couverture présente incrusté un riche crucifix de métal; sa main droite est armée de la croix et ne cesse pas un instant de bénir le peuple. Trente serviteurs étendent, à la suite l'un de l'autre, leurs vêtements sur la route; dès que le cheval a passé, ils relèvent leurs habits et courent en avant pour les étendre encore. Le cheval ne doit marcher que sur des étoffes. Ceux qui prennent le soin d'empêcher que ses pieds ne viennent à toucher la terre reçoivent pour leur peine des robes neuves qui leur sont distribuées par les ordres et aux frais de l'empereur. Tous sont fils de prêtres, car, on ne l'ignore pas, les prêtres russes sont mariés; seulement, s'ils deviennent veufs, ils ne peuvent se marier une seconde fois. Dans ce cas, il ne leur reste qu'à se faire moines. Les moines en Russie sont, comme les prêtres de l'Église romaine, voués au célibat.

Un des gentilshommes de l'empereur conduit le cheval du métropolitain par la bride; l'empereur lui-même, de sa propre main, tient le bout des rênes; son autre main porte une branche de palmier. Entre la foule et lui marche rangée la moitié de ses gentilshommes; l'autre moitié a dû le précéder. La procession se rend ainsi d'une église à l'autre; elle ne sort pas toutefois de l'intérieur du château. La cérémonie terminée, l'empereur et ses nobles vont dîner chez le métropolitain, qui leur fait servir des poissons délicats et d'excellents breuvages.

Dès le lendemain commence l'observation rigoureuse de la semaine sainte. On raconte, — et le peuple russe se garderait bien de mettre la chose en doute, — que le métropolitain ne mange ni ne boit alors pendant sept jours. Beaucoup de religieux, assure-t-on à Moscou, imitent cet exemple. L'empereur ne mange qu'un morceau de pain et ne boit qu'un seul verre d'eau par jour. Tous les gens de quelque importance se confinent chez eux, les rues sont désertes; c'est à peine si l'on y rencontre errant çà et là quelques *moujiks*. Le lundi [1] ou le jeudi, l'empereur reçoit le saint Sacrement; la plupart de ses nobles s'approchent, à son exemple, de la sainte table. Le vendredi se passe en contemplations et en prières. Chaque année, ce jour-là, un nouveau Barrabas est rendu à la liberté. Dans la nuit du vendredi au samedi, nobles et *moujiks* se rendent à l'église; ils y dorment jusqu'au lendemain matin [2]. Le dimanche de Pâques, chacun se hâte d'aller offrir, dès que le jour se lève, au prêtre de sa paroisse, un de ces œufs que le bois de Brésil, — le bois de Campêche d'aujourd'hui, — sert à teindre. Pendant trois ou

---

[1] Jamais le lundi, mais bien le jeudi ou le dimanche.

[2] On ne dort pas à l'église; c'est là une calomnie ou une légèreté anglaise. On y passe la nuit en prières, comme il convient le jour de la mort de Notre-Seigneur Jésus-Christ.

quatre jours, pas un homme du peuple qui n'ait, si pauvre qu'il puisse être, son œuf rouge à la main ; les gentilshommes et leurs femmes portent des œufs dorés. Telle est la façon en Russie de témoigner la joie qu'on éprouve de la résurrection du Seigneur. Ce n'est pas seulement un anniversaire qu'on célèbre, c'est un événement heureux qu'on s'annonce et dont on se félicite mutuellement. Deux amis se rencontrent ; ils se prennent aussitôt la main. L'un d'eux dit le premier : « Le Seigneur est ressuscité ! » — « Il l'est en vérité », répond l'autre. Là-dessus les deux amis s'embrassent tendrement ; après s'être embrassés, ils échangent leurs œufs. Une longue abstinence a préparé les cœurs à cette pieuse allégresse ; tous les visages rayonnent, il y a vraiment du bonheur dans l'air. Ce bonheur, ne le raillons pas ! Il est aussi vrai et aussi touchant que les joies innocentes de l'enfance. On n'a pas encore trouvé le secret de prolonger pour l'homme la saison où il est toujours facile d'être heureux. Si l'on pouvait, du moins, retarder quelque peu la maturité des peuples ! Les peuples, en vieillissant, deviennent, comme Louis XIV, difficiles à distraire, — les esprits chagrins ajouteront : difficiles à conduire. — Quel intérêt si grand peut-il donc y avoir à les vieillir, de propos délibéré, avant l'âge ?

Les rapports de Jenkinson ont fort utilement complété les candides récits de Chancelor. Jenkinson est un sage ; la haine de tout ce qui peut rappeler la superstition romaine ne l'aveugle pas. Comment s'est-il défait de l'intolérance passionnée dont la plupart de ses compatriotes, au grand détriment de leurs intérêts, feront preuve? Ce sentiment si ardent, si vivace, aux jours des premières ferveurs de la réforme, peut-être le capitaine du *Primerose* l'at-il insensiblement usé à tous les angles du vaste monde que depuis onze ans il parcourt. Ce qui est certain, c'est que Jenkinson nous paraît contempler avec un merveilleux calme « des temples remplis d'idoles, un royaume encombré de moines, de nonnes et de prêtres. »; il verra même sans indignation le fils belliqueux de Basile humilier la pourpre impériale devant les pompes sacrées de l'Église, « rendre au métropolitain de Moscou les honneurs que ses sujets lui rendent à lui-même ». Cette indifférence philosophique est d'un bon augure. Jenkinson n'en sera que plus apte à juger le peuple de saint Vladimir et d'Alexandre Newski. La nationalité du peuple russe, c'est sa foi ; sans elle, il eût eu le sort de la nation mongole. Coupez le lien qui réunit la gerbe, et essayez ensuite de rassembler les épis!

« On ne trouverait pas en ce pays, racontait naguère Chancelor, un homme sur dix qui soit en état de réciter le *Pater noster*. La plupart des Russes se contentent de murmurer : « *Gospodi pomiloui!* « Seigneur, ayez pitié de moi! » Les interrogez-vous sur le dogme : « Ce sont choses, répondent-ils, « dont on ne peut parler que dans les églises. » Était-ce donc après tout si mal répondu? Les discussions théologiques ont fini par ouvrir les portes de Constantinople aux Turcs; la foi routinière et silencieuse du *moujik* continuera de fermer les portes de Moscou aux Tartares. La souveraineté spirituelle de l'Église russe, malgré l'incontestable ascendant dont un consentement unanime l'investit, ne semble pas, d'ailleurs, avoir porté atteinte aux droits de la couronne ; en tous cas, elle n'en a pas diminué les revenus. « Les moines, nous raconte ce pilote-major qui arrive d'un pays où l'on vient de se partager les biens du clergé, possèdent deux fois autant de terres que le duc lui-même, mais le duc n'y perd rien. Les moines arrachent aux pauvres et aux simples leur argent; le duc, par un ordre, se le fait remettre. Un abbé vient-il à mourir, le duc saisit à l'instant ses biens meubles et immeubles ; le successeur est obligé de les racheter [1]. De cette façon, les meilleurs fermiers du duc sont les moines. » Que le peuple russe ne prie jamais Dieu, comme viendra plus tard nous l'affirmer maint Anglais ; qu'il croie avoir mérité le ciel dès qu'il a invoqué le nom de

---

[1] « Cela, me fait-on observer, ne s'est jamais pratiqué ainsi. » Je le crois sans peine, mais n'oublions pas que ce n'est plus ici Jenkinson qui parle. Le témoignage de Chancelor peut être aussi candide que celui de Jenkinson ; il est infiniment moins philosophique.

saint Nicolas et frappé la terre du front devant les saintes images, la chose regarde les théologiens ; ce qui importe à la paix de l'État, c'est que ce peuple, tout aussi occupé que les Anglais de mériter les récompenses éternelles, mette au rang de ses devoirs envers la Divinité l'obéissance la plus absolue aux ordres du tsar. Cette prétendue « fourberie en haillons et en vêtements graisseux » a sucé avec le lait maternel le sentiment du respect. Le respect est en Russie la vertu innée, le grand don social de toutes les classes, surtout de la plus misérable. Cette qualité maîtresse fera la fortune d'une race qui devait rencontrer chez quelques-uns de ses adversaires des dons bien autrement brillants, mais trop souvent funestes.

L'empereur Ivan IV use d'une grande familiarité envers ses nobles ainsi qu'envers les étrangers qui le servent [1]. Il les fait dîner plusieurs fois dans l'année avec lui et leur permet souvent de l'accompagner soit à l'église, soit à la promenade. Nul prince cependant ne saurait se dire plus craint, plus obéi, et en même temps plus aimé. Si le tsar dit à un de ses ducs : « Va ! » le duc court ; s'il lui adresse une parole courroucée, le duc de longtemps n'osera reparaître en sa présence. Il feindra d'être malade et laissera pousser ses cheveux. Les Russes

---

[1] Ivan IV traitait en effet familièrement sa noblesse, mais il ne l'aimait pas, et on le verra en mainte occasion l'humilier à plaisir.

d'habitude ont la tête rasée [1]. Pour un noble heureux et prospère, ce serait une honte de porter les cheveux longs; pour un gentilhomme en disgrâce, il y aurait impudence à ne pas montrer à tous ce signe évident de son humiliation et de son deuil.

Vaillant soldat lui-même, Ivan fait surtout cas du courage militaire. Si quelque soldat se distingue sur le champ de bataille, Ivan lui envoie sans tarder une pièce d'or portant l'image de saint George à cheval. Les Russes attachent cette plaque sur leur manche ou à leur bonnet, et tiennent la distinction, qu'on affecterait peut-être de dédaigner ailleurs, pour le plus grand honneur qui puisse leur être conféré.

Est-il donc vrai que « l'Irlandais sauvage soit policé à côté du Russe »? Ces deux peuples peuvent être, au jugement des Anglais, « également aveugles »; ils ne sont pas au même degré « sanguinaires et turbulents ». Le trait caractéristique de la race slave est, au contraire, une placide et mélancolique douceur. « Les commandements de Dieu, répondent les Moscovites aux docteurs laïques qui les pressent de mille questions indiscrètes, ont été donnés à Moïse; le Christ est venu les abroger par sa précieuse mort et par sa passion. En conséquence, nous nous mettons peu en peine de les observer. »

---

[1] Non pas la tête rasée, mais les cheveux coupés court.

— « Je croirais aisément, ajoute Chancelor, les sujets du duc sur ce point. » Quel est donc le commandement de Dieu que les Russes d'habitude enfreignent et que les Anglais du seizième siècle observent avec une si remarquable rigueur?

« Jamais, si l'on en croit les austères censeurs que la paille dans l'œil du pauvre *moujik* scandalise, nation ne fut plus digne de former le cortége de Bacchus. » Venant des habitants de la Grande-Bretagne, le reproche peut paraître étrange, et pourtant le Breton n'a pas, comme le Moscovite, l'excuse d'un climat sous lequel le *kvas* semble un excitant nécessaire pour des corps engourdis. Les Anglais cependant insistent. Le penchant des sujets d'Ivan IV à l'ivrognerie est, après l'idolâtrie qu'ils déplorent, ce qui les choque le plus. Boire est tout le désir des Russes; c'est à vider les pots qu'ils mettent leur orgueil. Les plus sobres ont besoin d'un guide une fois au moins par jour. Invite-t-on à dîner ses amis? La chère importe peu, pourvu qu'on puisse offrir à ses convives une douzaine au moins de boissons différentes. Le *kvas*, « avec sa saveur diablement piquante », n'est que la liqueur du *moujik;* les boyards et les riches ont en outre le breuvage composé avec la racine du bouleau en avril; mai et juin, puis cinq sortes de boissons de fruits fermentés : le *malinovka,* le *visnovka,* le *smorodina,* le *cheremakyna,* enfin l'ordinaire mélange d'eau et de miel. L'usage est de souffler dans sa coupe avant de boire; le meilleur convive est celui qui la vide le plus souvent. Dans toute ville de quelque importance, il existe une taverne, rendez-vous habituel de tous les ivrognes : c'est la *kortchma* [1]. L'empereur tantôt l'afferme, tantôt en fait la concession gratuite à quelque gentilhomme. Pour aller boire à la taverne de l'empereur, le *moujik* vendra tout ce qu'il possède, jusqu'à ses enfants. A bout de ressources, il se vendra lui-même. Le fermier de la *kortchma* est le véritable maître de la ville. Il peut voler, dépouiller à son gré ses clients. Il fait, en un mot, ce qui lui plait; mais à peine est-il riche que l'empereur le rappelle et l'envoie de nouveau à la guerre [2]. L'empereur s'entend admirablement à remplir ses coffres et à subvenir, sans bourse délier, à l'entretien de ses armées; tout retombe à la charge du pauvre peuple.

L'ivrognerie n'est pas, d'ailleurs, la seule cause de ruine pour le Moscovite. Le jeu fait dans les rangs du peuple presque autant de ravages que le kvas [3]. Quand l'argent lui manque pour tenter de nouveau la chance, le Russe joue sans hésiter sa selle ou son

---

[1] La *kortchma* est plutôt une auberge qu'une taverne. Le cabaret proprement dit s'appelle *kabak*.
[2] Encore une exagération anglaise. Pareille chose, m'assure-t-on, n'est jamais arrivée, même au seizième siècle.
[3] Ce n'est pas le *kvas* qui fait ces ravages, car le kvas n'est pas une boisson capiteuse. C'est plutôt la *braha*, eau-de-vie de basse qualité dont la consommation est en effet effrayante.

cheval. On peut voir les plus pauvres, assis sur leurs talons, jeter les dés en plein air ou poursuivre le mat. Les échecs et les dés, tels sont les jeux habituels des Russes. C'est là un trait commun aux sujets d'Ivan IV et à ceux de la dynastie restaurée des Mings.

L'Europe septentrionale paraît avoir fait, sans le soupçonner, plus d'un emprunt au Céleste Empire. Ne serait-ce point par hasard du Cathay que seraient venues, par l'entremise des conquérants mongols, ces longues robes flottantes que nous décrirons, avec un étonnement mêlé de quelque dédain, Killingworth, Henry Lane, Jenkinson? « Voici, nous disent-ils, le costume habituel des Russes : le vêtement de dessus, — la *chouba*, — est une pelisse fourrée de drap d'or, de satin ou d'étoffe plus grossière. Ce premier vêtement tombe jusqu'aux pieds. On le boutonne avec de grands boutons d'argent, ou on l'attache avec des cordons de soie garnis de broches. Les manches sont très-longues; on les relève à moitié sur les bras. Une robe moins ample, l'*odnoriadka*, se porte sous la pelisse. Ce second vêtement est également boutonné jusqu'au cou. Les boyards y ont ajouté la *rubachka*, grand collet de couleur qui remplace la fraise [1]. » Faite de toile de

---

[1] Il y a ici erreur : ce collet de couleur qui remplaçait la fraise ne pouvait être la *rubachka*, car *rubachka* en russe veut dire *chemise*, et la chemise n'était pas, même au temps d'Ivan IV, l'apanage distinctif des

Russie et produit élégant de l'industrie indigène, la chemise montre aux manches de riches broderies en fils d'or ou de soie qui n'ont pas moins de deux pouces anglais de largeur. Des hauts-de-chausses de toile attachés à la ceinture, d'épais bas de laine, des bottes de cuir rouge ou de cuir jaune complètent, avec une calotte aux bords retroussés et un grand kolback, chapeau de feutre à peu près cylindrique orné de boutons d'argent, de perles ou de pierres précieuses, un costume que ne désavouerait certes pas un disciple de Confucius.

Le Russe ne se mettrait pas en voyage sans ceindre son sabre turc, jeter sur ses épaules son arc et son carquois; en ville, il se contente de parer sa ceinture de deux ou trois couteaux, dont le manche d'ivoire lui est fourni par la dent du morse; il y porte aussi la cuiller de bois, compagne inséparable du *moujik* [1]. Notez encore ce détail tout tartare : les bottes ont les extrémités pointues et relevées, les talons garnis de crampons d'acier; mais on ne trouverait pas une paire d'éperons dans tout le royaume. Conduits généralement avec un simple filet, les chevaux russes font aisément leurs quatre-vingts verstes par jour; ils n'ont pas besoin pour

boyards; riches et pauvres la portaient également, et en général cette chemise était, suivant l'usage encore adopté aujourd'hui par les marchands et par les paysans riches, une chemise de soie.

[1] Il n'y a plus que les *vieux croyants* qui portent encore cette cuiller de bois à la ceinture.

cela d'être éperonnés. On les pique une fois, et ils partent ; leur cavalier se sert à peine du fouet pour les exciter en les frappant de temps en temps sur les côtes. Attelés à un traîneau, ces mêmes chevaux parcourront quatre cents milles anglais en trois jours. Un Russe qui se respecte ne sort jamais à pied : en hiver, il a son traîneau ; en été, son cheval. A cheval, il est accompagné d'un serviteur qui le suit en courant, accompagné également d'un Cosaque qui porte son feutre pour le préserver de la pluie. Dans son traîneau, il s'assied seul, à demi couché sur un tapis ou sur une peau d'ours blanc ; les domestiques prennent place sur la flèche ; le conducteur du traîneau, — souvent un enfant, — enfourche le cheval qui secoue, impatient, les queues de loup et de renard dont son cou est orné. Le traîneau glisse à fleur de sol avec la rapidité de la pierre qui s'échappe de la fronde, et la neige crie gaiement sous les fins sabots qui la font craquer.

Les bords du Don et du Volga, les steppes de la Tartarie ont leurs troupes de chevaux sauvages, comme les provinces septentrionales ont leurs troupeaux de rennes. Les moyens de transport ne manquent donc pas en Russie ; il n'y existe cependant qu'une saison où l'on puisse, à moins de s'embarquer sur un fleuve, songer à franchir les énormes distances qui séparent les diverses provinces de l'empire. Cette saison est celle où, en tout autre pays, chacun évite autant que possible de quitter son foyer. Du commencement de novembre à la fin de mars, quand le sol est couvert de quatre ou cinq pieds de neige, quand l'eau qui dégoutte ou qu'on jette en l'air se convertit en glace avant d'arriver à terre, quand les doigts ne peuvent saisir un plat ou un pot d'étain sans que la peau reste attachée au métal, quand les ours et les loups sortent par troupes des bois, chassés par la faim, et entrent dans les villages, déchirant à belles dents tout ce qu'ils rencontrent, obligeant les paysans effrayés à se réfugier dans leurs huttes, l'heure est venue — la seule heure propice — d'atteler le traîneau. On a rentré le bétail, les moutons, les chevaux et les vaches; le *moujik* leur a donné asile sous le toit qui abrite sa femme et ses enfants; il les nourrit, auprès de son lit, du fourrage amassé en prévision d'une longue retraite. Le froid est alors si intense qu'on ne peut plus même enterrer les morts; les plus grands comme les plus humbles restent couchés dans leurs cercueils de sapin, attendant, hôtes sinistres, le retour du printemps. Ils sont là, préservés par la gelée de la corruption, devenus au bout de quelques jours aussi durs que la pierre. Ils seront confiés à la vieille nourrice quand son sein endurci se laissera entr'ouvrir par la pioche et par la charrue; ils auront la tombe quand le blé aura le sillon[1]. Et

---

[1] Tous ces détails sont fort exagérés et le seraient même dans la

pendant ce temps le voyageur, enveloppé de ses riches fourrures, ne craint pas d'affronter la bise qui lui souffle ce froid presque intolérable au visage. Plus d'un traîneau, il est vrai, n'a ramené à la ville qu'un cadavre immobile et roidi sur son siége. Des promeneurs même, quand l'hiver était rigoureux, sont tombés suffoqués dans les rues; quelques-uns ont perdu le nez, le bout des oreilles, le gras des joues, les orteils ou les pieds. Mais tout à coup cette blanche robe qui, des bords de l'océan Glacial aux rives de la mer Caspienne, couvrait la Russie, a disparu comme par enchantement; quelques jours de soleil ont suffi pour la fondre : elle préservait les couches intérieures des rigueurs de la gelée ; maintenant, convertie en eau, elle les pénètre d'une humidité bienfaisante. A peine réveillée, la nature s'épanouit, tout un tapis de fleurs jaillit en un instant de ce sol profondément humecté ; une herbe drue et grasse envahit la prairie, les bois de bouleaux et de sapins s'emplissent de senteurs et d'ombre, ils s'emplissent aussi du chant de milliers d'oiseaux. Pour dominer ce bruyant concert, pour

---

province d'Arkhangel. Il faut aller jusque dans le nord de la Sibérie pour y rencontrer de pareils froids et de pareils usages. Les morts ne sont pas cependant, en Sibérie, conservés à domicile. On les dépose dans une maison des faubourgs appelée *maison de Dieu*. Les corps y sont empilés comme des pièces de bois dans un chantier. Lorsqu'arrive le dégel, chacun vient reconnaître et reprendre les siens pour les porter en terre.

rester le héraut du frais et rapide printemps, le rossignol est obligé d'enfler encore sa voix; les Anglais l'ont trouvée plus haute, plus variée dans ses modulations qu'en aucun des pays qu'ils avaient jusque-là visités. Ce doux passage de l'hiver à l'été malheureusement dure peu, et l'été comme l'hiver est, en Russie, extrême. Les chaleurs des mois de juin, de juillet et d'août ne sont pas, comme en Angleterre, tempérées par la fraîcheur des nuits. Une atmosphère de plomb que n'agite aucune brise pèse sur le sol constamment échauffé. Il faut ce grand soleil pour amener à maturité le blé qu'on n'a pu semer qu'au mois de mai. Combien de fois, pour ne pas s'exposer à voir l'épi détruit par une gelée précoce, n'a-t-on pas dû le couper encore vert et le répandre dans le champ pour le faire sécher! Moscou compte sept mois d'hiver et trois mois de chaleurs souvent infernales; le Russe n'a que deux mois pour respirer [1].

Sous ce rude climat, sur ce sol sauvage vit une race « trapue, à la tête plate et à la face pleine, au teint brun [2], au gros ventre qui lui pend hors de la ceinture ». Libre aux Anglais de la comparer à « un peuple de Silènes gouverné par Tarquin »; au

---

[1] Il y a encore ici une exagération manifeste.

[2] On ne reconnaîtrait certes pas à ce portrait peu flatté les Russes du centre de l'Empire ni ceux de la grande Russie, car ces Russes ont la peau très-blanche.

fond c'est une race asiatique arrachée à la barbarie par le christianisme et conduite, — troupeau résigné, troupeau doux et docile, — comme le troupeau plus rétif qui s'appela jadis le peuple anglo-saxon, par des bergers normands.

« L'empereur Ivan IV, écrivait en 1557 Jenkinson, est un puissant monarque. Il a fait de grandes conquêtes sur les Lithuaniens, sur les Livoniens, les Polonais, les Suédois, les Tartares et les païens qu'on appelle Samoïèdes ; toutes les affaires, si petites qu'elles soient, doivent passer sous ses yeux ; mais les affaires religieuses, il les abandonne sans réserve au métropolitain[1]. Le métropolitain seul en décide à son gré. » L'empereur et l'évêque, voilà les deux piliers sur lesquels repose l'immense édifice de la nationalité moscovite. Vous trouverez l'obéissance aveugle à l'origine de tous les grands peuples ; cette obéissance ne s'accorde qu'aux pouvoirs que le doigt de Dieu consacre. Les princes de Moscou, — l'observation ne prétend pas porter au delà du seizième siècle, — ont résolu le difficile problème d'emprunter leur prestige à la sanction divine, et de garder intacte l'autorité royale dans les choses de ce monde, dans les choses qui ne relèvent pas, directement et d'une façon visible, du

---

[1] Jenkinson ici se trompe. Le tsar Ivan IV se plaisait, au contraire, aux discussions religieuses. Il en donna la preuve dans ses relations avec le jésuite Possevin.

royaume des cieux. Fils soumis de l'Église, ils n'ont pas laissé oublier à l'Église que ses serviteurs devaient être, à leur tour, les plus soumis des sujets. La lutte des deux puissances en Russie ne s'est donc pas produite; ni l'une ni l'autre n'a subi les ébranlements qui ont failli les déraciner l'une et l'autre dans le reste de l'Europe.

Ne pensez pas cependant que la monarchie d'Ivan IV rêve une Providence indifférente aux affaires humaines. Dans la plupart des litiges présentés à son tribunal, c'est Ivan IV et ses officiers qui jugent; c'est généralement le ciel qui prononce. Henry Lane en cite un mémorable et curieux exemple. Des négociants moscovites avaient obtenu, par l'entremise de Osip Népéi, un ordre de l'empereur qui les autorisait à embarquer, moyennant le payement d'un fret déterminé, leurs marchandises sur les vaisseaux anglais. Ces marchandises, suivant une convention préalable, furent vendues en Angleterre, pour le compte des négociants russes, par la Compagnie moscovite. On pouvait le prévoir : le règlement de comptes, au retour des vaisseaux, donna lieu à d'interminables débats. Comment en finir, lorsqu'en dépit des livres si bien tenus que les agents de la compagnie s'offraient à produire, le créancier s'opiniâtrait dans ses réclamations? Le combat judiciaire eût autrefois, selon l'antique usage, tranché rapidement et tranché à lui seul la question;

mais plus d'un abus s'était introduit dans la pratique de ce mode sommaire de terminer les procès. Quand l'une et l'autre partie demandaient d'un commun accord le combat, il n'y avait guère, comme le fait très-bien remarquer Chancelor, de tromperie à craindre. Quand, au contraire, il fallait employer des champions, la fraude était fréquente. Les Russes tiennent beaucoup à leur rang et ne consentent à se battre qu'avec des gens qui sont d'aussi bonne maison qu'eux. Les champions auxquels l'inégalité des rangs oblige la plupart du temps à recourir, et dont ce dangereux métier est le seul gagne-pain, se laissent aisément corrompre. Ils ont beau prêter de grands serments sur le crucifix, jurer qu'ils combattront loyalement, qu'ils feront, avant de quitter le champ, confesser à leur adversaire la vérité; c'est tout l'opposé, assure Chancelor, qui se voit souvent. Sheray-Kostromitsky, le créancier russe, réclamait à la compagnie mille deux cents roubles en échange des valeurs qu'il lui avait confiées. La compagnie se prétendait quitte envers lui; elle consentait à payer la moitié de la somme réclamée, six cent roubles. Kostromitsky obtient à Moscou une sentence qui lui accorde l'épreuve par le combat. Henry Lane se pourvoit sur-le-champ d'un excellent champion, vigoureux Anglais nommé Robert Beast, très-disposé à se battre pour l'honneur de la compagnie. A la vue de cet adversaire, le marchand russe et son champion reculent. Le privilége des Anglais les autorise, dans ce cas prévu par la loi, à user du tirage au sort. Confiants dans la justice de leur cause, les Anglais invoquent ce second moyen. L'empereur fixe le jour et le lieu du débat. Le procès sera jugé au château, devant la haute cour de Moscovie. Deux des trésoriers de l'empereur doivent remplir l'office de chanceliers et de premiers juges. Henry Lane est introduit avec un interprète. Il fend la foule et vient s'asseoir en dedans de la barre, au pied du tribunal. La partie adverse reste en dehors de la barre. Les juges, avec la plus grande courtoisie, engagent les deux parties à se montrer conciliantes; ils pressent Henry Lane d'élargir un peu ses offres, le Moscovite de réduire autant que possible ses prétentions. Henry Lane proteste que sa conscience est tranquille, que le gain de son adversaire est plus que suffisant. Cependant, pour être agréable aux magistrats et tenir compte de leurs observations, il propose de payer cent roubles de plus. Le juge l'approuve hautement, mais le plaignant n'accepte pas encore. Puisqu'il en est ainsi, attendons patiemment l'arrêt infaillible du suprême arbitre. Les juges écrivent les deux noms, celui de Henry Lane et celui de Kostromitsky, sur deux étroites bandes de papier. Ces bandes roulées en boules sont ensuite enveloppées de cire. Les juges tiennent les boulettes de cire dans leurs mains; les manches de leur pelisse sont retroussées. Ils se lèvent et souhaitent solennellement bonne chance à la vérité. Celui dont le nom sortira le premier aura gagné le procès. Un grand gaillard se trouvait dans la salle, regardant de tous ses yeux, écoutant de toutes ses oreilles. Les juges l'ont remarqué, c'est l'homme qu'il leur faut. « Voyons ! lui crie l'un d'eux, approche ici, toi qui portes de si belles bottes jaunes ; passe en dedans de la barre avec ton grand kolback. » La foule s'ouvre et fait place à l'individu que le magistrat appelle. « Tends-nous ton bonnet », ajoutent les juges. L'homme aux bottes jaunes présente son bonnet. On lui recommande de ne pas baisser les bras ; les boulettes sont jetées au fond du chapeau. Ce n'est pas tout, il faut encore une main innocente pour opérer le tirage au sort. Un autre grand gaillard à l'air aussi naïf, aussi honnête que le premier, est appelé à son tour. Les juges lui font d'abord relever sa manche droite. « Plonge maintenant ton bras nu dans ce bonnet et sors-en successivement les deux boules. » L'homme exécute ce qui lui est prescrit ; il remet à chacun des juges une boulette. A la grande surprise de tous, la première boulette tirée du chapeau renferme le nom de l'Anglais : le droit est du côté de Henry Lane. Pendant plusieurs jours, le peuple ne parla que de cette affaire. La réputation d'honnêteté de la nation britannique était faite à Moscou.

Voilà comment en 1558 on rendait la justice dans les états du tsar, comment on faisait régner la paix et le bon ordre dans une capitale qui renfermait, d'après le dernier recensement d'Ivan IV, 41,500 maisons.

La compagnie n'eut pas toujours affaire dans ses procès à de simple boyards ou à de riches marchands de Moscou. Il lui arriva plus d'une fois d'avoir pour débiteur le souverain lui-même. Dans ce cas, il ne pouvait être question de combat judiciaire ou de tirage au sort. Il fallait avoir recours aux suppliques. « Très-noble roi, très-puissant seigneur, écrivaient à l'empereur les marchands anglais, montre-nous ta merci, étends sur nous ta faveur et donne l'ordre que nos avances nous soient remboursées. » Ivan IV se plaisait à prendre les agents de la Compagnie moscovite pour intermédiaires de ses spéculations commerciales. Il leur remettait une somme d'argent ou de bonne cire à un prix raisonnable. La compagnie lui envoyait de Londres en échange des velours, des satins, des soieries, des draps d'or et des draps d'argent. Toutes ces opérations finissaient par créer des comptes très-compliqués ; ce ne fut pas cependant de ce côté que vinrent les gros débats. Le difficile fut souvent d'obtenir le payement de certaines dettes criardes contractées par Gregory Mekitovitch, Borozdin, Stephan Lighachof, Jean Blasghoï, Jean Sobakin, André Chelkakof, Phoma

Jenskoï et Boris Gregorievitch, pour le service de la sloboda Alexandrovski, résidence favorite d'Ivan IV. Quinze cents roubles prêtés en espèces, une valeur de deux mille sept cent soixante-treize roubles fournie en pains de sucre, en rames de papier, en plats de cuivre, coupons de draps, plomb, étoffes de diverses sortes, constituaient une créance dont la société, si riche qu'elle pût être, ne se souciait pas de différer trop longtemps la rentrée. Les agents de Moscou implorèrent la justice d'Ivan; ils l'implorèrent dans des circonstances où le terrible empereur avait plus d'une affaire de singulière gravité sur les bras. Leur requête aurait pu importuner le prince ; la majesté d'Ivan ne s'en offusqua pas : il exigea seulement qu'on examinât avec attention les livres de la compagnie. La compagnie établit son droit, et la compagnie fut payée. Les Anglais trouveront de moins bons débiteurs chez les Hircaniens et chez les Turcomans.

CHAPITRE VI

DE MOSCOU A 'ASTRAKAN

Quand la navigation hauturière était encore dans l'enfance, quand le moindre détroit constituait, pour des nefs habituées à raser la côte, un obstacle qui les faisait hésiter, les marchands et les pèlerins, par compensation, chevauchaient avec une singulière aisance à travers les continents. Mainte contrée qui nous demeure aujourd'hui presque inaccessible a été jadis fréquentée par ces porteballes ou par ces missionnaires. Voilà pourquoi notre science moderne, éclairée tout à coup de nouvelles lueurs, se trouve si souvent obligée de faire réparation à la géographie naïve qu'elle s'était cru, un peu à la légère, le droit d'amender. Remarquons aussi que plus d'une route, de nos jours infestée de peuplades sauvages et en proie aux bandits, a pu offrir, au douzième et au treizième siècle, grâce à l'unité temporaire de la nation mongole, une sécurité relative. Les tablettes d'or du Grand Khan étaient un sauf-conduit que, des bords du Volga aux rives du Hoang-ho, on ne se hasardait guère à méconnaître. Aussi vit-on, durant cette courte période où les empereurs latins régnaient à Constantinople et les petits-fils de Témoutchin à Pékin, deux Italiens se frayer, sur les plateaux de l'Asie centrale, un chemin qui les mena tout droit aux frontières de la Chine. A cette époque, la république de Venise s'était emparée de la plupart des îles de l'archipel grec, et Gênes possédait de nombreux comptoirs dans les provinces qui viennent aboutir au Pont-Euxin. Établis sur divers points de la côte méridionale de Crimée, les Génois expédiaient chaque année leurs caravanes jusqu'à Novgorod. Le plus important de ces postes commerciaux, situé entre Alouchta et Kaffa, par 44° 50′ de latitude nord et 32° 39′ de longitude est, se nommait Soldaïa ou Soudagh. Il acquit bientôt, par les transactions dont il devint le point de départ, une telle importance qu'il finit par donner son nom à tout le territoire que les Grecs occupaient alors en Crimée. Ce fut de cette ville « qui regarde de côté celle de Sinope », et où abordaient « tous les marchands venus de Turquie pour passer vers les pays septentrionaux », que se mirent en marche, au printemps de l'année 1250, les deux frères Nicolo et Matteo Polo, père et oncle du fameux Marco Polo. Ces Vénitiens gagnèrent d'abord la rive gauche du Volga et la résidence d'été du khan de Kiptchak, que les géographes ont placé vingt lieues environ au sud de Kazan; puis, après avoir erré pendant quelque temps de la rive gauche à la rive droite du fleuve, ils se décidèrent à traverser de nouveau le Volga et prirent, sans vouloir regarder en arrière, le chemin qui s'ouvrait devant eux vers l'Orient. Ce chemin était un désert « de dix-sept journées ». Là ne se rencontraient « ville ni chastel, mais seulement Tartares en leurs tentes, vivant de leurs bêtes qui paissaient aux champs ». Les deux frères atteignirent ainsi une cité appelée Bokhara, « cité la meilleure de toute la Perse » A. Bokhara, ils séjournèrent trois ans et apprirent « la langue tartaresse ». Entre l'antique Bactriane et le Cathay les communications étaient alors, sinon très-faciles, du moins régulières et périodiques. Les deux Vénitiens associèrent leur sort à celui d'une caravane qui retournait à Kachgar. Au bout d'une année, poussant toujours de plus en plus avant leur voyage, ils arrivèrent dans la Mongolie chinoise, à la cour de Koublaï-khan. En 1269, ils étaient de retour à Venise ; une galère arménienne les avait ramenés du golfe d'Alexandrette au port de Saint-Jean d'Acre. L'expérience était concluante : on pouvait se rendre en Mongolie par deux voies distinctes, traverser à son gré l'Arménie ou la Tauride ; l'important était de choisir la voie où l'on aurait le moins de chance de se heurter à des guerres intestines. La Tauride fut, sous ce rapport, le premier chemin qu'il fallut abandonner. Bientôt il n'en resta pas un qui fût pour des négociants chrétiens praticable.

Les communications entre l'Europe et la Chine auraient donc vers la fin du quatorzième siècle complétement cessé, si les marchands tartares et les marchands persans, plus accoutumés à de pareils risques, protégés, d'ailleurs, par les rapides progrès du mahométisme, ne se fussent chargés de les entretenir.

Djinghis-khan et Tamerlan n'avaient pas eu d'héritiers de leur toute-puissance en Asie ; une longue succession d'événements combla cette lacune en Europe, mais le Grand Khan du seizième siècle ne fut pas un Mongol. Il s'appela le *tsar blanc.* Ivan Vasilévitch était en mesure d'assurer la sécurité des échanges dans les anciens États du moursa de Kiptchak, aussi bien que dans les immenses domaines que lui avaient légués Ivan III et Vasili IV, parce que ces États, il les avait subjugués ou conquis ; il ne pouvait rien au delà de l'embouchure du Volga et des bords de la mer de Bakou [1]. Jenkinson n'en compta pas moins sur l'ascendant de ce nom redouté, et, en 1557, il conçut le projet de reprendre, avec la protection d'Ivan IV, la route qu'avaient suivie en 1250 Nicolo et Matteo Polo, sous la sauvegarde des khans de Kiptchak et des khans de la Boukharie. André Judde, George Barne, Anthonie Huse, William Garrard et William Chester,

---

[1] C'est sous ce nom que les marchands européens désignaient au moyen âge la mer Caspienne.

consuls de la Compagnie moscovite, se montrèrent, en cette occasion, les dignes successeurs de Sébastien Cabot. Ils donnèrent leur complète approbation à un dessein qui eût effrayé peut-être les trésoriers de la reine Marie, mais qui devait sourire à la corporation des drapiers de Londres, largement représentée dans la compagnie des marchands aventuriers. « Nous vous envoyons, écrivirent-ils à leurs trois agents en Russie, George Killingworth, Richard Gray, Henry Lane, un grand voyageur que nous voulons employer à voyager encore. Vous mettrez à sa disposition un ou plusieurs de nos apprentis. Vous lui confierez également l'argent et les marchandises qu'il pourra juger à propos d'emporter. Il recevra quarante livres par an pendant quatre années; la moitié de cette somme lui sera payée tous les six mois. » Voilà certes un commis voyageur investi d'une bien absolue confiance. Ce commis traitera bientôt de pair avec les souverains, et il ne faut pas trop s'en étonner, car au seizième siècle plus d'un potentat ne dédaignait pas de faire le commerce pour son propre compte et de vendre, comme l'avait fait en d'autres temps Charlemagne, les herbes de son jardin.

Le 12 avril 1558, jeudi de la semaine sainte, Jenkinson et Gray dînèrent chez l'empereur. A la fin du repas, l'empereur à chacun d'eux envoya de sa main une coupe d'hydromel. Debout au

milieu de la salle, Jenkinson remercia le tsar de
ses bontés; puis il lui demanda la permission de
partir pour le lointain voyage dont il avait, dès sa
première audience, pris la liberté de l'entretenir.
Ivan Vasilévitch accorda gracieusement l'autorisation demandée; son chancelier remit à Jenkinson
des lettres impériales pour la plupart des princes
dont le capitaine du *Primerose* aurait probablement
à traverser les possessions. Le 23 avril, Jenkinson,
ayant fait dès le matin ses adieux aux agents anglais
avec lesquels il avait jusqu'alors partagé l'hospitalité du tsar, prit place dans la barque qui devait
le conduire par la Moscova, l'Oka et le Volga, au
port récemment conquis d'Astrakan. Deux employés
de la compagnie, Richard et Robert Johnson, un
Tartare kalmouk, composaient toute la suite qu'il
avait jugé à propos de s'adjoindre. Jenkinson ne
comptait pas voyager en ambassadeur; il trouvait
plus sûr de garder, sous le costume exotique qu'il
portait sans la moindre gêne, la qualité de marchand musulman. Il s'était muni d'une lourde pacotille et se proposait de la débiter sur sa route; cette
pacotille fut répartie en un certain nombre de
ballots. Le poids de chaque ballot n'excédait pas
celui de la charge qu'un chameau peut porter. Le
28, Jenkinson touche à Kolomna, « ville distante
de vingt lieues environ de Moscou ». Une lieue plus
loin, il entre dans l'Oka, véritable prolongement

de la Moscova qui s'y jette et qui y perd son nom. Il fallut descendre l'Oka sur un espace de huit lieues environ pour arriver au poste fortifié de Terrevetlisko. La barque laissa ce château à main droite et continua sa route. Après Terrevetlisko se montra, le 2 mai, le château de Paraslav, puis, le 3 mai, « la vieille ville de Riazan ». Cette ville était alors ruinée et en partie ensevelie sous l'herbe. A douze lieues de Riazan, Jenkinson rencontre, le 4 mai, le château de Terrecovia; le 6 mai, il passe sous les murs du château de Kachim. Un prince tartare, Utzar Zegolina, autrefois empereur de la grande ville de Kazan et maintenant sujet de l'empereur de Russie, était alors le gouverneur du second de ces châteaux. La barque, sans s'arrêter, pousse jusqu'à Mourom. Là Jenkinson observe l'élévation du pôle. Mourom se trouve, suivant le capitaine du *Primerose,* par 56 degrés de latitude. Enfin le 11 mai, dix-huit jours après avoir abandonné Moscou, les Anglais voient surgir au confluent de l'Oka et du Volga les remparts de Nijni-Novgorod. Ils venaient de traverser la contrée où se recueille, sur les deux rives de l'Oka, la majeure partie de la cire et du miel que produit la Russie. Le miel fut le sucre de l'antiquité et du moyen-âge. Malgré le développement que tendait à prendre dans le nouveau monde la culture de la canne, la ruche et le doux butin dérobé aux fleurs gardaient encore en 1558 toute leur importance ; il fallut près d'un siècle pour que le travail des nègres et des Indiens vînt reléguer dans l'ombre le facile travail des abeilles.

A Nijni-Novgorod, Jenkinson a posé, pour les cosmographes futurs, un nouveau jalon. Il place cette grande ville par 56° 18′ de latitude. Les observations modernes ne l'ont placée qu'une minute et 40 secondes plus au nord. Les marins du seizième siècle, Stephen Bourrough lui-même, ne nous ont pas habitués à tant de précision.

Les Anglais avaient désormais un grand fleuve à leurs ordres, mais un fleuve sur lequel il eût été imprudent de s'embarquer sans escorte. Jenkinson attendit jusqu'au 19 mai l'arrivée du capitaine que l'empereur envoyait gouverner Astrakan. Ce capitaine conduit le convoi qui, depuis la conquête du cours inférieur du fleuve, descend chaque année, à la même époque, le Volga, — flotte de cinq cents barques chargées de vivres, de soldats et de munitions. Russes et Anglais partirent ensemble de Nijni-Novgorod. A peine eurent-ils fait vingt-cinq lieues sur le Volga qu'ils se trouvèrent à l'extrême limite des territoires qu'avait possédés Vasili IV. Au delà du château de Vasiligorod commençait en l'année 1533 le domaine des Tartares. Le fils de Basile, Ivan Vasilévitch, recula les limites de l'empire jusqu'à la mer Caspienne ; il conquit le cours du Volga et tout le pays adjacent. Deux châteaux, Tcheboksar et Sviajsk, lui suffirent pour garder la longue ligne fluviale qui va de Vasiligorod à Kazan. Le convoi dont fait partie la barque de Jenkinson défile devant ces deux châteaux le 25 et le 27 mai ; le 29, il se décide à faire escale à Kazán. La capitale si longtemps redoutée de la Horde d'or était, nous apprend Jenkinson, « une belle ville dans le genre russe ou tartare ». Un château-fort bâti sur une colline élevée la dominait. Tant que cette ville fut aux mains de la horde mongole, il n'y eut pas un instant de repos pour la Russie. Les discordes des Tartares favorisèrent heureusement les projets d'Ivan IV ; l'anarchie intérieure livra au conquérant étranger les plus fiers descendants de ce peuple qui avait failli conquérir le monde. Depuis six ans déjà Kazan est au pouvoir du tsar. Le roi dont Ivan Vasilévitch en cette occasion s'empara était jeune ; Ivan le fit baptiser et l'emmena triomphalement à sa cour. Le souverain captif y trouva les deux princes qui avaient régné avant lui dans Kazan. La turbulence de leurs sujets, nous affirme le digne successeur de sir Hugh Willoughby et de Chancelor, les avait successivement contraints de se réfugier à Moscou. Les boyards d'Ivan IV eurent ainsi le spectacle de « trois princes déchus » assis en même temps à la table de leur maître ; spectacle bien fait pour inspirer aux ducs et aux voïvodes, pour inspirer au peuple russe surtout, vainqueur du peuple qui l'avait si longtemps opprimé, l'horreur de la sédition. Kazan était en effet pour la Russie l'acquisition vitale, la possession sans laquelle il n'y aurait jamais eu pour elle de sécurité ; les autres conquêtes, au regard de celle-là, ne furent que des accroissements de territoire.

Ivan Vasilévitch, bien qu'il eût fait récemment contre les Livoniens une nouvelle épreuve de ses forces, ne pouvait oublier ce qu'avait coûté de sang moscovite, d'inébranlable patience, de persévérants efforts, l'importante annexion que le ciel lui réservait la gloire d'achever. Kazan jusqu'à ce jour s'était contentée de l'antique enceinte de bois et de terre commune à toutes les cités tartares ; pour mieux la protéger contre un retour offensif, le tsar venait d'ordonner de jeter bas les vieux murs et de remplacer les remparts de boue par un boulevard de pierre. Il ne dépendait pas malheureusement de la volonté souveraine d'Ivan Vasilévitch de rendre à la ville soumise la dignité, la richesse, l'importance de la ville indépendante.

Le 13 juin, le convoi reposé et ravitaillé appareille. Suivons-le pas à pas dans sa marche ; nous ferons ainsi connaissance avec les nouveaux États d'Ivan IV. Voici d'abord l'île fameuse des Marchands. Dans cette île se tenait jadis le grand marché des Russes, des Kazanais, des Nogaïs et des

Criméens. Ce marché est abandonné ; il n'y a plus, depuis le mois d'octobre 1552, de marché neutre entre Moscou et la mer Caspienne. La conquête a fait la sécurité, elle a fait aussi la solitude. Kazan n'est qu'à une quinzaine de lieues en amont de l'embouchure d'une large rivière. Cette rivière, la Kama, vient de la Permie ; elle apporte au-dessous de Kazan son puissant tribut au fleuve dont le courant continue d'entraîner la barque de Jenkinson. Le pays de Vachen est déjà en arrière ; le confluent de la Kama en marque la limite. Sur la rive droite du Volga s'étend maintenant la terre des Tchérémisses, tribus moitié païennes et moitié musulmanes. Regardez en face, vous avez devant vous, bordant constamment la rive gauche du fleuve, la bordant jusqu'à l'embouchure de la branche orientale, l'immense contrée qu'occupent les Tatars Nogaïs. Cette nation belliqueuse fut longtemps l'effroi de la Russie ; la famine et la peste, secondant l'habituel fléau des guerres intestines, combattent aujourd'hui pour les sujets d'Ivan IV ; elles ne tarderont pas à les débarrasser de ces dangereux ennemis. Plus de cent mille Nogaïs ont déjà disparu.

Au sud de la terre des Tchérémisses et sur la même rive, sur la rive du fleuve opposée à celle qu'occupent les Nogaïs, campent les Criméens. La terre de Crimée n'est pas seulement la petite pé-

8.

ninsule qui doit garder ce nom quand les Tartares auront été refoulés pied à pied au delà de l'isthme de Pérékop, quand les généraux d'Amurat seront entrés en vainqueurs dans Kaffa ; en 1558, les Criméens sont encore une grande nation, en état de se mesurer sans trop de désavantage avec les Russes. Sous le nom de Criméens, il nous faudra, si nous voulons continuer d'emprunter le langage de Jenkinson, comprendre toutes les hordes qui errent, conduites « par leurs ducs », des rives du Volga aux bords extrêmes du Don, de la mer Caspienne au Caucase, de la mer noire à la mer d'Azof.

Il en a souvent coûté cher aux sujets du vainqueur de Kazan de s'être hasardés à construire leur *Isba* près de la frontière le long de laquelle rôdent ces pillards. Les habitants des marches moscovites ne se permettent guère d'élever d'autres troupeaux que des troupeaux de porcs ; ils savent que, convertis dès l'année 1272 à la religion du Prophète, les Tartares n'auront garde de s'attaquer à l'animal immonde. Mais est-ce donc de bestiaux que les Criméens ont besoin ? Le butin que recherchent les Tartares dans toutes leurs guerres ne se compose pas de vaches et de moutons. Il faut à ces brigands des captifs ; ce sont des captifs, particulièrement des jeunes filles et des jeunes garçons, qu'ils vont vendre aux Persans ou aux Turcs. Que leur donneront les Persans et les Turcs en échange ? Les Tartares ignorent ou méprisent l'usage de l'argent ; de tous les métaux, l'argent serait sans contredit pour eux le moins utile. Les marchands étrangers leur apporteront de l'acier et du cuivre ; les Tartares criméens ont appris à en faire des couteaux et des sabres. Quand ces sauvages bandits envahissent le territoire russe, ils ont soin de se munir de vastes paniers dont la forme rappelle jusqu'à un certain point les corbeilles des boulangers. Dans ces paniers suspendus aux flancs de leurs chevaux, les Tartares, presque toujours poursuivis et serrés de près, emportent au galop leurs prisonniers. Si quelque captif tombe malade en route, le cavalier se garde bien de s'embarrasser plus longtemps du fardeau qui le gêne. Le malheureux chrétien est jeté à terre ; une lente agonie finira ses maux. Quelquefois, plus clément, le ravisseur, avant de l'abandonner, lui a frappé la tête contre un arbre ; il abrége ainsi son supplice.

Les Criméens et les Nogaïs appartiennent à la même race : ce sont deux grands débris de la vaste irruption du treizième siècle. Ils ont également le visage large et plat, le teint brun — entre le jaune et le noir, — le regard farouche et cruel, quelques poils à la lèvre supérieure et au trou du menton. La nature ne les a pas faits beaux, elle les a faits lestes et agiles, avec de petites jambes cependant. Comment les jambes des Tartares se développeraient-elles ? Ces nouveaux centaures, cavaliers de naissance, n'en font presque jamais usage ; c'est une rareté de voir un Tartare à pied. Le principal exercice des Criméens et des Nogaïs consiste à tirer de l'arc. Dès le plus bas âge, l'enfant s'habitue à lancer la flèche au but ; il n'aura son repas que quand il sera parvenu à frapper la cible. C'est ainsi qu'en Angleterre et en France on dresse le faucon.

La terre des herbes a de tout temps nourri des nomades ; hier c'étaient les Scythes, aujourd'hui ce sont les Criméens et les Nogaïs. Ni les uns ni les autres ne bâtissent de villes ; ils ont des maisons de bois portées sur des roues comme la cabane d'un berger. Ces maisons, les Tartares les traînent partout où ils vont, chassant leurs troupeaux devant eux. Quand ils arrivent au lieu choisi pour leur campement, ils ont soin de ranger leurs chariots en bon ordre. Le camp présente alors l'aspect d'une grande ville avec ses rues régulières. Le souverain de Crimée ne vit pas autrement ; sa capitale est une cité de bois incessamment en marche ; il est certaines saisons où l'on ne retrouverait pas deux jours de suite le souverain et sa ville à la même place. Ces incorrigibles vagabonds ont peine à comprendre une autre existence. Les constructions fixes des autres peuples leur semblent à la fois malsaines et désagréables ; ils n'y respirent pas à l'aise. Chaque année, au printemps, on les voit mettre en mouvement leurs maisons avec leurs bestiaux, pour se porter vers le nord. Faisant des étapes de dix ou douze milles par jour, ils finissent par atteindre l'extrémité la plus septentrionale du pays que les Russes ne sont pas encore parvenus à leur ravir; ils reviennent ensuite lentement vers le sud. L'herbe que leurs chevaux et leurs troupeaux ont tondue a déjà repoussé. Il n'en faut pas moins de vastes provinces à ces hordes, dont le passage périodique ressemble à celui d'une nuée de sauterelles. Aussi le khan de Crimée n'a-t-il pas cessé de prétendre que les villes de Kazan et d'Astrakan, que toute la contrée qui s'étend au nord et à l'ouest jusqu'à Moscou, que Moscou même lui doivent, comme aux jours du Grand Khan, obéissance et hommage.

Depuis la sanglante victoire remportée par Dmitri Donskoï vers la fin du seizième siècle, victoire qui mit le sceau à l'indépendance de la Russie, la guerre est sans trêve entre les deux nations. « Le Russe défend obstinément les conquêtes qu'il a faites; le Tartare envahit le territoire russe une ou deux fois par an. » Quoi qu'il en soit, cette race qui distribuait jadis les couronnes en Russie, cette race de qui le grand prince Yaroslav et le vainqueur des Suédois, Alexandre Newski, ont tenu, en 1247, leurs pouvoirs, est en 1558 une race condamnée. Si elle n'est pas soumise par le tsar, elle sera subjuguée par le Grand Turc. Le fils de Sélim, Soliman le Grand, Soliman le Magnifique, a, comme le fils de Basile, une nombreuse artillerie, des delhis et des janissaires couverts de cottes de mailles; les Tartares criméens n'ont encore pour armes offensives que leur arc, leur carquois rempli de flèches, leur sabre courbe, quelquefois un bâton pointu semblable à un épieu ; leur armure ne se compose que d'une peau de mouton noir, qu'ils portent, la laine en dehors pendant le jour, en dedans pendant la nuit; leur morion est un bonnet de peau. Que leur servira, quand il faudra répondre au canon ou à l'arquebuse, de savoir lancer leurs flèches en arrière aussi bien qu'en avant, de charger avec de grands cris : *Allah billah! Allah billah!* Dieu nous aide! Dieu nous aide! Dieu n'aide plus que les peuples qui connaissent l'emploi de la poudre à canon. Les Nogaïs les premiers ont cessé d'être à craindre. Leur pays était cependant, avant l'année néfaste de 1558, un pays de grand pâturage. La nation se subdivisait en hordes, et chaque horde suivait, dans ses migrations perpétuelles, un chef, un roi particulier appelé Moursa. Les femmes, les enfants, les bestiaux, se mettaient en marche avec les guerriers, dès qu'un pâturage était épuisé et qu'il en fallait aller chercher un autre. Des chameaux traînaient les charrettes sur lesquelles on avait chargé les tentes. Mangeant beaucoup de viande, principalement du cheval, buvant du lait de jument avec lequel, quand il l'a fait fermenter, le Tartare peut aussi bien qu'avec de plus savants breuvages goûter les plaisirs de l'ivresse, ce peuple de pasteurs se raillait des chrétiens qui s'imaginent pouvoir se faire un corps robuste et une âme vigoureuse avec du pain, de l'eau et du kvas. Jamais coquins plus séditieux, plus enclins au vol et au meurtre n'avaient foulé l'herbe de la prairie. Chacun d'eux ne possédait pas moins de quatre ou cinq femmes, sans compter les concubines. Étrangers à toute industrie, les Nogaïs ignorent comme les Criméens l'usage de l'argent. En échange des vêtements dont ils ont besoin et des autres objets que ne leur ont pas procurés leurs rapines, ils n'ont à offrir que leurs bestiaux; mais ces bestiaux, avant le grand désastre de 1558 étaient innombrables.

Le langage de toutes ces tribus est bref et bruyant; on dirait que leur voix sort d'une cavité profonde. A l'est ou à l'ouest du Volga, c'est toujours le même accent guttural. Entre la vache qui beugle et le Tartare qui chante, la différence est à peine sensible. Le chant des Russes, au contraire, rappelle le gazouillement des oiseaux. Vous reconnaîtrez aisément les inclinations et les habitudes d'un peuple au timbre de sa voix, à l'âpreté ou à la douceur de son langage. Ces sons rauques et ce mode plaintif qui semblent se répondre des deux côtés de la frontière commune indiquent bien sous quels régimes divers les deux nations ont grandi. La bête de proie et l'innocente victime ne sauraient avoir le même accent. Que fût-il advenu de l'Europe, si le christianisme n'eût fait à la race slave un sort distinct du sort de la race mongole, si le saint empereur Alexandre Newski, désireux de garder la faveur de la Grande Horde, se fût laissé gagner par le khan Berki à la foi de l'Islam? La Russie chrétienne a peut-être sauvé la civilisation d'un danger plus pressant, d'un destin plus affreux que ceux dont la menacèrent jadis les Huns d'Attila. Le christianisme malheureusement s'est arrêté à la mer Caspienne. La domination russe n'est pas si bien affermie de Vasiligorod à l'embouchure du Volga qu'il soit permis au tsar de rêver de ce côté de nouvelles conquêtes.

Tant que le convoi dont la barque de Jenkinson fait partie ne sera pas entrée dans les eaux d'Astrakan, les strélitz feront bien de tenir leurs armes sous la main et les mèches de leurs mousquets allumées. Le 16 juin, cependant, la flotte a dépassé sans encombre la grande pêcherie d'esturgeons de Potovsi, pêcherie située à vingt lieues en aval du confluent de la Kama; il a dépassé également, le 22, le confluent de la Samara, reconnu de loin, le 28, la colline sur laquelle s'élevait naguère le château-fort construit par les Tartares entre Astrakan et Kazan; le 1er juillet, il rase l'étroite bande de terre qui sépare le Volga du Don. C'est en franchissant cet isthme que les Tartares faisaient autrefois passer leurs bateaux du fleuve qui se jette dans la mer Noire au fleuve qui se jette dans la mer Caspienne. Après avoir pillé les marchands pour lesquels le Don était la seule route conduisant vers Azof, vers Kaffa, vers Soudagh, vers toutes les autres villes situées sur le Pont-Euxin, ils venaient rançonner les convois que le Volga amenait au port d'Astrakan. L'isthme de Perovolog — tel est le nom que lui donne Jenkinson — mesure deux lieues à peine. Habituel repaire des bandits, on ne le dépassait pas autrefois sans terreur. La police du fleuve est mieux faite depuis que ce sont les capitaines d'Ivan qui s'en chargent. Il est bon toutefois de rester sur ses gardes; les habitudes de brigandage sont toujours lentes à détruire, et les chants qui ont bercé le premier sommeil du Cosaque l'inviteront bien longtemps encore à renouveler les prouesses du passé[1].

A partir de Perovolog, le Volga roule ses flots entre deux déserts, désert des Criméens à droite, désert des Nogaïs à gauche. Là pour la première fois Jenkinson a le spectacle d'un campement de Tartares établis sur leur terrain de pâture. Le capitaine du *Primerose* compte près d'un millier de chameaux réunis. Toute une ville ambulante est en voie de se déplacer. Les chameaux la traînent à travers la prairie

---

[1] Nous avons entendu en 1858, trois siècles après le voyage de Jenkinson, les matelots de la frégate *le Polkan*, que commandait à cette époque le capitaine Youchkof, et un peu plus tard le capitaine Stetenko, répéter en chœur ces chants des pirates du Volga. Accroupis en rond sur le pont, les marins russes accompagnaient la lente et monotone cadence d'une pantomime destinée à représenter le balancement de la barque sur les eaux du grand fleuve

de leur pas solennel et sûr. La horde n'est pas, d'ailleurs, une horde ennemie ; c'est la horde du *moursa* Ismaïl, le plus grand prince de tout le Nogaï. Ismaïl a tué ou chassé ses rivaux, n'épargnant même pas ses frères et ses enfants. Il vit en paix avec la Russie, se procure par la Russie tout ce que ses sujets demandaient autrefois aux marchands persans, et gouverne seul les immenses solitudes où il promène de pacage en pacage ses troupeaux.

Depuis quatre-vingt-deux jours Jenkinson est en route; il ne tardera pas à déboucher avec le Volga dans la mer Caspienne. Le 14 juillet 1558, il passe devant le vieux château qui fut jadis le château d'Astrakan, le laisse sur la droite et va débarquer au pied de la nouvelle ville, de la ville qu'Ivan IV a conquise en 1552. Jenkinson estime avoir parcouru, depuis son départ de Moscou, six cents lieues anglaises environ, presque autant pour venir du fond de la mer Blanche à la capitale. Les Russes, dont il est devenu à Nijni-Novgorod le compagnon, font un autre calcul : ils évaluent la distance qui sépare le monastère Saint-Nicolas de la mer Caspienne à 3,980 verstes, — 4,246 kilomètres [1]. — Tout cela, c'est l'empire d'Ivan Vasilévitch ! Ivan l'a reçu

---

[1] Les géographes modernes diminueront ce chiffre à peu près de moitié. Si l'on fait abstraction des détours, il ne faudra compter que 2,270 kilomètres entre Arkhangel et Astrakan, 1,020 d'Arkhangel à Moscou, 1,250 de Moscou à la mer Caspienne.

vaste, il le rendra immense à ses successeurs. C'est par milliers de verstes que désormais il accroît ses domaines. De Vasiligorod à la mer Caspienne, de la Vitchegda au fleuve Oby, il y aurait place dans la vieille Europe pour trois ou quatre royaumes. Peu s'en fallut qu'Ivan n'ébréchât son glaive sur les murs défendus par la Horde d'or ; il n'a eu besoin que de le brandir pour conquérir la province d'Astrakan et la terre des Samoyèdes. Ce ne sont pas seulement les grandes qualités des souverains qui font les grands règnes ; ce sont aussi les circonstances au milieu desquelles éclôt leur pouvoir. Le grain confié à la terre ne peut germer avant la saison.

La ville d'Astrakan a été bâtie sur la pente d'une colline, dans une île du Volga. Au centre de la ville s'élève, suivant la coutume, une forteresse, seconde enceinte de bois et de terre, car la ville a, comme la forteresse, son rempart. Quelques milliers de huttes sales et enfumées se pressent autour d'un édifice d'assez belle apparence ; c'est dans cet édifice qu'habite le gouverneur. Quant à l'île, elle n'offre au regard ni bois, ni pâturages, ni champs mis en culture. Sur le territoire d'Astrakan, on manque absolument de viande et de pain. Le poisson sec, en revanche, y abonde. L'air est infecté de l'odeur des esturgeons pendus dans les rues et jusque dans l'intérieur des maisons. Tous ces poissons, séchant au soleil, attirent une telle quantité de mouches que jamais rien de pareil ne s'est vu en d'autres pays. La ville, en outre, est remplie de mendiants, l'île est couverte de monceaux de cadavres qui gisent sans sépulture. La famine et la peste, ces deux fléaux dont nous avons déjà mentionné les ravages, ont chassé de la terre des Nogaïs des tribus entières de Tartares. Ces malheureux sont venus offrir leur soumission à l'empereur. Leur soumission a été acceptée, mais l'empereur ne peut, de si loin, nourrir ses nouveaux sujets. On les trouve dans les rues, hors des murs, morts de faim par centaines. Ceux qu'on ne parvient pas à vendre comme esclaves finissent par être impitoyablement bannis de l'île. « Pendant que j'étais là, écrit Jenkinson, j'aurais pu, si j'avais voulu, acheter un millier de beaux enfants tartares. Pour un pain qui eût valu six *pence* en Angleterre, on avait à son choix un jeune garçon ou une jeune fille ; mais nous tenions à ménager nos provisions. »

Astrakan est cependant le centre d'un certain commerce ; malheureusement il faut tout y amener du dehors. Les Russes apportent des cuirs rouges, des peaux de mouton, des vases de bois, des selles, des brides, des couteaux ; ils apportent surtout du blé, du lard et autres provisions de bouche. Peut-être n'ont-ils été si facilement les conquérants du pays que parce qu'ils en étaient, de longue date, les pères nourriciers. Les Tartares et les Persans n'auraient pu fournir à ce peuple affamé que des étoffes.

Le spectacle lamentable qu'offraient pendant l'été de 1558 les rives du Volga place dans son vrai jour le rôle de la Russie au seizième siècle. Les princes de Moscou sont les Pharaons du nouvel Orient; Ivan IV est moins un Charlemagne qu'un Ramsès. Nous commençons enfin à comprendre la tâche qui lui est échue; nous n'essayerons pas cependant de le juger encore. Il faut attendre que plus d'un quart de siècle ait lassé ce bras qui ne s'est mis que depuis huit ou dix ans à l'œuvre; il faut laisser cette âme, qui n'a pas connu jusqu'ici l'adversité et la trahison, nous montrer comment elle supportera cette épreuve; il sera temps alors de nous demander dans quelle balance il convient de peser les actes d'un souverain appelé à régner sur des peuples à demi barbares. L'époque même où ce souverain a vécu ne saurait manquer de nous revenir aussi en mémoire. Ni l'histoire d'Angleterre, ni l'histoire de France, ne furent, en ces temps déjà reculés, une idylle. Si grand que l'on puisse être, on se ressent toujours un peu de l'atmosphère morale qu'on respire. Il doit y avoir, puisque le ciel est juste, des anthropophages vertueux, comme il y a des anthropophages pervers; exigera-t-on d'un chef de cannibales que sa vertu se montre sous les traits du bon roi René? Les arrêts de l'histoire auront été, croyons-le, plus d'une fois réformés au tribunal suprême : si justifiés, en tout cas, qu'ils puissent être, ces arrêts n'ont rien de commun avec le sentiment populaire. Le premier besoin d'un peuple est de rester une nation, et le despotisme, quels que soient ses excès, paraît bien léger à ceux qui se reposent, sous le sceptre du despote, des rigueurs de la servitude étrangère.

QUATRIÈME PARTIE

LES VOYAGES D'ANTHONY JENKINSON

CHAPITRE PREMIER

LA MER CASPIENNE ET LA TERRE DES TURCOMANS

Le 1ᵉʳ août 1558, le capitaine du *Primerose* se dispose à quitter le port d'Astrakan. Les consuls et le gouverneur de la Compagnie moscovite auraient quelque peine à reconnaître leur vaillant amiral. La transformation de Jenkinson est complète. Ce n'est même plus un marchand anglais que nous avons sous les yeux; on croirait voir s'avancer un marchand de Damas ou d'Alep. Les Turcs reprennent quelquefois encore la voie jadis suivie par les frères Polo. En adoptant pour un instant le costume des Syriens, en copiant leurs manières, en s'appropriant leur langage, on doit pouvoir traverser sans trop de dangers les contrées où la foi de Mahomet est devenue un sauf-conduit. Ainsi déguisé, Jenkinson se concerte avec des marchands tartares. Grâce à leur concours, il parvient à équiper une grande barque qui pourra contenir à la fois sa personne et ses marchandises, ses associés et ses compagnons. Les deux Johnson ont, comme lui, revêtu la pelisse musulmane; le Kalmouk peut se dispenser de se travestir. Le fleuve a beaucoup de coudes; il est rempli de bancs près de son embouchure. Jenkinson se souvient à propos qu'avant d'être marchand il a été pilote. C'est lui qui dirige la barque et la fait pénétrer le 10 août, à vingt lieues d'Astrakan, dans la mer Caspienne, « par 46° 27' de latitude ». Le vent est favorable, le bateau s'attache à suivre la rive nord. Ne le perdons pas de vue un moment, si nous voulons retrouver sur la carte russe de 1861 le port où, après vingt-deux jours de navigation, il abordera. Assurons-nous d'abord un nouveau point de départ. Le 18 août, nous trouvons la barque, partie le 1ᵉʳ août d'Astrakan, à soixante-quatorze milles des bouches du Volga, par 46° 54' de latitude. « Là, dit Jenkinson, est enterré un saint prophète. Tous les mahométans qui passent devant cette pointe s'y arrêtent pour aller faire au saint leurs dévotions. » Avançons toujours : voici d'abord une grande et belle rivière. Jenkinson nous annonce l'apparition du Jaïc : dans ce fleuve, qui prend, suivant lui, naissance au centre de la Sibérie, près de la source de la rivière Kama, dans ce grand cours d'eau qui vient aboutir à la mer Caspienne, après avoir traversé la terre des Nogaïs, il est facile de reconnaître l'Oural. Jenkinson n'en a guère, d'ailleurs, déplacé l'embouchure.

Sans avoir cessé un seul jour de tenir le rivage en vue, nous nous sommes transportés à cent cinquante milles dans l'est-nord-est d'Astrakan. Pourquoi n'essayerions-nous pas de remonter le Jaïc? Nous rencontrerions, dès la première journée, la ville de Seratchick[1], capitale des États du moursa Ismaïl. Gardons-nous bien de nous laisser détourner de notre route par ces fantaisies périlleuses! La capitale du farouche Tartare ne le voit pas souvent abandonner, pour venir la visiter, ses bestiaux; elle est en revanche le refuge mal famé de tous les pillards du royaume. Ces pillards ont flairé de loin quelque butin. La barque de Jenkinson est mouillée à l'entrée du Jaïc; équipage et passagers se sont naturellement empressés de descendre à terre; il ne reste à bord avec Jenkinson, couché et fort malade, que cinq Tartares, dont l'un, par bonheur, revient de la Mecque et jouit de tous les priviléges attachés à l'accomplissement du grand pèlerinage. Une autre barque survient; elle porte trente hommes bien armés. Ces hommes, sans crier gare,

---

[1] Seratchick (petit palais), dans le gouvernement d'Orenbourg, était une ville tartare, aujourd'hui détruite. On n'y rencontre plus qu'un poste de Cosaques.

sautent à bord du bateau, qu'ils supposent sans défense. L'hadji, — le saint tartare, — intervient alors ; il se lève, demande aux bandits ce qu'ils veulent et prononce une prière. L'effet est merveilleux : les bandits s'arrêtent et ne cherchent plus qu'à se justifier. « Ils sont, disent-ils, d'honnêtes gentilshommes, bannis de leur pays. N'y a-t-il pas des Russes ou d'autres chrétiens dans ce bateau ? » L'hadji prend le prophète à témoin de la sincérité de ses paroles : « Ses compagnons sont tous de vrais croyants ; il n'y a pas un *caphar* parmi eux. » Le *caphar* des Tartares, c'est le *kaffir* des Turcs, un animal immonde qu'on peut dépouiller sans remords et tuer sans scrupule. Honteux de leurs soupçons, les bandits se retirent. La fidélité du Tartare parjure a sauvé Jenkinson. Sur ces entrefaites, les absents rallient. D'un commun accord, on lève l'ancre et l'on déploie la voile. La barque, en deux jours, est portée de l'embouchure de l'Oural à l'embouchure de l'Emda. Ce second fleuve vient en droiture de la terre des Kalmouks. A vingt milles de l'Emda, il faut, quoi qu'on en ait, tirer plus au large, car les eaux deviennent peu profondes. La terre, presque noyée, se relève insensiblement au fur et à mesure qu'on gagne vers le sud. Elle se montre d'abord sous l'aspect d'une succession de petites collines pointues ; bientôt ces collines se rejoignent ; la côte, montant toujours, finit par aboutir à un cap élevé. Les caps sont le séjour favori des tempêtes. Pendant trois jours, Jenkinson, ballotté par une effroyable tourmente, se crut arrivé au terme de ses voyages et de ses misères ; il lui semblait impossible que la pauvre barque pût résister longtemps à une pareille épreuve. Pour qu'elle en sortît triomphante, il fallait un miracle ; le miracle eut lieu. Jenkinson finit par doubler le terrible cap ; il ne réussit pas, malgré tous ses efforts, à s'élever jusqu'à la hauteur du rivage que lui indiquaient les Tartares comme le point où ils avaient l'habitude d'aborder et de se procurer des chameaux. Perdant à chaque rafale quelque peu du terrain qu'ils avaient péniblement gagné, les voyageurs se tinrent pour fort heureux de pouvoir aller jeter l'ancre à portée de la côte occidentale du golfe de Manguslav [1]. La terre était très-basse et de difficile abord, le port détestable, les habitants « de véritables brutes ». Mais quand le vent est violent et contraire, on saisit la rive où l'on peut.

Les marchands cependant ne perdent pas courage ; le 3 septembre, ils sont parvenus à se concilier la faveur du gouverneur et des habitants. Ils commencent, dès ce jour, à mettre leurs marchandises à terre ; ce n'est toutefois pas avant le 14 septembre que les mille chameaux qui leur sont nécessaires se trouvent

[1] Manguslav, Mangushluk et Mangishlak sont un seul et même port situé par 44° 32′ de latitude nord et 48° 59′ de longitude est.

réunis. Les conditions du marché n'ont pas été arrêtées sans de longs débats : vols, querelles, mauvaise foi, il a tout fallu supporter. On s'est enfin résigné à conclure, dans l'espoir de s'éloigner au plus vite de ce lieu funeste. Pour chaque chameau portant quatre cents livres anglaises, on payera trois peaux de Russie et quatre plats de bois, sans compter la part faite au prince. Après cinq jours de route, la caravane arrive sur les terres d'un autre chef. Des Tartares à cheval accourent à sa rencontre. Ils lui font faire halte, au nom de Timor-sultan, possesseur, suivant eux, de tout le pays de Manguslav. Leur premier soin est d'ouvrir les ballots et de prélever sur les divers objets que ces ballots renferment, le tribut auquel leur prince prétend avoir droit. Jenkinson perdait à ce procédé sommaire une valeur d'au moins quinze roubles russes. Il voulut aller porter plainte en personne au sultan : il trouva ce tyran redouté du désert assis dans une petite cabane toute ronde, cabane de roseaux recouverts en dehors de feutre, en dedans de tapis ; à ses côtés se tenait « le grand métropolitain », chef religieux aussi vénéré sur la terre de Manguslav que peut l'être l'évêque de Rome dans la plupart des états de l'Europe. Jenkinson répond de son mieux à toutes les questions qui lui sont adressées. Il décrit les royaumes, expose les lois, la religion des contrées de l'Occident. Il obtient en retour, non pas la restitution de ses marchandises, mais le don d'un cheval qui valait bien sept roubles.

A partir de cette entrevue, les rencontres étaient peu à craindre. La caravane avait à traverser le grand océan de sable. Pendant vingt jours, elle poursuit sa marche sans voir une ville ni une habitation, allant d'un puits à l'autre, et ne réussissant trop souvent à tirer de ces nappes souterraines, presque toujours cachées à de grandes profondeurs, qu'une eau salée ou saumâtre. Il arriva même plusieurs fois que deux ou trois jours se passèrent sans que la caravane rencontrât aucun puits. Les souffrances des voyageurs devenaient extrêmes ; pour ménager leurs provisions, ils se virent obligés de manger un de leurs chameaux et un de leurs chevaux. Le 5 octobre, un grand golfe apparaît ; la caravane se hâte d'en atteindre le bord. O bonheur ! l'eau est douce. Quel nom donner à ce golfe sauveur ? Pour Jenkinson, ce ne peut être qu'un des nombreux replis de la mer Caspienne. Sur la mer Caspienne, Jenkinson a déjà remarqué qu'en certains endroits l'eau n'est guère plus saumâtre qu'on ne la trouve généralement à l'embouchure des fleuves. Depuis son départ de Manguslav, la caravane a parcouru deux cent quarante milles marins environ dans la direction de l'est-sud-est. Elle touche, à son insu, la rive occidentale de la mer d'Aral.

Dès que le désert n'était plus sans eau, pouvait-on

se flatter qu'il serait sans douaniers ? Ceux du roi des Turcomans ne se font pas attendre. Il leur faut payer la dîme d'Azim-khan et la gratification qui revient aux trois ères de ce roi. Le sultan Azim habite le château de Sellizuri, situé au sommet d'une haute colline. De ce palais de terre, bas et non fortifié, Azim-khan étend son pouvoir sur une plaine fertile, qu'arrosent de nombreux canaux dérivés de l'Oxus. Jenkinson arrivait à Sellizuri le 7 octobre 1558 ; il n'eut qu'à se louer de l'accueil du chef turcoman. Pour la première fois il faisait usage des lettres de l'empereur de Russie. Le riche présent dont il accompagna la remise de la lettre d'Ivan IV acheva de lui gagner la faveur d'Azim. La viande de cheval et le lait de jument, les fruits savoureux de la plaine, furent pendant sept jours prodigués par le prince à son hôte. Ourgendj n'est qu'à deux journées de marche de Sellizuri. Le 16 octobre, Jenkinson entre dans cette ville, qu'Ali-khan, frère d'Azim, vient de conquérir sur les Persans. Ourgendj possède ce qui manque à Sellizuri ; elle a une enceinte. Ses remparts de terre, d'une étendue de quatre milles environ, ne l'ont pas empêchée cependant d'être prise quatre fois dans l'espace de sept ans. Une longue rue couverte la traverse ; cette rue, c'est le bazar d'Ourgendj. Si la ville a sauvé son marché de la destruction, il lui reste en revanche bien peu de marchands ; ceux qui ne l'ont pas abandonnée encore sont si pauvres que Jenkinson ne parvient qu'à grand'peine à leur vendre quatre pièces de son drap le plus grossier. Tout le pays qui s'étend entre la mer Caspienne et Ourgendj s'appelle le pays des Turcomans. Il est soumis à un roi. Malheureusement ce roi est peu obéi. C'est surtout dans sa famille que le khan des Turcomans trouve des rebelles. Quel amour mutuel pourrait exister entre les fils de différentes femmes, fils d'esclaves la plupart du temps, dont les unes sont chrétiennes et les autres musulmanes? Les frères dans cet état se font donc continuellement la guerre. Le vaincu, s'il échappe à la mort s'enfonce dans le désert avec les compagnons qui consentent à le suivre. Là, il cherche quelque lieu où ait été jadis creusé un puits. De ce repaire il guette les caravanes, les attaque, les met à rançon, les dépouille. Quand le butin l'a suffisamment enrichi, il rassemble une armée et se met en devoir d'assaillir les États de son frère.

Du château de Sellizuri à la mer Caspienne, si l'on se porte au nord du chemin suivi par les caravanes, la solitude devient moins complète, le désert a des habitants. Nulle part, il est vrai, on n'y rencontre les gras pâturages de la terre des Nogaïs ou de la Tauride; mais, à défaut d'herbe, une espèce de bruyère couvre la plaine de son âpre et court gazon. Cette plante vivace suffit à nourrir les immenses troupeaux de chevaux, de chameaux, de moutons, que les tribus errantes promènent d'un endroit à l'autre. C'est parmi ces tribus que les princes rivaux viennent recruter leurs troupes. Ils trouvent le Turcoman toujours prêt à entrer en campagne. Jamais Tartare ne monterait à cheval sans emporter ses flèches, son arc et son sabre, alors même qu'il ne partirait que pour la chasse au faucon. Ces nomades sont tous de bons archers et de grands bandits ; ils n'ont ni science ni art, ne sèment ni ne labourent. Gloutons et paresseux, ils mangent à pleines mains leur viande de cheval coupée en petits morceaux, s'enivrant ensuite à loisir de leur lait de jument fermenté. Le temps qu'ils ne passent pas à la chasse ou dans les festins, ils le passent à deviser et à causer sans objet, assis en rond par grandes troupes dans la plaine, les jambes doublées sous eux.

Le 26 novembre 1558, la caravane quitte la ville d'Ourgendj ; elle s'est reposée pendant plus d'un mois. L'Oxus ne lui offre pas une voie navigable, mais c'est déjà beaucoup d'en pouvoir suivre le bord. Le cours du fleuve est un chemin tout tracé. Le 7 décembre, les voyageurs ont fait une centaine de milles environ ; ils vont fouler les terres du sultan de Khiva. Ce sultan eût volontiers dépouillé des marchands assez hardis pour passer à portée de sa capitale sans venir lui apporter leur offrande ; il fut retenu par la crainte d'offenser son frère, le roi d'Ourgendj. Le sauf-conduit que Jenkinson avait obtenu dans cette ville préserva ses compagnons du pillage ; il ne les exempta pas des droits que tout voyageur est tenu de payer au prince. Une peau rouge de Russie par chameau n'était pas en somme une taxe exorbitante. Le prélèvement de cette taxe ne devait pas être par malheur le dernier mot du sultan de Khiva.

La nuit du 10 décembre fut une nuit de grande émotion. Bêtes et gens reposaient, la garde était à son poste ; quatre cavaliers étrangers furent tout à coup remarqués dans le camp. On les saisit, on leur enlève leurs armes, et, après leur avoir lié les mains, on les interroge. Ces cavaliers se défendent avec énergie d'être des espions. Ce qui les a déterminés à se joindre à la caravane, c'est la crainte de faire, en poursuivant seuls et peu nombreux leur route, quelque fâcheuse rencontre. Ils ont aperçu dans les environs beaucoup de traces de chevaux ; aucune trace de chameaux n'y était mêlée. Il doit y avoir, non loin du campement, des rôdeurs suspects. Peu de gens honnêtes, en effet, voyagent dans ces pays, si ce n'est en compagnie des caravanes. Or toute caravane suppose un grand nombre de bêtes de somme. Des pas de chevaux sur un sol qui n'a pas gardé d'autres vestiges sont toujours, aux bords de l'Oxus, du Djihoun, de l'Ardok, de l'Amou-Daria [1], des traces de mauvais augure. Les voya-

[1] L'Oxus, l'Iaxarte, l'Ardok, l'Amou-Daria, le Djihoun, sont les diverses branches ou les dérivés du grand fleuve qui se jette dans la mer d'Aral.

geurs se consultent et décident qu'il convient d'envoyer sur-le-champ un messager au sultan de Khiva. Le sultan n'est-il pas responsable de la sûreté des gens qui lui ont payé une peau rouge par chameau? Le prince l'a compris. C'est un souverain qui paraît avoir le soin de sa renommée. On le voit bientôt accourir à la tête de trois cents hommes. Il vient examiner lui-même les quatre prisonniers. Ses menaces arrachent aux espions des aveux complets. Un prince banni s'est posté sur la route avec quarante hommes; on le trouvera campé à trois journées de marche. Les prisonniers confessent qu'ils font eux-mêmes partie de sa troupe. « Puisque les voleurs sont aussi peu nombreux, dit le sultan de Khiva, une escorte de quatre-vingts hommes suffira. » Il désigne quatre-vingts soldats, le capitaine qui les doit commander, et retourne à Khiva, emmenant avec lui les quatre espions.

Pendant deux jours, les soldats voyagent avec la caravane, consommant une bonne portion de ses vivres. Le troisième jour, de très-bon matin, ils se lancent en avant pour faire, affirment-ils, une reconnaissance. Au bout de quatre heures, on les voit revenir à toute bride. Eux aussi, ils ont aperçu des traces de chevaux. La caravane ne peut manquer d'être bientôt attaquée. Que leur donnera-t-on pour qu'ils la défendent? Les marchands font leur offre. Les soldats se récrient : « Pour qui donc les prend-on ? Il leur faut davantage. » Les pourparlers s'engagent ; on ne parvient pas à s'entendre, et les Kiviens retournent vers leur sultan, qui, probablement, insinue Jenkinson, était dans le complot. Toute cette affaire est menée avec une astuce qui prouve à quel degré de fausseté et de perfidie peut atteindre la convoitise de ces pillards émérites.

L'escorte partie, que restait-il à faire aux voyageurs ? Leur première pensée est d'invoquer la protection du Prophète, puisque celle des sultans leur fait défaut. Les hadjis, — il y avait plus d'un saint dans la troupe, — donnent l'ordre de suspendre la marche de la caravane. Ils se mettent en prière et se préparent à consulter le sort. On prend quelques moutons, on les tue, on leur enlève les omoplates que l'on fait bouillir ; ces omoplates, une fois dépouillées de la chair qui les couvre, on les brûle. Du sang de mouton est mêlé à la cendre. Avec la pâte ainsi obtenue, on trace certains signes, accompagnant le tout de paroles et de cérémonies. Le charme opère, l'avenir se dévoile : « La caravane rencontrera des ennemis et des voleurs, mais ces ennemis et ces voleurs seront déçus dans leurs méchants projets. »

Le 15 décembre, au matin, des cavaliers se montrent à l'horizon. Ils approchent ; plus de doute ! ce sont des bandits. Les voyageurs se disposent à la résistance. Ils sont quarante en état de combattre. Chacun à sa façon et selon ses croyances invoque de nouveau la protection du ciel ; tous jurent de vivre ou de mourir ensemble. Les brigands bien armés, au nombre de trente-sept, portant arcs, flèches et sabre, somment les étrangers, qu'ils regardent déjà comme une proie facile, de se rendre à leur chef. A ces menaces, les Tartares ne répondent que par un défi. Là-dessus, décharge générale d'une volée de flèches ; riposte non moins prompte et non moins vigoureuse. Le combat se maintient du matin jusqu'à deux heures de la nuit. Des hommes, des chevaux, des chameaux sont tués et blessés des deux côtés. Jenkinson, les deux Johnson, le Kalmouk qui les accompagne, ont, par bonheur, des mousquets ; ils en font bon usage et compensent ainsi la supériorité des bandits, meilleurs archers que les paisibles marchands qu'ils attaquent. Des pertes assez sensibles ont bientôt refroidi l'ardeur des brigands ; une trêve tacite finit par s'établir. Les voyageurs en profitent pour se retirer sur une colline et s'y fortifier avec leurs ballots ; les chevaux et les chameaux sont placés à l'abri dans l'intérieur de l'enceinte. En renonçant à lutter contre la mousqueterie, les voleurs n'ont pas perdu l'espoir de réduire la caravane ; la position qu'ils occupent est le gage d'un triomphe certain. On ne peut arriver au fleuve qu'en passant sous la volée de leurs flèches, et il y a deux jours que voyageurs et chameaux n'ont rien bu. Au milieu de la nuit, le chef des brigands détache vers les marchands un parlementaire. Ce messager s'arrête à mi-distance entre les deux troupes; il appelle à haute voix le capitaine de la caravane. « Que le caravan-basha vienne sur-le-champ conférer avec lui ! » Le caravan-basha est un homme avisé et prudent, rompu de longue date à toutes les fourberies du désert. « Je ne quitterai pas ma troupe, répond-il, pour aller entre les deux camps écouter tes propositions; mais si ton prince, si tous tes compagnons veulent s'engager par serment à respecter la trêve, j'enverrai un des nôtres avec qui tu pourras aussi bien qu'avec moi t'expliquer. L'offre ne te convient-elle pas? tu n'as qu'à retourner vers les tiens. » Le prince, resté au milieu de sa troupe, n'était pas assez éloigné pour ne pas avoir entendu ce colloque. Sans attendre que son parlementaire lui ait rapporté les paroles du caravan-basha, il prête d'une voix forte le serment exigé. Aussitôt un hadji descend de la colline. « Notre prince, lui dit le messager, fait savoir par mon entremise au caravan-basha et à tous ceux d'entre vous qui êtes des circoncis, qu'il ne désire pas verser votre sang. Remettez seulement entre ses mains les mécréants que vous avez admis dans votre troupe. Livrez-les à notre chef avec leurs marchandises. Le prince n'exige rien de plus, vous pourrez aller ensuite en paix. Si vous refusez, vous serez traités aussi cruellement que les chrétiens. » Le caravan-basha fait répondre qu'il n'a dans sa compagnie ni chrétiens, ni autres infidèles. Il n'a que trois Turcs qui appartiennent, comme le reste de la caravane, à la loi de Mahomet; il est résolu à mourir plutôt que de les livrer. Pendant qu'on discourt ainsi, les brigands, peu soucieux de la foi jurée, s'élancent sur le hadji, le saisissent et l'entraînent vers leur camp avec de grands cris de triomphe. Il était fort à craindre que le saint ne cédât aux mauvais traitements et aux menaces. Pourquoi s'obstinerait-il à nier la réalité? Pourquoi affronterait-il, outre la mort suspendue sur sa tête, les peines plus redoutables encore réservées par le Prophète aux parjures? Pourquoi? Parce que, si les marchands se trahissaient entre eux, il n'y aurait plus de sûreté pour les caravanes. La première loi, la loi qui domine toutes les autres au désert, c'est la foi mutuelle que se doivent les compagnons d'une même troupe. Rien ne put ébranler la fermeté du vaillant hadji; non-seulement il refusa de confesser qu'il y eût dans la caravane des chrétiens, mais il ne voulut pas même déclarer le nombre de victimes qu'avait faites dans la troupe le combat de la veille. Quand le jour parut, on se préparait à recommencer la lutte. Ce furent les brigands, découragés par une résistance aussi opiniâtre, qui demandèrent de nouveau à entrer en composition; ils exigeaient beaucoup, ils promettaient en retour un sauf-conduit. La majeure partie de la caravane fut d'avis de les satisfaire; on leur accorda la dîme qu'ils demandaient, et de plus un chameau pour emporter leur butin. Une fois payés, les bandits s'enfoncèrent dans le désert, leur habituelle demeure, et les voyageurs s'empressèrent de gagner les bords de l'Amou-Daria. Il y avait trois jours qu'ils n'avaient pu se procurer une goutte d'eau.

Pour se dédommager de cette longue privation, ils restèrent toute la journée au bivac, faisant bonne chère avec les chevaux et les chameaux qu'on leur avait tués. La rencontre des brigands leur rendait suspects les sentiers battus. Ils se décidèrent à quitter la grande route qui suit la rive du fleuve et coupèrent sur Boghar à travers la plaine. Là du moins, pensaient-ils, aucun chef banni ne viendrait les chercher. Pendant quatre jours, ils voyagèrent dans le désert de sable sans trouver un seul puits. Celui qu'ils rencontrèrent au bout de cette longue marche n'avait à leur offrir qu'un liquide boueux dont l'excessive salure fit reculer leur soif; mais les sultans, non moins que les bandits, avaient sensiblement allégé le poids des nombreux ballots emportés par la caravane. Pourquoi garder des bêtes de somme devenues inutiles? On tua les chevaux et les chameaux qui n'avaient plus de chargement à porter, et l'on put, grâce à ce sacrifice, s'abreuver largement; le sang de cheval est une boisson familière à tout vrai Tartare. La précaution, d'ailleurs, que les voyageurs avaient cru devoir prendre de s'éloigner de la voie ordinaire ne leur réussit qu'à moitié. Elle les préserva d'une seconde attaque en règle, elle ne leur épargna pas les surprises des rôdeurs. N'est-ce pas une honte pour le khan de Khiva qu'il y ait si peu de sécurité, une police si mal faite presque aux portes de sa capitale? Le 20 décembre, la caravane repose, le ciel est sans étoiles, le désert sans clartés : on entend tout à coup, en dehors du camp, le bruit d'une lutte, une clameur confuse, des cris désespérés. Quelques hommes ont commis l'imprudence de se séparer du gros de la troupe; les voleurs les enlèvent. Grand tumulte, grand effroi, on le devine sans peine, dans les rangs des marchands ainsi éveillés. On charge immédiatement les chameaux, et vers minuit, par une obscurité profonde, on se remet en marche. Enfin, le 23 décembre 1558, après cent un jours de dangers, de misères, de souffrances inouïes, la caravane arrive à Boukhara ou Boghar. Elle se trouve au centre de l'antique Bactriane. C'est là que vers l'année 1263, trois cents ans environ avant Jenkinson, arrivaient de

Soudagh et des bords du Volga Nicolo et Matteo Polo.

Boghar ou Boukhara est située dans la partie la plus basse de tout le pays. Jenkinson place cette ville par 39° 10′ de latitude. Ici encore le voyageur anglais diffère peu des géographes modernes [1]. « La ville, dit-il, est entourée d'un haut mur de terre qui a plusieurs portes : elle est divisée en trois parties ; deux parties appartiennent au roi, la troisième partie est abandonnée aux marchands. Chaque métier a sa résidence et son marché distincts. La ville est très-grande ; les maisons, pour la plupart, sont bâties en terre. Il existe cependant quelques maisons de pierre, des temples, des monuments somptueusement construits et dorés. On remarque surtout à Boghar des bains qui n'ont pas leurs pareils dans le monde. Une petite rivière traverse la ville par le milieu ; l'eau de cette rivière st malsaine, et cependant il est défendu à Boghare de boire autre chose que de l'eau ou du lait de jument. Quiconque enfreint cette loi est fouetté et battu cruellement en plein marché. Des officiers sont spécialement chargés de veiller à ce que nul ne viole à ce sujet la loi. Ils entrent dans les maisons pour s'assurer qu'on n'y recèle ni eau-de-vie,

---

[1] La position récemment assignée à cette ville donne pour la latitude 39° 48′.

ni vin, ni hydromel. S'ils en trouvent, ils brisent les vases, répandent la liqueur et punissent sévèrement les maîtres de la maison. A la seule haleine d'un homme, ils découvrent s'il a bu de quelque breuvage prohibé. Il y a un métropolitain à Boghar ; c'est lui qui maintient avec cette rigidité l'exécution du précepte. Il est plus obéi que le roi, car le roi lui-même, il peut le déposer et en nommer un autre suivant son bon plaisir : il l'a fait pour le roi qui régnait quand nous sommes arrivés à Boghar ; il l'avait fait aussi pour le prédécesseur de ce dernier. Depuis longtemps il l'accusait de se montrer favorable aux chrétiens ; il entra une nuit dans sa chambre et le tua. Ce pays de Boghar était autrefois soumis aux Persans ; maintenant il forme un royaume séparé. Des difficultés religieuses ont amené la séparation. Les Persans ne veulent pas se raser la lèvre supérieure ; les gens de Boghar et les autres Tartares se la rasent. Les Persans considèrent une pareille coutume comme un grand péché ; ils appellent ceux qui s'y conforment des *caphars,* c'est-à-dire des infidèles. Autant vaudrait être à leurs yeux chrétien. Le roi de Boghar n'a ni grand pouvoir ni grandes richesses. La monnaie du pays est l'argent et le cuivre ; l'or n'y a pas cours. On ne connaît à Boghar qu'une pièce d'argent. Cette pièce vaut douze pence anglais. Le roi en fait varier le taux chaque mois à sa guise, souvent deux fois par mois. Il se soucie peu d'opprimer son peuple, car il sait fort bien qu'il ne régnera pas plus de deux ou trois ans. Avant ce temps, il aura été tué ou chassé, au grand détriment du pays et des marchands. »

Le 26 décembre 1558, trois jours seulement après son arrivée, Jenkinson est appelé devant le sultan de Boukhara. Il lui présente les lettres de l'empereur de Russie. Le nom et la réputation d'Ivan IV avaient franchi les limites du désert. On pouvait se méfier de ses envoyés; on ne se fût pas permis de les traiter avec négligence. Il est assez piquant, lorsqu'on songe aux préoccupations constantes de l'Angleterre, aux progrès menaçants, suivant elle, de la Russie, de voir en 1558 un marchand anglais s'efforcer de frayer à la fois vers l'extrême Orient le chemin aux draps du Shropshire et à l'influence russe. Dîner en présence du souverain est toujours le plus grand des honneurs chez les Orientaux; Jenkinson fut admis à la table du sultan de Boukhara. Ce prince intelligent le fit plus d'une fois mander à l'improviste pour l'entretenir familièrement dans ses appartements secrets. Il l'interrogeait sur le pouvoir du tsar, sur celui du Grand Turc, voulait connaître les lois, la religion, l'étendue des divers pays. Il fallut tirer les fameux mousquets devant lui : habile archer, le prince n'eut de cesse qu'on ne lui eût appris à s'en servir lui-même. « Toutes ces politesses, s'écrie avec indignation Jenkinson, n'empêchèrent pas que, quand nous dûmes partir, le prince ne se conduisît en vrai Tartare ; il s'en alla en guerre sans m'avoir remboursé le prix de ce que je lui avais vendu. Il avait bien donné l'ordre qu'on me payât ; mais ses agents me forcèrent à consentir à un rabais considérable, et je dus pour le reste me contenter de marchandises dont je n'avais que faire. Pouvait-on espérer mieux d'un mendiant ? Je dois cependant rendre justice à ce roi barbare : immédiatement après mon arrivée à Boghar, quand il sut ce qui nous était advenu sur la route, il envoya parcourir et fouiller partout le désert, ordonnant qu'on lui ramenât morts ou vifs les brigands. Une partie de ces bandits fut tuée, le reste mis en fuite. Quatre tombèrent aux mains de la troupe. Le roi me fit mander pour que je les reconnusse. Deux avaient été atteints par nos balles et portaient encore de nos marques. Le roi les fit pendre à la porte de son palais en qualité de gentilshommes. On me restitua une partie des marchandises que j'avais été contraint de livrer, et, je le répète, ce fut au roi que je dus cette justice. »

Il y avait alors chaque année grande affluence de marchands à Boukhara. Il en venait de l'Inde, de la Perse, de Balkh, de la Russie ; mais ces caravanes apportaient si peu de marchandises, mettant, d'ailleurs, deux ou trois années à les vendre, qu'on ne pouvait voir là les éléments d'un commerce sérieux. Les pierres précieuses, les épices prenaient la route de l'Océan. Les Portugais, dit-on, à Jenkinson, étaient maîtres des pays d'où on les tirait autrefois.

Ce qui empêchait la caravane du Cathay d'arriver à Boghar, c'était la grande guerre qui durait depuis trois ans entre quelques tribus nomades et les deux principautés tartares de Tachkend et de Kashgar. Quand les routes étaient libres, le voyage du Cathay à Boghar était de neuf mois. Le Cathay était cité comme un pays très-civilisé et excessivement riche, tempéré, abondant en fruits de toutes sortes. Au delà se trouvait la contrée que les Tartares appellent dans leur langue Kara-Kolmack, le pays des Kalmouks noirs. Au Cathay même, dont la majeure partie s'étend vers l'Orient, le peuple est blanc et à le teint clair. La religion est le christianisme ou s'en rapproche beaucoup. La langue diffère complétement du tartare. Il n'y a pas d'ours furieux sur la route, mais des loups blancs ou noirs et surtout un nombre infini de brigands. Tous les passages sont infestés. Aucune caravane ne pourrait s'y engager sans courir le risque d'être dépouillée. Voilà pourquoi l'on ne trouvait plus à se procurer, comme autrefois, à Boghar du musc, de la rhubarbe, des satins, des damas. Il fallait se contenter des mousselines venues des bords du Gange, des étoffes de laine et des soieries apportées par les Persans. Quant à faire accepter en payement des draps anglais, on ne devait pas y songer. Les Persans auraient pris des peaux rouges et autres marchandises russes, des esclaves de tous les pays. Pour des draps, ils en apportaient eux-mêmes à Boghar ; on les leur expédiait des ports turcs de la Méditerranée et d'Alep.

Jenkinson s'était décidé à séjourner pendant tout l'hiver à Boghar. L'hiver passé, le moment du départ des caravanes arrive. Le métropolitain engage très-vivement les Anglais à en profiter. Il voudrait voir ces marchands infidèles regagner au plus vite la mer de Bakou. « Le roi, leur dit-il, est à la guerre, et le bruit court qu'il a été battu ; la ville ne peut manquer d'être assiégée bientôt. » Jenkinson, à regret, se résigne à reprendre la route qu'il a déjà parcourue. Le sultan de Boghar a eu soin heureusement de la nettoyer. La caravane se compose cette fois de six cents chameaux. Elle quitte Boukhara le 8 mars 1559. Que serait-il advenu de Jenkinson, s'il eût seulement retardé son départ de dix jours ? Le roi de Samarcande investissait alors la malheureuse ville de Boghar avec une nombreuse armée. Le roi de Boghar tenait pendant ce temps la campagne contre un de ses parents ; le désordre régnait partout, les caravanes de l'Inde et de la Perse venaient d'être détruites malgré leurs sauf-conduits; il n'y avait plus de sécurité en Orient que sur les terres d'Ivan IV. Jenkinson emmenait avec lui deux ambassadeurs, l'ambassadeur du roi de Boghar et celui du roi de Balkh; ces envoyés se rendaient auprès de l'empereur de Russie. La caravane devait, d'ailleurs, recruter d'autres ambassadeurs sur sa route. A Ourgendj, à Sellizuri, le sultan, les frères du sultan tinrent à faire parvenir par leurs propres émissaires les réponses qu'exigeaient les lettres impériales confiées à Jenkinson.

Les difficultés, les privations, les souffrances furent-elles moindres au retour qu'elles ne l'avaient été dans la première traversée du désert? Il n'est guère permis de le croire. Jenkinson cependant n'en dit pas un mot. Se reprocherait-il d'avoir déjà trop insisté sur ce sujet? La chevauchée vaut bien cependant la peine qu'on la prenne au sérieux ; mais il ne s'agit pas d'instruire la compagnie des dangers qu'ont courus ses employés ; il faut surtout lui bien faire comprendre les risques auxquels seront exposées ses marchandises. Ce but atteint, le reste est peu de chose ; on le gardera pour les récits du foyer. Le 22 avril 1559, la caravane retrouve, sur les bords de la mer Caspienne, la barque qu'un an auparavant elle y avait laissée. Elle retrouva la barque, mais non pas le câble, l'ancre, la chaloupe, la voile ; tout cela depuis longtemps avait disparu. Les Anglais apportaient heureusement du chanvre et de la toile de coton sur leurs chameaux. Ils se hâtèrent de fabriquer avec leur chanvre un gréement complet et un câble, avec leur toile de coton une voile. Les jonques chinoises n'ont que des ancres de bois ; Jenkinson essaye d'en confectionner une pour sa barque en prenant à terre une roue de charrette. Ainsi équipés, les Anglais étaient sur le point de dire adieu au rivage, quand une autre barque chargée de Tartares vint aborder au point qu'ils s'apprêtaient eux-mêmes à quitter. Ce bateau avait deux ancres. Les voyageurs obtinrent qu'on leur en cédât une.

Jenkinson ne s'était pas chargé de conduire sur la mer Caspienne toute la caravane dont il avait pendant un mois et demi partagé la fortune. Il ne restait plus avec les Anglais que six ambassadeurs et vingt-cinq esclaves russes rendus à la liberté par la munificence du sultan d'Ourgendj. Le capitaine du *Primerose* se faisait fort de commander et de diriger la barque qui devait à son industrie une nouvelle voile et un nouveau gréement ; les deux Johnson lui tiendraient lieu d'officiers mariniers ; dans les vingt-cinq Russes il trouverait tout un équipage assez docile et assez vigoureux pour manier la rame au besoin. Quant aux ambassadeurs, ils avaient été confiés à la foi de Jenkinson ; il eût été de mauvais goût de leur réserver un autre rôle que celui de passagers.

La barque d'Astrakan s'éloigne enfin du golfe de Manguslav. Tantôt longeant la côte, tantôt n'hésitant pas à perdre la terre de vue, elle eut en peu de jours regagné la rive septentrionale de la mer Caspienne. Le 13 mai, le vent cesse tout à coup d'être favorable. Il faut laisser tomber l'ancre à trois lieues de terre. En ce moment s'élève une violente tempête, une tempête qui devait durer quarante-quatre heures. Le câble, récemment filé, n'était pas de force à soutenir cette épreuve. Il casse, l'ancre reste au fond, et la barque s'en va rapidement en dérive. Que faire en cette extrémité? On est parti de Manguslav sans chaloupe, on ne peut donc songer à gagner le rivage en abandonnant, comme on le faisait si souvent au seizième siècle, le navire à son sort. Il faut trouver un port, à défaut de port une plage, ou se résigner à périr. Jenkinson fait hisser la voile, la barque gouverne droit à terre. Chacun à bord se croit déjà perdu. Mais le ciel, nous dit Jenkinson, ne pouvait pas abandonner en ce péril suprême des voyageurs qu'il avait si visiblement protégés depuis leur départ d'Astrakan. Une crique jusque-là cachée vient en effet de s'ouvrir aux yeux des marins ranimés par ce consolant aspect; la barque y pénètre, et les dernières lames déposent les naufragés sur le lit de vase que leur a préparé la Providence. C'était un répit, ce n'était pas le salut. Se laisser surprendre dans cette situation par les gens du pays eût été d'une extrême imprudence. La partie de la côte où la barque a été jetée n'obéit à aucun sultan. Ces nomades, « qui vivent en plein air comme des bêtes », auraient probablement jugé les étrangers que leur adressait la tempête de bonne prise. Jenkinson n'est pas homme à laisser ses ambassadeurs servir d'esclaves et de jouet à des gardeurs de bestiaux. Il se hâte, dès que le vent est un peu calmé, de dégager ses plumes de la glu et de se mettre en mesure de reprendre à la première alarme son vol vers la haute mer. La misérable barque pouvait bien encore voler, puisqu'elle avait réussi à sauver sa voile ; elle ne pouvait plus se poser que dans quelque nouvelle crique et sur quelque nouvelle fange. Pour retrouver la faculté de rester immobile au large, il lui fallait rentrer en possession de son ancre. Heureusement Jenkinson n'était pas de ces capitaines qui s'endorment dès que le navire a fait tête sur son câble. Il avait soigneusement, à son premier mouillage, relevé la terre au compas et pris certains amers. Il put ainsi draguer et repêcher le fer resté au fond. « Les Tartares, dit-il, furent fort étonnés de notre succès. »

De pareils succès ne sont pas à la portée du

premier venu. Ni Plan de Carpin, ni Marco Polo n'auraient pu très probablement sortir avec cette facilité d'embarras; mais dans le capitaine du *Primerose,* qu'il traverse les déserts ou les océans, nous retrouvons toujours le marin du seizième siècle. Faire son point et prendre ses alignements le préoccupent presque autant que la vente à bon prix de ses draps. Assaillie par une seconde tempête et poussée, malgré tous les efforts de son équipage, au large, la barque à qui Jenkinson vient de rendre si merveilleusement son ancre n'aurait-elle donc échappé au naufrage que pour aller donner sur la côte de Perse? C'était là ce que redoutaient le plus les ambassadeurs tartares, car les Persans ont, de tout temps, été les plus mortels ennemis des Turcomans. Le vent de nord-est soufflait avec violence; la mer, fouettée par la bise furieuse, menaçait à chaque instant d'engloutir le bateau. Quand le ciel s'éclaircit, le danger d'atterrir en Perse, au lieu d'atterrir, comme on le voulait, en Russie, ne se trouva pas soudainement conjuré; personne n'eût osé dire de quel côté il fallait mettre le cap pour gagner Astrakan. Jenkinson prit son astrolabe, et observa soigneusement la distance du soleil au zénith. Quand il eut achevé son calcul, on le vit brusquement changer de route; quelques heures après, la barque mouillait à l'embouchure du Jaïc. Les Tartares étaient dans l'ivresse; jamais leur imagination n'avait rien rêvé de semblable. Jenkinson avait arboré sur son bateau la croix rouge de saint Georges « en l'honneur de la chrétienté »; cette croix, pour les envoyés des sultans de Balkh, de Boukhara, d'Ourgendj, de Sellizuri, devenait un talisman contre les tempêtes. Le 28 mai 1559, les voyageurs entraient dans le Volga; leur traversée n'avait pas duré vingt-cinq jours.

Le gouverneur d'Astrakan prit sur-le-champ ses dispositions pour faire escorter à Moscou les ambassadeurs qui venaient de si loin apporter les hommages de leur sultan à son maître. Pendant ce temps, Jenkinson s'occupait de transborder dans de petites barques la charge du grand bateau, trop lourd et trop mal équipé pour que l'on pût songer à lui faire remonter le courant du Volga. Il fallut également se procurer un certain nombre de *strougs* pour y embarquer les cent strélitz dont le capitaine russe composa la troupe d'escorte. Tout ce convoi ne fut réuni que le 10 juin; le 28 juillet, il atteignit Kazan. Six semaines avaient donc été employées au trajet qui n'avait demandé à la descente que trente et un jours. Les marchandises ne pouvaient continuer d'arrêter par les difficultés de leur transport les voyageurs que le tsar attendait avec impatience; on prit le parti de les débarquer à Mourom et de les acheminer de ce point par la voie de terre à Moscou.

Le 2 septembre 1559 vit enfin le terme de cette longue et périlleuse entreprise. En rentrant à

Moscou, Jenkinson ne se retrouva pas sans une satisfaction secrète sous le sceptre rigoureux dont les bords de l'Oxus lui avaient plus d'une fois fait regretter la force et la justice. Mieux encore et à plus juste titre que le capitaine du *Bonaventure,* le capitaine du *Primerose* nous peut réconcilier avec la Russie d'Ivan IV. L'empire des tsars ne se voit pas, en effet, du même œil quand on y arrive de Londres ou quand on y revient, après avoir passé une année dans la Boukharie. La Compagnie moscovite possédait depuis quatre ans déjà trois comptoirs en Russie, et ces trois magasins jouissaient, par une faveur spéciale, de tous les priviléges attachés aux propriétés privées de la couronne. L'empereur, qui devait mériter un jour des boyards jaloux le surnom de tsar anglais, mettait ainsi au rang de ses plus intimes serviteurs les marchands dont l'active industrie l'avait en 1553 affranchi du joug impérieux de la Hanse.

Le 4 septembre, il recevait en audience solennelle Jenkinson. Les ambassadeurs turcomans et les esclaves russes étaient là pour témoigner de la fidélité et de l'intelligence déployées par cet étranger, qui eût volontiers ajouté de nouvelles provinces à l'empire où les produits des manufactures britanniques recevaient un si bon accueil. Jenkinson fut admis à présenter lui-même au tsar les six envoyés des sultans. L'empereur, avec une satisfaction visible, donna au capitaine du *Primerose* sa main à baiser. Il daigna ensuite accepter gracieusement la queue de vache blanche du Cathay et le tambour de Tartarie dont l'intrépide agent avait fait l'acquisition à Boghar.

Les palmes vertes et les perroquets de Christophe Colomb, les piéges à gibier et la navette de Sébastien Cabot n'en disaient guère plus que cette queue de yak et ce tambour apportés des plaines où se préparait déjà l'invasion des États de l'empereur Chin-Tsong. La désorganisation complète du centre de l'Asie semblait inviter les Russes à devancer les Mantchoux à Pékin ; mais il eût fallu qu'il n'y eût pas une Pologne pour menacer Smolensk et Moscou, une Suède et une Tauride pour tendre la main à la Pologne. Décidé à rester l'héritier des Rurik, peu soucieux d'aller rendre à la terre mongole la visite que les hordes avaient faite naguère aux rives du Volga, Ivan Vasilévitch borna son ambition à ouvrir le chemin de la Chine par la mer Caspienne aux cuirs russes et aux draps anglais.

CHAPITRE II

JENKINSON ET LE GRAND SOPHI

A l'issue de la réception qui couronnait si bien son dangereux voyage, Jenkinson, suivant l'hospitalière coutume, s'entendit convier, de la bouche du souverain, au somptueux banquet dont les grandes ambassades n'avaient jamais manqué, à la cour de Moscou, d'être l'occasion. Dans le cours du repas, Ivan Vasilévitch ne se fit pas faute d'adresser à ce petit Junkine, devenu en moins d'une année un personnage, maintes questions pleines de sens sur les nombreux pays que l'infatigable commis avait visités, et cette fois encore « il lui envoya des plats par un duc ». Le 17 février 1560, Anthony partait de Moscou pour aller rendre compte à la compagnie, non plus de sa mission russe, mais de sa mission anglaise. Le 21, il arrive à Vologda. Il y resta jusqu'à la débâcle. Quand la rivière fut libre, Jenkinson laissa au cours du fleuve le soin de le conduire doucement à Kholmogory, tête de pont et premier comptoir du commerce britannique dans les régions du nord. A Kholmogory, le grand voyageur dut attendre jusqu'aux premiers jours du mois d'août l'arrivée d'un navire qui le transporta sans encombre, — chose assez peu commune encore pour qu'on en fasse mention, — des bouches de la Dwina aux bouches de la Tamise.

Depuis la mort de Henri VIII, les règnes en Angleterre duraient à peine le temps d'un voyage en Russie. Nous avons vu Chancelor remettre à la reine Marie les lettres destinées à Édouard VI ; Anthony Jenkinson portait en 1560 à Élisabeth la réponse qu'exigeait la royale épître confiée en 1557 au *Primerose*. Mais cette fois, grâce à Dieu, les règnes éphémères étaient bien passés. Le ciel accordait enfin à la vieille Angleterre une reine de vingt-cinq ans qui allait occuper quarante-cinq ans le trône. L'adversité s'était chargée d'imprégner la jeune et sage princesse de l'esprit dont la majorité du royaume s'était peu à peu imbue. Cet esprit n'était-il qu'un esprit de révolte contre l'église de Rome ? Ne fut-il pas aussi une sourde réaction contre les attentats de la conquête normande ? La fille d'Anne de Boleyn et le peuple échappé au sceptre de Marie s'entendirent dès le premier jour. Ce sont ces ententes mystérieuses et tacites qui rendent à certains règnes la tâche si facile. La rigueur implacable d'Ivan IV, la sécheresse d'âme et la froide cruauté d'Élisabeth, ont pu provoquer de légitimes censures, de justes indignations ; elles n'en ont pas moins laissé dans le cœur de deux puissants peuples une ardente sympathie et une éternelle reconnaissance. Les masses ne donnent pas constamment leur amour aux princes que la philosophie en jugerait le plus dignes ; elles l'accordent souvent à un maître inflexible qui, fait à leur image, partage leurs passions et se montre, dans sa force, habile à les servir. Le cœur qui les comprend, le bras qui les élève, sont toujours, au jugement égoïste et brutal des nations, un cœur et un bras suffisamment équitables.

Appelée à succéder à la reine Marie, le 17 novembre 1558, la reine Élisabeth ne fut pas dès le premier jour libre de manifester ouvertement ses préférences. La cause du catholicisme avait pour elle les Guise et Philippe II, la majeure partie du clergé anglican et une assez grande portion de la noblesse. Il convenait à un règne nouveau de la ménager. Cependant, quand Jenkinson revint à la fin de l'année 1560 de Russie, ce n'était pas l'Angleterre qu'il trouvait en proie aux divisions religieuses ; l'Angleterre appartenait sans conteste à la réforme, l'Écosse et la France se débattaient entre la réforme et le catholicisme. Solidement affermie sur son trône, la reine n'avait plus à fonder l'unité de l'église dans ses États ; elle s'employait, au contraire, à la saper partout où cette unité aurait été une force qui se fût naturellement tournée contre l'hérésie et contre le schisme. Suivant une déplorable et antique coutume, Élisabeth se croyait le droit de chercher sa sécurité dans les embarras de ses voisins. La prédication protestante se chargerait d'affaiblir le ressort des nations rivales ; la reine d'Angleterre pourrait vaquer en paix aux soins des intérêts qui réclamaient avec un redoublement d'énergie sa sollicitude.

Il était évident, après le séjour prolongé de Jenkinson à Boghar, après les difficultés de tout genre que ce hardi marchand avait dû surmonter pour s'y rendre, que de longtemps les caravanes chrétiennes ne seraient en mesure de se diriger vers le Cathay. Ne rencontreraient-elles pas un chemin plus facile, si elles se bornaient à tenter de gagner, à travers la Perse, les bords de l'océan Indien ? Depuis l'année 1502, Schah-Ismaël avait fondé en Perse la dynastie des sophis. Bien qu'elle eût déjà perdu plus d'une province, bien qu'elle se vît encore menacée d'un nouveau morcellement par les Turcs, la Perse, sous cette dynastie qui ne régna pas sans gloire, n'en étendait pas moins sa puissance de la rive occidentale de la mer Caspienne au golfe Persique, du port de Bakou aux remparts d'Ormuz. C'était en gagnant Ormuz par mer et en chevauchant à travers la Perse jusqu'à Trébizonde que Marco-Polo était revenu de la Chine à Venise en l'année 1295 ; il ne semblait pas impossible de percer encore une fois les déserts, les massifs montagneux que le voyageur vénitien avait affrontés et décrits. L'essentiel était d'y être aidé par le successeur de Schah-Ismaël, par Schah-Tamasp, empereur des Persans depuis l'année 1523. La reine Élisabeth crut devoir écrire à la fois au tsar et au sophi :

« Grand et puissant prince, dit-elle à Ivan IV, il nous est doux de vous rappeler l'amitié que Votre Majesté a témoignée à notre personne et à nos sujets. Cette amitié a commencé, par la bonté de Dieu, sous le règne de notre cher frère, d'heureuse mémoire, le roi Édouard VI ; elle a été développée, nourrie, par votre merveilleuse humanité, accrue, augmentée par votre incroyable bienveillance ; elle est aujourd'hui fermement établie par les nombreux gages de votre faveur. Nous ne doutons pas que, durant bien des siècles, elle ne se maintienne pour la gloire de Dieu et pour notre commune gloire, pour le bien de nos royaumes, pour la félicité de nos sujets. » Dans tout ce qui précède, nulle allusion, on le voit, au règne des époux catholiques Philippe et Marie. Pour la fille d'Anne de Boleyn, le fils de Jeanne Seymour est un prédécesseur ; la fille de Catherine d'Aragon semble n'avoir jamais existé. Élisabeth poursuit : « L'abondance de votre bénignité, écrit-elle au tsar, s'est surtout montrée dans la réception que vous avez faite à notre fidèle et aimé serviteur Anthony Jenkinson, le porteur de cette lettre. Nous vous en exprimons toute notre gratitude. Ce ne sera pas seulement pour nous un perpétuel et reconnaissant souvenir ; nous voudrions pouvoir répondre à vos bienfaits par un bienfait pareil. Votre Majesté, nous ne le mettons pas en doute, prendra en considération notre requête. A cet Anthony, aujourd'hui engagé à notre service, recommandé par nous, elle accordera certainement la faveur que de son propre mouvement elle lui octroya quand il n'était encore qu'une personne privée. Elle lui fera délivrer un passe-port, des lettres de circulation, un sauf-conduit ; Anthony pourra ainsi parcourir librement vos domaines avec ses marchandises et ses serviteurs. De la bonté dont nous avons déjà éprouvé les effets, nous attendons cependant plus encore. Votre Majesté, — telle est notre prière et tel est notre espoir, — daignera recommander notre serviteur aux princes étrangers, notamment au grand sophi, empereur de la Perse, dans les possessions desquels Anthony se propose de voyager. »

Schah-Tamasp n'était pas un aussi puissant souverain qu'Ivan Vasilévitch ; il ne possédait pas cependant moins de titres. La chancellerie britannique trouvait là une occasion peu commune de déployer compendieusement son savoir. Elle n'eut garde de la laisser échapper. Ce fut au grand sophi, empereur des Persans, des Mèdes, des Parthes, des Hyrcaniens, des Carmaniens, des Margiens, des peuples qui habitent de ce côté et au delà du Tigre, de toutes les nations comprises entre la mer Caspienne et le golfe Persique, que la reine d'Angleterre, de France et d'Irlande, dans la troisième année de son règne, le 25 avril 1561, adressa son fidèle et bien-aimé Jenkinson. « Accordez-lui, mandait-elle au sophi, de bons passe-ports et des sauf-conduits à l'aide desquels il puisse, avec ses marchandises, parcourir vos domaines, vos juridictions, vos provinces, et y séjourner aussi longtemps qu'il lui conviendra. — De cette façon, ajoutait la reine, l'univers apprendra que ni la terre, ni les mers, ni les cieux, n'ont autant de pouvoir pour nous séparer que l'heureuse disposition de l'humanité et une bienveillance mutuelle n'en ont eu pour supprimer entre nous les distances. »

Jenkinson allait donc être, dans cette nouvelle campagne, le serviteur attitré de la reine; il n'avait pas cessé pour cela d'être avant tout le serviteur de la compagnie. Le bon ship *le Swallow* était prêt à partir avec deux autres navires pour la mer Blanche. Jenkinson fit embarquer sur le *Swallow* quatre cents pièces de kersies, formant quatre-vingts ballots. Tel était le chargement qu'il se proposait d'importer en Perse. L'escadre quitta Gravesend le 14 mai 1561; le 14 juillet, elle mouillait dans la baie de Saint-Nicolas. Les vaisseaux de la compagnie venaient d'accomplir leur huitième voyage.

Jenkinson avait été particulièrement chargé d'inspecter les magasins de la compagnie. Pareil contrôle n'était pas, à cette grande distance de Londres, superflu. Le capitaine du *Swallow* ne s'arrêta cependant que douze jours à Kholmogory et quatre jours à Vologda. Le 20 août, il faisait son entrée à Moscou. Quelque hâte qu'on y mît, on ne pouvait guère se flatter de passer en moins de trois mois d'une capitale à l'autre. L'empereur fut informé sur-le-champ de l'arrivée de ce marchand anglais qui lui revenait accrédité par une nouvelle reine; mais aucun étranger, ambassadeur ou autre, ne devait à cette heure être admis au Kremlin. Ivan était alors tout entier aux préparatifs de l'union qu'il se disposait à contracter avec une Circassienne musulmane. Veuf de la tsarine Anastasie, il avait vu l'offre de sa main repoussée par la sœur du roi de Pologne. Ne pouvant faire un mariage politique, le tsar prit le parti de ne consulter que ses inclinations et son goût : ses regards s'arrêtèrent sur la fille d'un prince tcherkesse dont la beauté eût séduit Assuérus. La tsarine Marie ne pouvait recevoir la couronne sans recevoir en même temps le baptême. Elle n'en eut pas moins des noces inquiètes et troublées. Pendant les trois jours que durèrent les fêtes de son mariage, les portes de la ville demeurèrent rigoureusement fermées, et, à l'exception des seigneurs auxquels fut assignée une place dans le cortége, personne ne fut autorisé à circuler dans les rues. Craignait-on quelque sédition? Ne faisait-on que se conformer au cérémonial habituel? Jenkinson essaya vainement de se renseigner sur ce point. En tout cas, le 1er septembre 1561, les inquiétudes, s'il en exista, devaient avoir cessé, car l'empereur donna ce jour-là une grande fête à laquelle furent conviés les ambassadeurs et les étrangers de distinction. Jenkinson se trouvait être au nombre des invités. Le secrétaire du tsar, avant l'heure du repas, le fit appeler au palais impérial : « Je désire, lui dit-il, prendre connaissance des lettres que vous apportez. » Jenkinson n'était plus « le petit Junkine » d'autrefois. Mandataire de la compagnie, il se fût sans difficulté soumis à une exigence qu'avaient avant lui subie Chancelor et Killingworth ; représentant de sa royale maîtresse, il refusa net. Les lettres d'Élisabeth ne pouvaient être remises qu'en mains propres à Ivan IV. Le secrétaire en jugeait autrement : « Si Jenkinson s'obstinait dans son refus, il devait renoncer à l'espoir d'être introduit en présence de l'empereur. » Jenkinson aima mieux s'abstenir de paraître à la fête et s'exposer à mécontenter le tsar que manquer à la dignité de sa mission.

Le lendemain, il apprenait « par un gentilhomme » que l'empereur avait daigné remarquer son absence. Sur-le-champ, il fait dresser une supplique. Dans cette supplique, Jenkinson expose le motif de sa venue ; il fait aussi connaître à l'empereur la conduite de son secrétaire. « Je supplie Sa Grâce, disait-il, de vouloir bien recevoir les lettres de Son Altesse avec autant d'honneur et d'amitié que notre souveraine la reine Marie en a mis à recevoir les lettres confiées à Osip Népéi. Sinon, que l'empereur veuille bien me donner congé, car je ne remettrai mes lettres qu'en ses mains. » Quels doutes, quels ombrages se cachaient donc sous cette apparente question d'étiquette? Ivan IV avait-il appris, soit par les Hanséates, soit par les Flamands de Philippe II, que dans la plupart des États où dominait l'influence de Rome on contestait encore à la reine d'Angleterre la légitimité de sa naissance et celle de son pouvoir? Appréhendait-il, s'il ne prenait le temps de faire examiner mûrement les lettres de créance qu'on lui annonçait, de se commettre, sans y avoir pris garde, avec quelque usurpation? Quoi qu'il en ait pu être, Jenkinson, quand il se réclamait auprès d'Ivan IV du nom déjà connu de la reine Marie, obéissait à une inspiration heureuse. Les solutions de continuité n'entrent pas aisément dans l'esprit des princes qui font remonter l'origine de leur puissance à une longue suite non interrompue d'ancêtres. L'envoyé d'Élisabeth reçut l'ordre de se présenter devant le tsar. Le jour même, il était convié à un dîner de grand gala. Peu de temps après, encouragé par un favorable accueil, il osait demander s'il lui serait permis de traverser les domaines de l'empereur pour se rendre en Perse. La réponse trompa son attente. « Il ne fallait pas songer pour le moment à un pareil voyage. L'empereur avait l'intention d'envoyer par le Volga et la mer Caspienne une armée en Circassie. Les routes de ce côté deviendraient peu sûres. Si Jenkinson venait à périr, ce serait un déshonneur pour Sa Grâce. » Anthony était trop pénétrant pour ne pas reconnaître dans le motif qu'on lui alléguait une grossière défaite. Il dissimula néanmoins son désappointement et passa l'hiver de l'année 1561 à Moscou. La majeure partie des kersiés qu'il avait emportés de Londres s'était facilement vendue en Russie; il n'avait plus rien à importer en Perse. Aussi, quand la saison fut venue de rentrer en Angleterre, s'empressa-t-il de solliciter ses passe-ports et « la faculté d'avoir des chevaux de poste pour son argent ». Le tout lui fut, sans la moindre difficulté, accordé.

Jenkinson achevait ses dernières dispositions de départ quand Osip Népéi vint chez lui. « Ne partez pas encore, lui dit-il, l'empereur a été mal renseigné; la faute en est au secrétaire des étrangers, qui n'est pas mon ami. » Trois jours après, ce secrétaire avait complètement changé de langage : « Le plaisir de l'empereur n'était pas seulement que l'envoyé de la reine pût librement traverser ses domaines pour se rendre en Perse; l'empereur voulait aussi que des lettres de recommandation lui fussent remises pour les princes hyrcaniens, margiens et persans. » L'influence d'Osip Népéi triomphait, et Osip mettait son honneur à seconder l'ascendant britannique.

Les audiences de congé en Russie se donnaient à table. Le 15 mars 1562, on eût pu remarquer au nombre des convives d'Ivan IV deux ambassadeurs : l'envoyé de la reine Elisabeth et un envoyé du roi d'Hyrcanie. L'empereur ne se contenta pas de gratifier encore une fois Jenkinson d'une coupe d'hydromel ; il voulut, après lui avoir fait remettre les lettres d'introduction promises, lui confier lui-même de vive voix « certaines choses d'importance ». Un instant suspendus, les événements avaient repris leur cours; au mois de mars 1562, Ivan IV ne préparait plus l'envoi d'une armée en Circassie; il avait, au contraire, intérêt à maintenir la paix sur ses frontières méridionales, car ses possessions baltiques se trouvaient sérieusement menacées.

Il suffit d'un coup d'œil jeté sur la carte pour s'expliquer les nombreuses convoitises qu'excitait l'héritage, dès cette époque ouvert, des chevaliers porte-glaive. Quel magnifique développement de cités crénelées, d'évêchés et de ports, présentait ce long littoral qu'ont fini par se partager la Russie et l'Allemagne! Après le territoire de la ville libre de Lubeck, après la Poméranie et la Prusse ducale, après Stettin, Stralsund, Danzig et Kœnigsberg, si l'on continuait de se diriger à l'est, vers la baie au fond de laquelle débouche la Néva, on rencontrait d'abord la Courlande et Mittau, puis la Livonie et Riga, l'Esthonie et Revel, Narva enfin, marquant la limite occidentale de l'Ingrie. La Suède, le Danemark, la Pologne guettaient, comme la Russie, depuis longtemps cette proie; mais la Russie avait été la première à en emporter un lambeau. Alarmés des rapides progrès d'Ivan IV, les trois princes, dont les conquêtes russes menaçaient de frustrer l'espoir, trouvèrent bon, en 1556, de s'entendre pour intervenir en faveur des chevaliers. Ivan dut accorder au grand maître Kettler une trêve de six mois. La mort de Gustave Vasa, survenue le 29 septembre 1560, remit tout en question. Le successeur de Gustave, le roi Erik, couronné à Upsal le 29 juin 1561, inaugura son règne par la prise de Revel et par l'occupation du reste de l'Esthonie. Gothard Kettler venait d'opposer une résistance opiniâtre au tsar; il essaya de résister également au roi de Suède; mais la partie, cette fois, était trop inégale. Gustave Vasa avait, en mourant, légué à son fils une armée régulière composée de treize mille hommes de pied, de mille quatre cents cavaliers et d'une garde allemande de huit cents hommes. Ces troupes, pour la solidité, auraient difficilement trouvé des rivales en Europe.

Le bois et le fer ne faisaient pas défaut à la Suède

affranchie. Le développement de la marine suédoise suivit de près l'extension de l'armée. Gustave Vasa n'eut besoin que d'appeler de Venise des constructeurs à son aide. En quelques années, les fiords suédois virent flotter plus de gros vaisseaux que n'en possédait alors aucune autre puissance. Quelle force les porte-glaive auraient-ils opposée à ce nouvel ennemi? Les bourgeois mêmes des villes se soulevaient contre eux. Kettler, dès le début, se sentit non-seulement compromis, mais livré. Il n'hésita pas. Pressé entre les troupes d'Erik et les légions d'Ivan, il chercha son salut dans une alliance intime avec les Jagellons. Déjà le grand maître s'était lié par un pacte avec la Lithuanie. Il avait commencé par aliéner son indépendance pour un prêt de six cent mille florins; le 28 novembre 1561, il se reconnut définitivement, par le traité de Vilna, vassal et tributaire du roi de Pologne. Sigismond-Auguste le créa duc héréditaire de Courlande. Kettler eut la partie de la Livonie située sur la rive gauche de la Duna; la portion de cette province qui s'étendait à la droite du fleuve fut incorporée à la Lithuanie. Le dernier débris de l'ordre teutonique cessait d'exister. De cet ordre fameux, il ne restait plus que deux ducs, Albert de Brandebourg et Gothard Kettler, tous deux vassaux du roi dont les États touchaient aux États du tsar.

Un pareil arrangement ne pouvait manquer d'amener une rupture ouverte entre Sigismond-Auguste et Ivan IV. Tout l'avenir de la Russie était ce jour-là en jeu. Si la Russie se laissait refouler vers l'Orient quand le ciel lui envoyait, pour favoriser ses projets, la connivence inespérée de la Suède, il était facile de prévoir que ce ne serait pas le dernier avantage que les Polonais et les Lithuaniens obtiendraient sur la principauté de Moscou. L'heure était donc en 1562 solennelle, la crise, s'il en fut jamais, décisive. Ivan n'avait pas eu de peine à le comprendre, et, au moment même où il donnait audience à Jenkinson, ses troupes se rassemblaient déjà de toutes parts sur les frontières occidentales de la Russie. Trois cent mille hommes allaient investir Polotzk; Jenkinson pouvait en porter la nouvelle au sophi.

Le 27 avril 1562, l'intrépide voyageur sortait de Moscou et gagnait en poste Nijni-Novgorod. Là il trouvait l'ambassadeur qui avait dîné le 15 mars au Kremlin, et s'embarquait en sa compagnie sur le Volga. Le 10 juin, le Volga le déposait sur le rivage au bord duquel s'élève la ville des mendiants et des mouches, la cité à demi asiatique d'Astrakan. Le trajet de Moscou à la mer Caspienne s'était, la première fois, accompli en quatre-vingt-deux jours. Dans ce second voyage, où l'on préféra éviter les nombreux détours de la Moscova et de l'Oka, le même trajet n'avait demandé qu'un mois et demi. Il était donc à la rigueur possible de passer en quatre ou cinq mois de l'embouchure de la Tamise à l'embouchure du Volga ; mais de cette embouchure au Cathay, quelque direction que l'on prît, il faudrait certainement, comme au temps de Marco-Polo, chevaucher pendant au moins une année. L'Inde était beaucoup plus rapprochée ; c'était surtout à l'Inde qu'on se proposait d'arriver par la Perse.

Dès son arrivée au port d'Astrakan, l'ambassadeur du roi d'Hyrcanie trouva sa barque prête. Il ne jugea pas nécessaire d'attendre l'envoyé d'Ivan IV et d'Élisabeth. Pour le suivre sans trop de retard, ce dernier déployait toute son activité ; ce ne fut néanmoins qu'au bout de trente-cinq jours qu'il put songer à se mettre en route. Le plus difficile avait été de se procurer un bateau convenable. Le bateau nolisé, il fallut l'équiper et y arrimer les marchandises que Jenkinson, avec l'assentiment des agents de la compagnie, avait, pour remplacer ses kersies vendus, tirées du magasin de Moscou. Cinquante mousquetaires, embarqués sur deux brigantins, accompagnèrent la barque de Jenkinson jusqu'au moment où elle eut dépassé certains endroits habituellement infestés de pirates ; ils l'abandonnèrent ensuite à son sort. Le 19 juillet, Jenkinson voguait à pleines voiles, hors de vue de la terre, n'appréhendant plus aucun risque, ne pressentant devant lui nul écueil, quand tout à coup il tombe au milieu de bancs qui s'étendaient sur un long espace. Peu s'en fallut que l'ambassade ne disparût dans ce péril vulgaire. « Nous ne nous en tirâmes, écrit Jenkinson, que par miracle. »

Le 22 juillet, la barque n'avait pas encore atteint les côtes du Daghestan ; elle se trouvait à cent quarante-neuf milles environ des bouches du Volga. Le vent était contraire et tendait à fraîchir. En pareille occurrence, un chétif bateau peut-il rien faire de mieux que de relâcher? Une grande et belle île, que Jenkinson désigne dans son itinéraire sous le nom d'île Chatalet, semblait, avec le vent régnant, devoir offrir un excellent abri. Il fut malheureusement impossible d'arriver jusqu'à ce refuge. Jenkinson dut se résigner à laisser tomber l'ancre à six milles sous le vent par trois ou quatre brasses. On se trouvait à peu près en face de Manguslav, sur la rive opposée de la mer Caspienne. « Cette partie de la côte, nous apprend le vaillant agent de la Compagnie moscovite, s'appelle Shascayl ou Coumyk. C'est un pays habité par des mahométans. Nous avions mouillé deux ancres ; nous en perdîmes une et nous n'en possédions pas de rechange. Le vent et la mer augmentaient toujours, notre barque faisait beaucoup d'eau ; nous avions beau pomper continuellement, c'était à grand'peine que nous la maintenions à flot. Nous avions cependant jeté à la mer une bonne partie de nos marchandises. Notre chaloupe restée à la traîne cassa son amarre et fut emportée à la dérive. Si nous ne coulions pas sur place, nous devions nous aller perdre infailliblement sur la côte. Là nous serions tombés entre les mains de méchants infidèles qui attendaient, impatients, notre naufrage. La tempête dura sept jours ; ce furent sept jours de souffrances et d'angoisses. » La mer Caspienne n'est pas, comme on serait tenté de le croire, un lac toujours paisible, un réservoir intérieur d'où les ouragans se garderaient bien d'approcher. C'est, au contraire, une mer tempêtueuse à l'excès, un océan qui compte mille deux cents kilomètres du nord au sud, trois cents de l'est à l'ouest, et dont la navigation était, au seizième siècle, d'autant plus périlleuse qu'on l'affrontait avec des esquifs qui auraient dû à peine oser se hasarder sur des fleuves.

Enfin, le 30 juillet le vent se calma en passant à l'ouest, et le temps s'embellit. Jenkinson leva l'ancre, déploya sa voile et fit route au sud. Le lendemain, il gouverna sur la terre. Il s'estimait alors à cent cinquante milles de Chatalet, trois cents environ d'Astrakan. Le vent vint encore une fois l'arrêter dans sa marche ; ce même vent le retint au mouillage jusqu'au 3 août. Le 4, un souffle de brise, que le caprice du sort maintint jusqu'au soir favorable, suffit pour le conduire successivement de la côte de Shyrvansha au promontoire sur lequel s'élève aujourd'hui le poste fortifié de Petrowski, de ce cap aux premières terres du roi des Hyrcaniens et finalement à la ville de Derbent.

Jenkinson n'est pas seulement un marin, un marchand, un ambassadeur, un hydrographe. Nous avons de plus affaire à un lettré. Anthony ne se bornera pas à observer la latitude de Derbent — latitude que par parenthèse il fixe à 41 degrés, tandis que la carte russe place cette ville sous le parallèle de 42° 5′, — il nous fera part de tout ce que lui ont appris, au sujet de la cité antique, les auteurs de l'antiquité. A l'exemple de Sébastien Cabot et des autres pilotes de quelque illustration, il paraît s'être complu dans la société peu fréquentée encore des Grecs et des Romains. « Derbent, nous dit-il, est une ancienne ville groupée, sur une colline, autour d'un vieux château. Bâtie de pierres de taille, à la façon de nos édifices, elle a des remparts très-élevés et très-épais. Elle fut fondée par Alexandre le Grand, au temps où ce roi combattait les Perses et les Mèdes. Alexandre fit en même temps construire une muraille d'une hauteur et d'une épaisseur merveilleuses. Cette muraille s'étendait de Derbent jusqu'en Géorgie, c'est-à-dire jusqu'à la principale ville des Géorgiens, qui se nomme Tiflis. La muraille est aujourd'hui rasée ou en ruine; cependant on en retrouve facilement les fondations. Par cette construction, Alexandre s'était proposé d'empêcher les habitants du pays nouvellement conquis de s'enfuir et les ennemis de faire leurs invasions. La ville de Derbent est maintenant au pouvoir du sophi. »

Jenkinson n'avait relâché à Derbent que pour y renouveler sa provision d'eau douce. Il ne manqua pas cependant d'offrir au capitaine, gouverneur de la place pour le roi d'Hyrcanie, un présent convenable. Le capitaine en retour l'invita, ainsi que son équipage, à dîner. De Derbent il n'y avait plus grand chemin à faire pour atteindre le pied des derniers contre-forts du Caucase et pour se trouver en Asie. Jenkinson mit le cap au sud-est, puis bientôt au sud-sud-est. Quand il eut parcouru environ quatre-vingts milles, il reconnut, le 6 août 1562, la ville et le port d'Abcharon, séparés par un promontoire de la ville et du port de Bakou. Il y avait vingt et un jours qu'il voguait sur la mer Caspienne, cent un jours qu'il avait quitté Moscou. Le métier de voyageur n'exigeait pas seulement alors de l'intrépidité; il demandait surtout une rare patience.

Le gouverneur d'Abcharon s'appelait Alcan-Moursi. « Il vint me trouver, raconte Jenkinson : je lui fis un présent, et il me donna une garde de quarante hommes pour veiller à ma sûreté : précaution nécessaire, car les voleurs sont nombreux dans ce pays. Nous avions déchargé notre barque, et nous faisions bonne garde autour de nos marchandises. Le 12 août, des nouvelles arrivèrent du roi d'Hyrcanie ; le gouverneur l'avait fait aviser de notre débarquement et de nos projets. Le roi donnait l'ordre que je l'allasse trouver le plus tôt possible. Quarante-cinq chameaux étaient prêts pour porter nos ballots ; les chevaux l'étaient aussi pour m'emmener avec mes compagnons. Le 12 septembre 1562, nous nous mîmes en route. »

Le 18 septembre, la caravane arrive à Shamaki (Chemakha), dans la province à laquelle Jenkinson donne indifféremment le nom de royaume d'Hyrcanie ou de pays de Shirvan. « Le roi, dit Jenkinson, possède là une belle résidence. On me désigna mon logement, et je m'occupai sur-le-champ d'y mettre à l'abri mes marchandises. » Le lendemain, 19, le roi fit mander le voyageur anglais. Le monarque hyrcanien était alors campé sur de hautes montagnes éloignées de vingt milles environ de Shamaki. « Le séjour des palais, a dit le Prophète, énerve ; la tente rend le courage et la vigueur au guerrier. » Que faisait donc le roi Obdolokan — car tel était le nom du roi de l'Hyrcanie — sur le plateau élevé où il avait, depuis le commencement de l'été, fixé sa résidence ? Un riche pavillon broché de soie et d'or était devenu son konak. Ce pavillon mesurait seize brasses de long et six brasses de large. Sur le devant coulait une belle fontaine d'eau claire. Le roi et sa noblesse ne connaissaient pas d'autre breuvage. Obdolokan était de taille moyenne, de physionomie farouche. Il portait de somptueux vêtements de soie et de drap d'or, tout parsemés de perles et de pierres fines. Sur sa tête reposait un haut bonnet pointu entouré d'une pièce de soie qui devait bien avoir au moins vingt yards de long. Sur le côté gauche se dressait un plumet placé dans une petite boîte d'or, dont les cloisons d'émail emprisonnaient les plus riches diamants de Golconde. Aux oreilles du souverain se montraient en outre accrochés deux longs pendants d'or à l'extrémité desquels brillaient deux magnifiques rubis. Le sol était garni d'épais tapis de laine. Sur ces tapis, on avait étendu un autre tapis carré brodé d'or et d'argent, qui occupait le centre de la tente. Là deux moelleux coussins servaient de siége et de trône au roi Obdolokan, assis, les jambes croisées, dans l'attitude familière aux divinités indiennes. La noblesse du royaume, également accroupie, entourait le monarque. Jenkinson fut introduit, et, sur la main que lui tendit le prince, il appuya, se courbant jusqu'à terre, respectueusement ses lèvres. Obdolokan daigna l'inviter à s'asseoir. Il était naturel, en cette occasion, de se régler sur l'usage du pays. Jenkinson prit sans hésiter la posture des seigneurs et du prince; mais l'envoyé d'Élisabeth n'était pas évidemment habitué à débiter ainsi ses harangues. Le roi s'aperçut de son embarras et lui fit apporter un escabeau. L'heure du dîner approchait ; les serviteurs s'occupèrent de mettre le couvert. On étendit les nappes, on apporta les plats; il y en avait cent quarante : « je les ai comptés », affirme Jenkinson. Le repas terminé, on enleva les nappes, on en étendit d'autres, et l'on servit sans retard le dessert : cent cinquante plats contenant des fruits et maintes friandises se trouvèrent cette fois alignés à la suite l'un de l'autre. « Ainsi, dit Jenkinson, deux cent quatre-vingt-dix plats passèrent, durant ce festin, sous nos yeux. A la fin du dîner, le roi me dit : « Sois le bienvenu! » puis il donna l'ordre de puiser une coupe d'eau à la fontaine, en but une gorgée et m'offrit le reste.

« Avez-vous, me demanda-t-il, d'aussi bonne eau
« dans votre pays? » Je répondis de façon à le satisfaire. Il me fit encore diverses questions touchant la religion et la géographie de nos contrées. » Ce qu'Obdolokan tenait surtout à connaître, c'était l'étendue respective des domaines de l'empereur d'Allemagne, du Grand Turc et de l'empereur de Russie. « De ces trois princes, quel est le plus puissant? » Qu'il allât à Manguslav, à Sellizuri, à Ourgendj, à Boghar, qu'il relâchât à Derbent, prit terre à Abcharon ou visitât le pays de Shamaki, Jenkinson devait rencontrer la même préoccupation chez tous les Orientaux. Autour de cette question gravitaient en effet la politique de la Perse et la politique

du désert. Jenkinson nous donne ici la mesure de sa circonspection. Ce marin était né pour être diplomate. « Je répondis, écrit-il à la Compagnie, suivant ce qui me parut le plus convenable. » C'est fort bien, mais nous soupçonnons fort qu'il lui parut convenable d'exalter, au détriment de Soliman le Grand et de Ferdinand I*er*, la puissance d'Ivan IV.

Obdolokan voulut ensuite savoir si son hôte avait l'intention de pousser plus avant son voyage, quel en était le but, quel en était l'objet. Jenkinson déclara qu'il était porteur de lettres de Sa très-excellente Majesté la reine d'Angleterre pour le grand sophi. La reine requérait, avec l'amitié de l'empereur de Perse, le droit de circulation pour ses sujets, un sauf-conduit pour leurs marchandises. Obdolokan approuva fort ce projet : non-seulement pour sa part il accorderait le passage réclamé à travers ses états, mais il fournirait de plus à Jenkinson une escorte. « La cour du sophi, ajouta-t-il, est à trente journées de marche de Shamaki. Le sophi habite, dans l'intérieur de la Perse, un château appelé Casbin. »

Le 24 septembre, l'envoyé d'Élisabeth fut de nouveau mandé au pavillon du roi. Obdolokan était encore au lit. « Son habitude, nous raconte Jenkinson, est de veiller la nuit, de festiner alors avec ses femmes, qui sont au nombre de cent quarante, et de dormir ensuite une grande partie du jour. » Nous commençons à être édifiés sur les occupations du roi d'Hyrcanie. Ce ne fut qu'à trois heures de l'après-midi qu'Obdolokan sortit de sa couche; il eu sortit pour se remettre à table. Pendant ce temps, Jenkinson, sur l'ordre du prince, prenait avec quelques gentilshommes de la cour sa part d'une brillante chasse au faucon; plusieurs grues tombèrent sous la serre des éperviers. A son retour au camp, dès qu'il approcha de l'entrée du pavillon royal, deux gentilshommes vinrent au-devant de lui. Chacun de ces gentilshommes portait sur le bras une robe, l'une de soie unie, l'autre de soie brochée d'or. Pour endosser ces nouveaux vêtements, Jenkinson dut quitter sa pelisse de velours noir garnie de zibeline. Transformé par la munificence du roi en Persan, l'ambassadeur anglais passa dans la tente, fit humblement sa révérence au prince et lui baisa la main. Obdolokan était en ce moment de fort joyeuse humeur. A la fin du repas, il donna l'ordre d'apporter le sauf-conduit promis à Jenkinson, le lui remit et désigna son propre ambassadeur, l'ambassadeur revenu récemment de Russie, pour accompagner à Casbin l'ambassadeur anglais. La bienveillance d'Obdolokan n'était pas encore satisfaite. Jenkinson, avant son départ, reçut un magnifique cheval qui lui fut amené tout harnaché. Quant aux marchandises dont se composait la pacotille fournie par le magasin de Moscou, elles traversèrent le pays d'Hyrcanie sans payer aucun droit.

Le voyage commençait sous d'heureux auspices.

« L'Hyrcanie, nous apprend à cette occasion Jenkinson, s'appelle aujourd'hui le pays de Shirvan. Cette province eut jadis un grand renom. Elle renfermait des cités fortifiées et des villes ouvertes, de nombreux châteaux. Ses rois jouissaient alors d'un immense pouvoir; ils étaient en état de faire la guerre à la Perse. Aujourd'hui, tout est bien changé. Les cités et les villes, les châteaux même, sont tombés en ruine; le roi est sujet du sophi qui s'est emparé de ses domaines. La noblesse tout entière a été mise à mort; les murs des forteresses et des villes ont été rasés, et, à la grande terreur des Hyrcaniens, on a vu s'élever au centre de Shamaki une tour de pierre de taille ayant pour couronnement les têtes des gentilshommes exécutés par ordre du sophi. Du bord de la mer à la ville de Shamaki, on compte, en se réglant sur le pas des chameaux, sept journées de marche. Une autre ville, Arash[1], est la principale cité de l'Hyrcanie; elle en est aussi la cité la plus commerçante. C'est là que se fait la plus abondante récolte de soie grége. Les Turcs, les Syriens et d'autres étrangers viennent y trafiquer. Outre la soie, on trouve dans le royaume des noix de galle, du coton, de l'alun, toutes les espèces d'épices et de drogues apportées des Indes orientales;

---

[1] Arash est située par 40° 33′ de latitude nord, 45° 4′ de longitude est.

mais ces épices sont en petite quantité, car on n'est jamais sûr d'en avoir le débit. Non loin de Shamaki, on remarquait naguère un vieux château appelé Gulistan. Les anciens l'estimaient un des plus forts châteaux du monde. Alexandre le Grand l'assiégea longtemps avant de pouvoir s'en emparer. Le sophi l'a fait raser. Dans le voisinage, on rencontrait aussi un grand couvent de femmes, couvent connu au loin pour sa magnificence. La fille du roi y était enterrée. Cette princesse avait, dit-on, fait vœu de chasteté; son père voulut la contraindre à épouser un roi de Tartarie; elle préféra se donner la mort. Aujourd'hui les jeunes filles viennent une fois l'an aux lieux où on l'inhuma, pour y pleurer son tragique destin. En ce même pays existe une montagne; sur le sommet habitait un géant. Ce géant avait deux grandes cornes, les oreilles et les yeux d'un cheval, la queue d'une vache. Il gardait le passage de la montagne. Un saint homme gravit la colline, combattit le géant et le chargea de chaines. Les Hyrcaniens professent une grande vénération pour le saint qui accomplit ce merveilleux exploit, mais il y a aujourd'hui de telles exhalaisons méphitiques sur la montagne que personne n'en peut approcher. »
Qu'a-t-on gagné dès lors à s'emparer du redouté géant? Le passage en est-il plus libre?

Après avoir pris congé d'Obdolokan, Jenkinson était retourné à Shamaki. Il y resta jusqu'au 6 octobre, occupé à se procurer des chameaux, des chevaux et tout ce qui était nécessaire pour son voyage. Parti de Shamaki le 6 octobre 1562, il arriva, quand il eut parcouru soixante milles environ, au village de Djavat [1]. Le roi d'Hyrcanie possède en cet endroit une belle maison avec des vergers et des jardins remplis de fruits de toute espèce. Près de Djavat passe une grande rivière appelée Kour, qui prend sa source dans les montagnes de la Géorgie, traverse l'Hyrcanie et va se jeter dans la mer Caspienne, non loin d'Abcharon et de Bakou. A peine la caravane a-t-elle quitté Djavat, que le paysage change soudain d'aspect. La vallée que remontent lentement les chameaux est habitée par un peuple pasteur. Ce peuple, pendant la saison d'été, se tient sur les montagnes; en hiver seulement il descend dans la plaine. Jamais il n'a songé à bâtir villes ni habitations. Les femmes, les enfants, les bagages sont chargés sur des bœufs; toute la population se déplace avec ses richesses et avec ses bestiaux deux fois l'an. Il ne fallut pas moins de dix journées de marche pour sortir de cette longue vallée qui, malgré la fertilité dont elle eût pu faire preuve, restait abandonnée à une tribu sauvage. Le 16 octobre, Jenkinson atteint Ardébil. C'est dans la ville d'Ardébil que repose, après vingt et un ans de règne,

[1] On pourra retrouver Djavat sur nos cartes modernes, à 34 milles environ dans le sud de Shamaki.

et de combats, le prédécesseur de Schah-Tamasp. Il y mourut en 1523. Ismaël ne fut pas seulement le fondateur de la dynastie des sophis, le destructeur de la dynastie du Mouton-Blanc. Son plus beau titre aux yeux de ses partisans est d'avoir été le roi des chiites. Tel est le nom que valut à Ismaël Ier l'inébranlable ferveur de sa foi religieuse. Le chiite convaincu a, par malheur, rencontré dans le sultan de Constantinople, dans Sélim Ier, un sonnite qui se croit également l'unique dépositaire des doctrines orthodoxes. Ce sonnite va faire une rude guerre au descendant du septième iman. On sait que les sonnites reconnaissent pour légitimes successeurs de Mahomet les trois premiers califes, Aboubekr, Omar et Osman; les chiites ne voient, au contraire, dans ces trois califes que des usurpateurs. Ali était le gendre de Mahomet; il avait épousé Fatime, sa fille chérie. C'était à lui, suivant les Persans, d'hériter de la puissance spirituelle et temporelle du prophète. Persécuté par la faction des Omniades, assassiné à Koufa par un fanatique, Ali a emporté dans sa tombe la sainte et glorieuse auréole du martyre. En adoptant la doctrine des sonnites, les Turcs se sont faits les complices de ses meurtriers. Quelle réconciliation durable pourrait-il y avoir entre deux sectes séparées par de tels souvenirs? La nation qui pleure encore le trépas d'Ali et celle qui n'y voit qu'un acte de justice ne sauraient jamais, quoi qu'on fasse, unir sincèrement leurs mains et leurs prières. Peu s'en est fallu que Sélim Ier ne fît de Schah-Ismaël, de ce souverain resté si dévot à la mémoire d'Ali, un autre martyr. Sélim a envahi en 1514 l'Aderbidjan, et son artillerie, plus formidable encore que ses janissaires, a eu bientôt fait de disperser les armées persanes. Les victoires de Sélim ont brisé le cœur du sophi. Jenkinson a donc tout sujet d'espère que Schah-Tamasp réserve un favorable accueil aux lettres du monarque qui, voisin comme lui, et comme lui ennemi naturel du Grand Turc, pourrait si aisément l'aider à venger des injures accumulées depuis un demi-siècle.

L'ancien capitaine du *Primerose* n'est pas seulement parti de Londres et de Moscou pour faire la conquête du précieux privilége qu'Ivan IV et Élisabeth réclament de concert en faveur de la Compagnie moscovite ; il s'est également proposé de jalonner la route qu'auront à suivre un jour les caravanes en marche sur Ormuz. Les profits et pertes ne peuvent se calculer que sur une connaissance bien exacte des distances. Aussi Jenkinson a-t-il sans cesse recours à son astrolabe. « Ardébil, nous dit-il, est située par 38 degrés de latitude [1]. C'est une ancienne ville de la province d'Aderavgan [2], où les princes de

---

[1] En réalité par 38° 20'.
[2] Aderavgan ou Aderbidjan, c'est toujours la province dont Tabris est la capitale.

Perse sont généralement enterrés. Alexandre le Grand y avait établi sa cour quand il envahit la Perse. A quatre journées de marche, vers l'ouest, se trouve la ville de Tabris, appelée dans l'antiquité Tauris, — la plus grande ville des États du sophi. Le commerce de Tabris n'est plus cependant ce qu'il était jadis ; il est même inférieur à celui d'autres villes persanes. » La déchéance de Tabris est encore un de tristes effets de l'invasion ottomane. Soliman le Grand n'a pas démenti le sang dont il sort. De 1523 à 1536, il a pris aux Persans Tabris, Bagdad et une partie de la Géorgie. Tabris a été mise à sac en 1532, et, depuis cette époque, le sophi a dû l'abandonner. Il a établi sa cour, à dix journées de marche de cette cité ruinée, dans la ville de Casbin. C'est vers Casbin que Jenkinson, continuant de descendre au sud, faisant à peu de chose près route au sud 35 degrés est, achemine, en quittant Ardébil, ses chameaux. A Casbin, il sera, si nous nous en rapportons à nos notions modernes, à quatre-vingts milles marins de Téhéran, à deux cent quarante d'Ispahan, à **six cent soixante d'Ormuz.**

Le voyage d'Abcharon à Casbin est autrement facile que celui de Manguslav à Boghar. Il n'aura demandé en tout que vingt-sept jours de marche. Le 2 novembre 1562, la caravane anglaise s'arrêta dans la ville où le grand sophi tient sa cour. On lui assigne sur-le-champ un logement non loin du palais du roi. Deux jours se passent à peine, Schah-Tamasp ordonne au fils d'Obdolokan, au prince Shali-Moursi, de faire appeler et d'interroger Jenkinson. Au nom du sophi, Shali-Moursi demande à Jenkinson comment il se porte et l'invite à dîner. Jenkinson trouve la table du prince presque aussi bien garnie que celle d'Obdolokan. Ce traitement splendide le dédommage un peu des longues fatigues et des privations du voyage. Ainsi fêté, comment Anthony pourrait-il douter davantage du succès? Dès le lendemain, il envoie son interprète déclarer sans plus de façon au secrétaire du sophi qu'il apporte des lettres de sa très-gracieuse souveraine, « madame la reine du royaume d'Angleterre ». Il ne dit mot encore des lettres d'Ivan IV. « Les motifs de sa venue, a dû ajouter l'interprète, sont très-clairement exposés dans ses lettres. Jenkinson désirerait, quand on le trouvera bon, être introduit devant Sa Majesté. » Le sophi fait répondre qu'il a en ce moment de fort grosses affaires. Que Jenkinson cependant se rassure, il ne tardera pas à être mandé au palais; il peut toujours préparer ses présents, s'il en a, comme on le suppose, apporté.

Quand les communications étaient peu rapides, les souverains avaient le temps de changer plus d'une fois d'idée, avant que tel ambassadeur dont leur contenance politique pouvait avoir encouragé l'envoi eût franchi la distance qui séparait les deux capitales. Le jour où Jenkinson s'embarquait sur le Volga en compagnie d'un envoyé du roi d'Hyrcanie, il dut croire le sophi résolu à chercher contre l'ennemi séculaire de la Perse des alliances jusque dans les cours de la chrétienté. Telle paraît avoir été en effet un instant l'intention de Schah-Tamasp. Ce prince avait donné asile au fils rebelle du Grand Turc. Le 7 juillet 1561, Baïezid, vaincu par le vizir Mohammed Sokolli, se réfugia en Perse avec ses quatre fils et avec les débris de son armée. Schah-Tamasp l'entoura des plus grands honneurs. Le fils d'Ismaël jetait ainsi le défi au sultan. Oserait-il bien lutter contre la fortune d'un monarque qui commanda treize fois en personne ses armées, mit le siège devant Vienne, ravit la Morée aux Vénitiens, Rhodes aux hospitaliers, Belgrade aux Hongrois, et ne rencontra de rival digne de lui que Charles-Quint? La tâche était trop forte pour le fils d'Ismaël ; il en désespéra. « Quatre jours avant que j'arrivasse à Casbin, nous raconte Jenkinson, y était arrivé l'ambassadeur du Grand Turc. Il était envoyé à la cour du sophi pour y conclure une paix perpétuelle. Cet ambassadeur apportait en présent de l'or, de beaux chevaux richement harnachés, d'autres cadeaux dont la valeur se montait à quarante mille livres sterling. La paix fut conclue, et on la célébra par de grandes fêtes, des cavalcades, des solennités de toute sorte, sans négliger de la sanctionner par les plus forts serments, prononcés au nom du Coran. Les deux souverains devaient vivre désormais comme des frères et s'unir contre tous les princes qui entreraient en guerre avec eux ou avec l'un d'eux. Pour montrer la sincérité de ses intentions, le sophi donna l'ordre de mettre à mort le fils du Grand Turc, sultan Bajazet. Ce Bajazet passait pour un vaillant prince. Il était venu chercher un asile à la cour du sophi et y résidait depuis quatre ans. Le Turc demandait qu'on lui remît son fils; le sophi se refusait à le livrer. Quand le prince eut été tué suivant le désir des Turcs, le sophi envoya sa tête au Grand Seigneur. Ce père dénaturé la reçut comme la plus agréable offrande que son récent allié pût lui faire [1]. »

Pendant que Jenkinson était à Shamaki, le sophi probablement hésitait encore, ou du moins tenait-il à jeter jusqu'à nouvel ordre un voile sur ses desseins. Jenkinson fut adroitement sondé dès cette époque par le roi de Shirvan, — c'est sous ce nom que l'envoyé de la reine d'Angleterre a pris l'habitude de nous désigner depuis quelque temps le roi d'Hyrcanie. « Les Anglais, lui demanda un jour Obdolokan, sont-ils amis des Turcs? — Jamais, s'empressa de répondre Jenkinson, nous n'avons vécu en bonne intelligence

---

[1] Réfugié en Perse le 7 juillet 1561, Bajazet aurait été mis à mort, s'il en faut croire les annales ottomanes, le 25 septembre de la même année. Le voyageur anglais nous fournit d'autres dates; les détails dans lesquels il entre ne seraient-ils pas de nature à faire pencher la balance de son côté?

avec eux. » Parole imprudente dont l'envoyé d'Élisabeth, mis par le rusé Hyrcanien hors de garde, eut plus tard sujet de se repentir ! « Les Turcs, avait ajouté, croyant faire acte d'habileté profonde, le pauvre Jenkinson, ne nous laissent pas traverser leur pays pour pénétrer dans les possessions du sophi. Il y a une nation, peu éloignée de nous, qui vit au contraire dans une grande intimité avec les Turcs. Cette nation s'appelle les Vénitiens. C'est elle qui transporte dans les domaines du Grand Turc nos marchandises et qui nous en rapporte en échange des soies gréges. Nous pensons que ces soies viennent de Perse. S'il plaisait au sophi et aux autres princes de ce royaume de laisser nos marchands commercer directement dans leurs provinces, s'ils voulaient bien nous accorder des passe-ports et des sauf-conduits, comme le Turc en a octroyé aux Vénitiens, la Perse serait approvisionnée de nos produits et aurait une issue facile pour les siens, quand bien même il ne viendrait jamais un Turc sur ses terres. »

Le roi d'Hyrcanie parut très-bien comprendre ce raisonnement et s'en montra charmé. « Il allait, assura-t-il, en écrire au sophi. Le sophi s'empresserait sans doute de concéder un privilége qui ne devait pas offrir de moins sérieux avantages à ses sujets qu'aux sujets de la puissante reine d'Angleterre, de France et d'Irlande. » Mais, hélas ! c'est surtout en Orient que la distance est grande de la coupe aux lèvres. Un ambassadeur qui venait de payer quatre cent mille pièces d'or la tête de Bajazet n'était pas un ambassadeur que l'on pût se flatter de trouver en défaut. L'envoyé du sultan ne tarda pas à être au courant des desseins éventés par l'adroite astuce du roi d'Hyrcanie. Il prit sur-le-champ ses mesures pour les faire avorter. « La guerre, ne peut s'empêcher de remarquer avec quelque mélancolie Jenkinson, eût beaucoup avancé mes affaires. Les choses, pour notre malheur, tournèrent autrement. » Une amitié cimentée par le sang d'un fils et d'un hôte pouvait-elle en effet, tant que Schah-Tamasp et Soliman vivraient, songer à se démentir? Le 20 novembre 1562, Jenkinson est tout à coup mandé chez le sophi. Il s'y rend vers trois heures du soir. Arrivé à la porte du palais, les serviteurs du sophi ne lui laissent pas le temps de descendre de cheval. Avant même qu'il ait touché terre, ils lui ont mis aux pieds une paire des propres souliers de leur maître, de ces sortes de pantoufles qu'on appelle en persan des *basmaks* et que le souverain porte, quand il se lève la nuit, suivant sa coutume, pour prier. Les Persans n'auraient pas voulu laisser un giaour appuyer ses chaussures immondes sur le parvis sacré. « Singulières gens! fait observer Jenkinson, qu'on voit estimer infidèles et païens tous ceux qui refusent de croire à la sainteté de leurs sales et faux prophètes. » Le calme habituel du grand voyageur en ce moment l'abandonne. Pardonnons-lui, car en vérité une cruelle déception l'attend. Pas un seul de ses compagnons ou de ses serviteurs n'est admis à pénétrer dans la cour où il vient de chausser les royales babouches. Les Persans ne font d'exception que pour son interprète. Les présents qu'il apporte ont été partagés en un certain nombre de lots. Chaque lot est confié à un serviteur persan. Toutes ces précautions injurieuses ne présagent rien de bon. Jenkinson, impatient, est enfin introduit devant Sa Majesté. Il s'avance « avec le respect qu'il juge, nous apprend-il, nécessaire de montrer », puis il remet à la fois les lettres de la reine et le présent de la compagnie : le sophi les reçoit. « De quel pays des Francs arrive cet étranger? quelles sont les affaires qui l'amènent en Perse? » Jenkinson répond qu'il vient de la fameuse cité de Londres, capitale du noble royaume d'Angleterre. Il a été envoyé en Perse par sa très-excellente et très-gracieuse souveraine, madame Élisabeth, reine dudit royaume. Il vient pour établir une amitié sincère entre les deux États, pour entretenir un libre passage en faveur des marchands anglais, afin qu'ils puissent apporter en Perse leurs produits, en exporter les produits persans, le tout à l'honneur des deux princes, à l'avantage de l'un et de l'autre royaume, au bénéfice des sujets de la reine et des sujets du sophi. « En quelle langue sont écrites les lettres qui vous ont été con-

fiées? demande Schah-Tamasp. — Elles sont écrites
en latin, en italien et en hébreu. — C'est très-bien,
dit le prince. Nous n'avons personne dans notre
royaume qui comprenne une seule de ces trois
langues. — Il est impossible, réplique Jenkinson,
qu'un si grand souverain ne trouve pas dans l'étendue de ses vastes domaines des gens de toutes les
nations pour interpréter les lettres qu'il reçoit. »
Sans insister, le sophi passe incontinent à un autre
sujet. Il interroge Jenkinson sur la situation des
divers États de l'Europe, sur la puissance de l'empereur d'Allemagne, du roi Philippe II, du Grand
Turc. « Quel est le plus puissant de ces trois
monarques? » A cette dernière question, Jenkinson
se recueille. Réflexion faite, il croit devoir répondre
d'une façon évasive, « ne dépréciant pas trop le
Grand Turc, à cause de l'alliance récemment conclue ». Mais voici le sujet délicat qui approche.

Le sophi va subitement passer de la politique à
la religion. « Jenkinson est-il un giaour, c'est-à-dire un mécréant, ou un serviteur de Mahomet? —
Je ne suis ni un mécréant ni un mahométan, répond Jenkinson ; je suis un chrétien. » A ces mots,
le sophi s'est brusquement tourné du côté du roi
de Géorgie. Chrétien lui-même, le roi de Géorgie a
été récemment attaqué par le Grand Turc et a dû
chercher un asile auprès du schah de Perse. « Un
chrétien, dit le roi, est celui qui croit en Jésus-

Christ, qui affirme que Jésus est le Fils de Dieu et le plus grand des prophètes. — Oui, c'est ma croyance. » Ni le cœur ni la voix de Jenkinson n'ont tremblé. L'envoyé d'Élisabeth, en cette occasion solennelle, ne voudrait pas plus renier son Dieu que sa reine. « Ah! tu es un infidèle! s'écrie le sophi. Eh bien, apprends que nous n'avons pas besoin ici de l'amitié des infidèles. » Et d'un geste impérieux, Schah-Tamasp fait comprendre au giaour qu'il peut se retirer. « Je fus bien aise, nous avoue Jenkinson, d'en être quitte à ce prix. Je fis ma révérence et m'en allai, accompagné d'autant de gentilshommes qu'il y en avait eu chargés de m'introduire. Derrière moi marchait un Persan portant un bassin plein de sable. Du pied du trône jusqu'à la porte de la cour extérieure il jeta de ce sable pour effacer la souillure de mes pas. »

S'il se proposait de rassurer les Turcs et de leur faire oublier ses velléités d'alliance avec la Russie, Schah-Tamasp, on en conviendra, n'avait pas laissé de jouer avec assez d'habileté son rôle. Il ne suffisait pas cependant d'avoir repoussé avec indignation la main impure des Francs, il fallait savoir quels étaient au fond leurs projets. Le sultan et le sophi avaient tous deux une revanche à prendre contre les Portugais qui se maintenaient obstinément à Diù et à Ormuz. Les galères expédiées de Suez avaient été détruites, les janissaires, jusque-là invincibles, exterminés. Les Portugais étaient un grand peuple. Pour le sophi, il n'existait que deux sortes de giaours : les Francs et les Russes. Les Francs étaient ce peuple qui occupait Ormuz et avait ravi aux Persans le commerce des perles. Jenkinson se disait Anglais ; l'Angleterre était probablement une province vassale du Portugal. Sur le terrain de la cosmographie, le roi des chiites n'en eût guère remontré au Fils du Ciel. Comment espérer qu'au sein de ses montagnes il eût appris ce que Soliman, établi sur les bords du Bosphore, ne connaissait peut-être encore que d'une façon assez vague? Le premier soupçon qui vint à l'esprit de Schah-Tamasp, c'est que Jenkinson, sous son titre d'envoyé, cachait un espion, et que cet espion venait étudier les chemins par lesquels on pouvait arriver de la mer des Indes au cœur de la Perse. Schah-Tamasp se promit d'éclaircir les doutes qu'il avait conçus à ce sujet. Par ses ordres, l'envoyé de Sa Majesté Britannique se vit entouré d'une foule de gentilshommes qui ne négligèrent rien pour effacer la fâcheuse impression qu'avait dû produire sur Jenkinson la scène du 20 novembre. On lui conseillait de ne pas perdre courage, on lui promettait qu'il serait toujours bien traité ; le fils du roi d'Hyrcanies entre autres, ne cessait d'affirmer à ce chrétien, dont il s'était fait le protecteur, qu'avec de la persévérance, en ayant soin de saisir pour renouveler sa requête une occasion favorable, il verrait changer complétement les dispositions du sophi. Par quelle voie comptait-il, une fois le privilége qu'il réclamait obtenu, s'en retourner dans son pays? Reprendrait-il le chemin qui l'avait amené, ou préférerait-il la voie d'Ormuz et des vaisseaux portugais? Jenkinson flaira quelque piége. « Les Portuguais, dit-il, ne sont pas nos amis. Tant qu'ils seront à Ormuz, je ne me soucie pas d'y aller. » Informé sur-le-champ de cette réponse, le sophi voit déjà Jenkinson sous un meilleur jour. Il juge cependant nécessaire, avant de prendre un parti, de se consulter avec sa noblesse.

Peut-on réellement entrer dans les vues de ce Franc? Il semble, en somme, avoir entrepris le voyage de Perse à bonne intention. Ne faudrait-il pas, tout au moins, le renvoyer avec des lettres et avec des présents? La plupart des membres du conseil ne furent pas de cet avis. La nouvelle de ce bon traitement serait, suivant eux, bientôt portée à la connaissance du Turc; le Turc assurément en prendrait ombrage, et l'alliance récemment conclue pourrait s'en ressentir. Le sophi n'avait aucun intérêt à se lier d'amitié avec des mécréants dont les pays étaient si éloignés de la Perse. Il valait beaucoup mieux expédier le giaour avec ses lettres de créance au Grand Turc. Le sophi, du coup, est fort ébranlé. Il n'attendait, dit-on à Jenkinson, que le départ d'une ambassade, dont l'envoi prochain était résolu, pour faire prendre sous bonne garde la route de Constantinople au giaour qui avait, par son imprudence, failli jeter un nuage sur les rapports du schah et du sultan. Prévenu par son fils de ce qui se tramait à Casbin, le roi d'Hyrcanie ne laissa pas de juger le jeu périlleux. Toutes les relations entre la Russie et la Perse vont être, par ce procédé brutal, violemment interrompues. L'alliance de Soliman II n'est pas tellement solide qu'on ne puisse avoir quelque jour besoin des secours d'Ivan Vasilévitch. Jenkinson a été l'hôte d'Obdolokan ; c'est sur la foi du prince, sous l'escorte de ses soldats, que ce Franc a poursuivi son chemin vers Casbin. S'il lui arrive malheur, le tsar ne s'en prendra peut-être pas à la Perse ; il s'en prendra certainement à l'Hyrcanie. Le sophi, au dire de Jenkinson, faisait très-grand cas du roi des Hyrcaniens. Au mérite d'être le plus vaillant de ses princes feudataires, Obdolokan joignait le mérite non moins grand à ses yeux d'être son parent. Schah-Tamasp pesa donc mûrement les observations qu'Obdolokan lui fit soumettre par son fils Shali-Moursi. Le résultat de ces réflexions aboutit enfin au parti le plus honnête à la fois et le plus prudent. Le 20 mars 1563, après quatre mois d'inquiétudes et d'angoisses, Jenkinson reçut un riche vêtement de drap d'or et fut congédié, « sans qu'on lui eût fait aucun mal ». Le 30 mars, il arrivait à la ville d'Ardébil, le 15 avril à Djavat, où le roi Obdolokan avait pour le moment fixé sa résidence ; le 21, il se retrouvait au bord de la mer. Sa barque était prête, il y fit sur-le-champ charger ses marchandises, — car il ne revenait pas de Perse les mains vides — et il n'attendit plus pour se mettre en route qu'un bon vent. La traversée d'Abcharon à l'entrée du Volga ne fut pas plus exempte d'épreuves et de vicissitudes que ne l'avait été, deux ans auparavant, le trajet de Manguslav à la bouche orientale de ce fleuve. La barque n'était pas moins chétive ; le ciel se montra tout aussi capricieux. L'habileté nautique de Jenkinson triompha des difficultés de ce second retour, comme elle avait déjà eu raison des contre-temps du premier voyage. Le 30 mai, le port d'Astrakan s'ouvrait de nouveau à la voile anglaise ; le 10, juin Anthony refoulait le courant du Volga sous l'escorte de cent mousquetaires ; le 15 juillet, il touchait à Kazan ; le 20 août 1563, à Mocsou.

Ivan Vasilévitch avait bien employé le temps que Jenkinson venait de passer en Perse et sur la mer Caspienne. Le victorieux tsar était maître de Polotzk ; une trêve tenait en suspens les armes de la Pologne, et les succès du fils inconstant de Gustave Vasa, de ce roi devenu par son ambition le plus utile et le plus inattendu des alliés d'Ivan IV, semblaient garantir à la Russie que la trêve acceptée à regret par Sigismond-Auguste serait de quelque durée. Jenkinson arrive à propos. Que va-t-il annoncer au tsar ?

13.

Que l'on fait en Perse peu de cas des recommandations des souverains chrétiens, que l'envoyé d'Élisabeth, le protégé d'Ivan Vasilévitch a failli prendre le chemin du Bosphore, adressé pieds et poings liés au Grand Turc? Jenkinson n'est pas homme à insister sur des détails qui sembleraient trahir le souvenir ému d'un danger personnel; il a mieux à faire. Il montre à Ivan IV, à ce roi fortuné qui après trente années de règne n'a pas cessé un instant de voir s'agrandir son empire, de nouvelles conquêtes à entreprendre, de nouveaux peuples à recueillir ou à subjuguer. Le roi de Géorgie ne se fie qu'à demi à la protection du monarque persan. Il a fait suivre secrètement l'agent d'Élisabeth à Shamaki. Un Arménien se présente en son nom; le roi lui a fait part de ses peines. « Il se trouve enfermé entre deux cruels tyrans, le Grand Turc et le sophi. Il supplie Jenkinson par l'amour du Christ, puisque lui aussi est chrétien, de lui envoyer par cet Arménien quelques consolations, de lui faire savoir comment il pourrait s'aboucher avec l'empereur de Russie. L'empereur consentirait-il à le soutenir? Que Jenkinson expose à l'empereur sa situation. Le roi lui aurait écrit lui-même, s'il n'eût craint que son messager ne fût arrêté en route. » Jenkinson n'a pas hésité à se porter garant des dispositions du tsar. « Peut-on douter qu'Ivan Vasilévitch ne s'empresse de venir en aide à un roi chrétien? Le roi de Géorgie ne sait par quel chemin faire passer en Russie son émissaire. Qu'il le dirige par le pays des Circassiens! Le prince de ce pays, dont Ivan IV a épousé la fille, favorisera certainement une démarche qui ne saurait être qu'agréable à son gendre. »

Deux jours après, Jenkinson envoie un des employés de la Compagnie, Édouard Clerk, de Shamaki au plus grand marché de soie de toute la Perse, à Arash. D'Arash, Clerk trouvera facilement le moyen de gagner la Géorgie, s'il sait se glisser dans quelque caravane de marchands arméniens. Clerk part, mais il est reconnu en route et doit se tenir pour heureux de pouvoir revenir, sans être molesté, sur ses pas. Est-ce tout? Non! Jenkinson a encore une plus sérieuse ouverture à faire au tsar. Le roi d'Hyrcanie lui-même paraît bien chancelant dans sa fidélité. Il ne s'est pas contenté de faire à Jenkinson cadeau de deux vêtements de soie et de le congédier avec la plus grande faveur; « il lui a confié maint secret pour qu'il en fît part de vive voix à l'empereur de Russie ». La Perse est un grand pays, divisé en plusieurs royaumes. Elle touche par le sud à l'Arabie et à l'océan Oriental, par le nord à la Tartarie et à la mer Caspienne, par l'est aux provinces de l'Inde, par l'ouest à la Chaldée, à la Syrie et aux autres pays des Turcs. Son immense étendue ne peut que favoriser l'invasion. Les Persans, il est vrai, sont fiers et courageux; ils s'estiment la première nation du monde ; mais leur prince, âgé de cinquante ans, paraît peu à craindre. Effrayé des progrès du Grand Turc, il se fie plus à ses montagnes qu'à ses cités et à ses châteaux. Il a fait raser ses forteresses, fondre son artillerie, afin que l'ennemi ne trouvât pas à s'établir sur son territoire. Schah-Tamasp est de taille moyenne et a cinq enfants. Il croit à sa sainteté et prétend descendre du sang de Mahomet et de Mourça-Ali. Son pouvoir n'est cependant pas si bien affermi qu'il ne se croie obligé de retenir en prison l'aîné de ses fils, dont sa pusillanimité redoute l'activité et le courage. Tels sont les détails qu'apporte à Moscou Jenkinson. Par quel émissaire russe Ivan IV eût-il pu être aussi bien renseigné? Quel boyard, quel *kniaz* eût aussi chaleureusement pris ses intérêts ? Si les Moscovites ont attendu trois cents ans pour étendre leur empire jusqu'à Tiflis, Érivan et Boghar, ce n'est pas assurément la faute de Jenkinson ; les Russes ne peuvent s'en prendre qu'aux troubles qui suivirent le règne d'Ivan IV. « Je reconnais vos bons services, a dit l'empereur à ce fidèle Anglais. Je vous en remercie et je vous en récompenserai. Préparez-vous à entreprendre bientôt de nouveaux voyages et à vous occuper encore de mes affaires. »

Jenkinson passa tout l'hiver à Moscou, mais ce ne fut pas en Perse que le renvoya Ivan IV. Le tsar jugea plus utile de donner à la reine d'Angleterre l'occasion d'entendre d'une bouche dévouée et convaincue ce que valait réellement l'amitié à laquelle, en 1561, elle semblait vouloir attacher tant de prix. Ivan ne se laissait pas éblouir par une prospérité jusque-là sans exemple; il sentait instinctivement s'amasser autour de lui l'orage. Pour étayer son œuvre chancelante et encore mal assise, il devait naturellement chercher de tous côtés des appuis. Jenkinson part enfin de Moscou le 28 juin 1564; le 9 juillet, il s'embarque sur le *Swallow*. La traversée fut rude et périlleuse. Échappé aux dangers de la mer Caspienne, Jenkinson faillit, sur l'océan du Nord, perdre « son navire, ses marchandises et la vie ». Le 28 septembre, il arrivait à Londres.

Pendant qu'il s'y occupe des affaires d'Ivan IV, qui s'occupera dans les États du tsar des affaires de la compagnie? La compagnie n'a jamais manqué de serviteurs intrépides. Thomas Alcock, George Vrenne, Richard Cheinie se sont, au premier appel de Henry Lane, embarqués sur la Moscova. Jenkinson leur a suffisamment indiqué le chemin; ils suivront ses traces et iront à leur tour cultiver les germes ingrats déposés sur la terre persane. Thomas Alcock n'est pas, d'ailleurs, un nouveau venu en Russie. Son nom nous apparaît, dès l'année 1558, au milieu des feuillets poudreux de la chronique d'Hakluyt. Thomas n'affronte pas alors la perfidie musulmane; c'est au courroux du roi de Pologne qu'il s'expose. Il a loué à Smolensk un Tartare qui a promis de le conduire par la Pologne à Danzig. En route, on l'arrête et on lui met, pour le garder plus sûrement, les fers aux pieds. Après une longue détention, il comparait, le jour de la Saint-Georges, « devant le maréchal ». Sigismond-Auguste tient à montrer son insigne bonté et sa miséricorde. Le prisonnier est libre, mais qu'il parte sur-le-champ pour l'Angleterre et n'essaye pas de se rendre ailleurs. Alcock réclame avec énergie les effets qu'on lui a enlevés : son épée, ses bottes, un arc et des flèches achetés à Smolensk et qui lui ont coûté quatre marcs d'argent. Il réclame son traineau, son feutre, son livre de comptes et surtout le *Jardin des saintes prières*. Le roi lui fait dire de remercier Dieu d'avoir gardé sa tête. A courir la Pologne, Alcock a pris le goût des voyages. Les prisons du roi Sigismond ne paraissent pas lui avoir laissé un trop mauvais souvenir. Le 20 octobre 1563, nous le rencontrons sur la route de Shamaki à Casbin. A son retour de Casbin, il s'arrête à Djavat. Le roi Obdolokan est resté le débiteur de la compagnie. Alcock pense que le moment est venu pour la compagnie d'être payé. Il dresse à cet effet une supplique et la présente « au roi devant ses ducs ». N'est-ce pas ainsi que les Anglais ont réglé leurs comptes avec Ivan IV ? Mais le roi d'Hyrcanie est mal disposé. Parti en avant avec les marchandises, George Wrenne a pu gagner sans encombre Shamaki. Il est à peine à Shamaki depuis trois jours qu'il apprend le fâcheux accident survenu à son compagnon. Alcock a été assailli et massacré sur la route. Comment se flatter qu'on parviendra jamais à établir un commerce dans ce pays barbare où l'on traite ainsi les marchands?

Les Anglais, on le sait, ne renoncent pas facilement à leurs desseins. Tout s'est expliqué : la mort d'Alcock n'a été qu'un malentendu. Le 26 avril 1566, Jenkinson n'est pas de retour à Moscou, mais Arthur Edwards est à Shamaki. « On raconte ici, écrit-il, que le roi Philippe a livré à Malte une grande bataille aux Turcs et leur a pris soixante-dix ou quatre-vingts de leurs principaux capitaines. » Ce n'est pas encore la bataille de Lépante, c'en est déjà le jour avant-coureur. Les chevaliers de Malte ont vengé les hospitaliers de Rhodes ; il faut désormais compter avec les chrétiens. La chrétienté, par malheur, n'est pas unanime, et, même après Lépante, le Croissant ne cessera pas de régner en maître dans la Méditerranée. Qu'importe au Grand Turc le mécontentement de l'Espagne, l'indignation de Rome, l'hostilité déclarée de Venise? Les ports syriens en seront-ils moins bien approvisionnés quand, au lieu de galions vénitiens, ils recevront de bons *ships* anglais? Ainsi donc — amère et bizarre ironie du sort — voilà ce que rapportent les plus glorieux triomphes : le grand maître de Malte et don Juan d'Autriche auront vaincu pour faciliter l'écoulement des draps que n'ont pas réussi à placer Jenkinson et Thomas Alcock.

CHAPITRE III

LA TERREUR EN RUSSIE ET LES PROGRÈS DE

LA COMPAGNIE MOSCOVITE

Sébastien Cabot, Chancelor, Stephen Burrough, Anthony Jenkinson nous ont conduits de l'année 1553 à l'année 1566. Ce quart de siècle n'a pas été perdu pour la puissance anglaise. Avant de fonder la Compagnie des Indes, l'Angleterre a fondé la Compagnie moscovite. On peut le dire hardiment, dans cette longue carrière d'entreprises commerciales, c'est le premier pas qui fut à la fois le plus audacieux et le plus fécond. Nous ne croyons donc pas inutile de reprendre un instant les choses à l'origine et de retracer brièvement l'histoire d'un privilége qui devait servir de modèle à tant de concessions analogues. Il nous suffira pour cela d'analyser la dernière requête dressée par Jenkinson, et l'acte définitif émané de l'autorité royale avec la permission préalable du parlement.

Vers la fin du règne d'Édouard VI, de dignes sujets du royaume d'Angleterre, encouragés par ce puissant prince et par son libéral exemple, avaient équipé, à leurs frais, pour la gloire de Dieu, l'honneur et le profit de la couronne, l'avantage de tout le royaume, trois navires destinés à la découverte par mer des îles, pays, territoires, États et seigneuries demeurés jusqu'alors inconnus. Quand le Dieu tout-puissant eut appelé à lui, dans sa miséricorde, le roi Édouard VI, qui mourut avant d'avoir pu ratifier et sceller les priviléges promis; il plut à la gracieuse souveraine qui lui succéda, la reine Marie, d'accorder à ces mêmes sujets des lettres patentes revêtues du grand sceau d'Angleterre et datées de Westminster, le 26 février 1554, seconde année du règne. Ces lettres autorisaient « les marchands aventuriers d'Angleterre » à former une association qui serait dirigée par un ou deux gouverneurs, quatre consuls et vingt-quatre conseillers. Sur ces entrefaites, on vit revenir à Londres un des trois vaisseaux de la société. L'*Édouard-Bonaventure* était arrivé dans l'empire du très-puissant seigneur Ivan Vasilévitch, prince de Volodimir, grand-duc de Moscovie, empereur de toute la Russie. Le monarque avait fait au capitaine et aux marchands anglais le plus gracieux accueil. Il leur permettait de venir trafiquer avec ses sujets. La reine, à cette nouvelle, reconnut la nécessité de donner plus de précision aux lettres patentes que, d'après ses ordres, la chancellerie britannique s'occupait déjà d'expédier. Toutes les terres fermes, les îles, les ports, les havres, les criques, les fleuves de l'empire de Russie, les territoires appartenant à tout autre empereur, à tout autre roi, prince, maître ou gouverneur, dont les domaines se trouvaient situés au nord, au nord-est ou au nord-ouest de la Grande-Bretagne, et n'avaient pas été fréquentés avant l'entreprise de sir Hugh Willoughby, ne pourraient désormais être visités par les sujets de la reine qu'avec l'agrément et sous l'expresse licence du conseil de la compagnie. Il y allait de la forfaiture et de la confiscation pour ceux qui enfreindraient le nouveau privilége.

Que s'était-il passé depuis l'expédition de ces lettres patentes? La compagnie était parvenue non-seulement à établir des relations régulières avec les ports russes, mais ses agents avaient traversé la Russie entière, s'étaient embarqués sur la mer Caspienne, poursuivant à grands frais la découverte de nouveaux trafics, en Arménie, en Médie, en Hyrcanie, en Perse, espérant ainsi, avec la grâce de Dieu, arriver au Cathay ou dans d'autres régions également propres au commerce. Et pendant ce temps, divers sujets non autorisés cherchaient leur gain particulier au détriment de la compagnie. En violation de ses lettres patentes, ils allaient commercer dans les États du puissant prince de Russie, et y donner le spectacle de la plus étrange confusion. La corporation des marchands anglais unis et associés dès l'année 1553 avait donc de sérieux motifs pour réclamer une sanction nouvelle de son privilége. Elle invoquait l'appui de la reine, des lords spirituels et temporels, des communes assemblées dans le présent parlement, pour qu'il fût interdit, sous les peines déjà mentionnées, à tout sujet étranger à la compagnie de visiter aucune partie des possessions d'un prince quelconque situées au nord, au nord-ouest ou au nord-est de la ville de Londres. Une exception cependant serait faite pour les navires se livrant à la pêche. Ceux-là pourraient, sans qu'on les molestât, se rendre à Varduus, fréquenter au besoin les ports, les havres, les criques, les rivières de la côte de Norvége.

En échange de la confirmation de ses droits, la compagnie s'engageait à n'exporter d'Angleterre que des draps ou des kersies tissés et teints dans le royaume, à ne transporter ses marchandises que sur des navires anglais, montés en majeure partie par des marins anglais. Toute contravention à ce sujet serait passible d'une amende de 200 livres.

La requête de la compagnie était trop légitime, trop conforme, du moins, aux idées du temps pour ne pas rencontrer un favorable accueil. Les marchands aventuriers se virent confirmés dans leur monopole, mais ils durent admettre à en partager le bénéfice « tout sujet de la reine habitant la cité de York, les villes de Newcastle sur la Tyne, de Hull et de Boston, qui aurait constamment trafiqué pendant dix ans et qui, avant le 25 décembre 1567, verserait dans les caisses de la société une somme d'argent égale à celle que les anciens membres de la compagnie avaient déboursée depuis l'année 1552 ». A ces conditions, mais à ces conditions seulement, on pouvait devenir membre de la Compagnie moscovite.

Muni des nouvelles lettres patentes qui n'étaient que la juste récompense de son zèle, Anthony Jenkinson s'embarqua le 4 mai 1566 à Gravesend, sur le bon ship *l'Harry*. Le 10 juillet il mouillait dans la baie de Saint-Nicolas, et le 23 août il arrivait à Moscou. De grands événements avaient eu lieu en Russie dans l'intervalle qui s'était écoulé entre le départ de Jenkinson au mois de juin 1564 et son retour au mois d'août 1566. Le règne de la terreur venait de s'ouvrir, et quelle terreur! Une terreur qui dura sept ans et réussit à épouvanter l'Europe, cette Europe du seizième siècle qui ne s'épouvantait cependant pas aisément. L'histoire d'Ivan IV nous a été surtout racontée par ses ennemis. Ce sont les dépositions du prince Kourbski, de Guagnini, du jésuite Possevin, de deux traîtres allemands, Taube et Kruse; ce sont les annales de Pskof qui ont servi de base au récit officiel de Karamsin. L'approbation « d'un auditoire auguste », l'enthousiasme qu'excita, dans la Russie entière, l'apparition de la grande épopée nationale, semblent avoir laissé peu de recours à Ivan contre l'arrêt qui a flétri sa mémoire. Mis en regard de Soliman le Grand, du schah Tamasp, de

Charles IX, de Henri VIII ou de Philippe II, Ivan IV, s'il fallait en croire aveuglément Karamsin, les dépasserait tous en férocité. Ce serait la plus magnifique horreur des temps modernes. Notre siècle toutefois est plus difficile à convaincre que l'aréopage qui donna si complet gain de cause à l'écrivain pensionné d'Alexandre. Nous n'admettons pas avec la même absence de scrupule critique les indignations de Tacite et les commérages de Suétone. Ivan IV fut un monstre, — passons avant tout condamnation sur ce point — il n'est pas de raison d'État qui puisse le justifier de tant de sang impitoyablement répandu ; mais ce monstre ne fut ni un fou grotesque, comme tant de relations voudraient nous le faire croire, ni un scélérat abject et vulgaire. Ivan Vasilévitch nous paraît avoir été avant tout un monstre de bonne foi. C'est au nom de la patrie menacée qu'il frappe, en vertu d'un droit, imprescriptible à ses yeux, qu'il condamne. Les traîtres qui se dérobent par la fuite à ses coups, Ivan se sentirait presque disposé à les plaindre. « Ils ont perdu leur âme pour sauver un corps périssable. » N'eût-il pas mieux valu mourir par les ordres de leur maître et mériter ainsi la couronne du martyre ? Ce n'est pas là seulement le sentiment d'Ivan Vasilévitch ; c'est aussi le sentiment de toute la Russie résignée et chrétienne. Le courroux céleste la visite ; elle s'incline. « Qu'est-ce que la vie ? Que sont les richesses et les grandeurs, humaines? Ombre et vanité! » César-Auguste commandait à l'univers, parce qu'il ne partageait avec personne sa puissance. Malheur à un État gouverné par plusieurs maîtres! Byzance tomba le jour où les empereurs commencèrent à écouter les éparques, les moines et les prêtres. De tout temps les souverains de Russie ont été libres et indépendants. Ils ont récompensé ou puni leurs sujets, selon leur bon plaisir et sans en rendre compte à qui que ce fût. Ivan n'est plus un enfant; il a besoin de la grâce de Dieu, de la protection de la vierge Marie, de l'intercession de tous les saints. Il ne demande pas de leçon aux hommes. S'il sévit, c'est contre les traîtres. Mais dans quels lieux les épargne-t-on? Constantin le Grand n'a-t-il pas sacrifié son propre fils? Sans doute le successeur de Basile a infligé beaucoup de châtiment, et ce pénible devoir a déchiré son cœur. Cependant tout le monde sait que le nombre des trahisons est plus considérable encore que le nombre des supplices. La Russie prospère, les boyards vivent dans la paix et dans la concorde. De quoi s'inquiéterait la conscience d'Ivan IV? Qu'était la patrie avant que ce monarque eût réuni dans ses fortes mains les rênes du pouvoir, aussi longtemps que dura sa minorité? Un vaste désert de l'orient à l'occident. C'est lui qui, après avoir soumis et rangé au devoir une noblesse turbulente, a élevé des villes et des bourgs là où erraient naguère les bêtes féroces. Gloire au

Tout-Puissant! Que les mécontents continuent de tramer leurs complots dans les ténèbres; qu'ils aillent colporter leurs impudents mensonges dans les cours étrangères, calomnier leur prince, raconter partout ses prétendues cruautés, l'accuser de faire périr les puissants d'Israël, d'arroser d'un sang pur les parvis du Seigneur, Ivan ne prendra pas plus longtemps la peine de leur répondre; Salomon défend de perdre ses paroles avec des insensés.

Il y a pourtant quelque différence entre le jeune Éliacin, dont la pieuse mansuétude réjouissait jadis le cœur du grand prêtre, et ce nouveau Joas, dont la maturité farouche provoque chaque jour les remontrances douloureuses du vieux et illustre métropolitain Macaire. Comment s'est opérée cette transformation fâcheuse? L'adversité n'est point venue encore, mais déjà Ivan IV a connu les désenchantements de la vie. Remontons à l'année 1553. Le *Bonaventure* vient de jeter l'ancre devant l'embouchure de la Dwina; son capitaine s'est mis en route pour Moscou; il est introduit en présence du tsar. Chancelor ne pourra rien lire sur ce front impassible; il ne soupçonnera pas le souci rongeur qui se cache sous le drap d'or et les perles. Le souverain dont le capitaine du *Bonaventure* ira bientôt vanter en Angleterre le luxe et la puissance n'en a pas moins une blessure profonde, une blessure incurable au cœur.

Jusqu'alors les conseils d'Ivan ont été dirigés par

un simple religieux, par le moine Sylvestre, à qui le dévot monarque a confié le soin de diriger en même temps sa conscience. Les épanchements intimes, Ivan Vasilévitch les a réservés pour le jeune Adaschef, compagnon de ses jeux, inséparable associé de ses combats et de ses prières. Tout à coup une fièvre inflammatoire saisit dans son triomphe le vainqueur de Kazan et le conduit rapidement aux portes du tombeau. Il n'y a pas de ménagements à garder avec une âme habituée à ne voir dans la mort que la porte du ciel. Le secrétaire du tsar l'avertit que le moment est venu de prendre ses dispositions dernières. La volonté d'Ivan est d'accord avec la loi fondamentale du royaume. La tsarine Anastasie lui a donné un fils : que ce fils, que le jeune Dmitri, quand il ne sera plus, le remplace sur le trône! La succession dans l'ordre héréditaire n'a-t-elle pas été réglée et confirmée, au temps de Dmitri Donskoï, par un serment solennel? La plupart des boyards refusent néanmoins de souscrire à ce vœu légitime d'Ivan IV. Ils s'agitent en tumulte autour du lit du prince et troublent de leurs clameurs l'agonie de celui devant qui tout à l'heure ils tremblaient. L'appréhension d'une longue minorité a détourné leur choix, non pas même sur la tête de Youri, le frère d'Ivan IV, mais sur celle d'un cousin d'Ivan.

Le prince Vladimir est acclamé à la fois et par les boyards rebelles que sa réputation de courage et de fermeté a séduits, et par les syni-boïarsky que la mère du prince rassemble autour du palais et soudoie. Ivan dans ce péril fait un suprême effort. Sa voix près de s'éteindre menace tour à tour et supplie. Les boyards soulevés demeurent inflexibles. Ivan Vasilévitch s'adresse alors aux rares partisans que l'approche de la mort lui laisse : « Ne permettez pas aux traîtres, leur dit-il, d'approcher du tsarévitch ! Sauvez-le de leur fureur, fuyez avec lui dans une terre étrangère. » Ne vaudrait-il pas mieux encore frapper la sédition ?

Ivan essaye de ranimer le courage des seigneurs qui lui sont restés fidèles. « Vous serez, leur dit-il, les premières victimes des factieux que vous épargnez. Soyez fermes, intrépides; sachez mourir glorieusement pour mon fils et pour sa mère. Ne m'en avez-vous pas fait maintes fois le serment? » Pendant deux jours entiers ces scènes lamentables se prolongent. Ivan, épuisé, finit par tomber dans un sommeil léthargique. L'avénement au trône du prince Vladimir ne rencontre plus dès ce moment d'obstacle; l'armée, les seigneurs, le peuple sont prêts à l'acclamer. Soudain un bruit étrange a traversé le palais. Le tsar Ivan est revenu à la vie. Des transports de joie éclatent au sein de la multitude; tous ceux que le souvenir de leur infidélité inquiète n'osent encore témoigner que d'un air contraint leur menteuse allégresse. Ivan les rassure. C'est par la clémence, le pardon et l'oubli qu'il veut reconnaître la faveur miraculeuse dont le ciel l'a rendu l'objet. Son âme semble s'épanouir, au fur et à mesure que les nuages de la mort se dissipent. Les boyards dont l'audace fut la plus impudente sont comblés des témoignages de sa bonté; le prince Vladimir est accueilli avec les plus grands égards. Ce n'était qu'un mauvais rêve; les voûtes du Kremlin sont redevenues silencieuses, l'empire raffermi va de nouveau rouler dans son orbite.

Tout s'efface dans la joie; le malheur, au contraire, semble évoquer les fantômes évanouis. A chaque coup dont le sort le frappe, Ivan voit se dresser devant lui les sinistres images de ces deux jours de lutte où, monarque absolu, il dut descendre au rôle de suppliant. Il avait deux amis, Sylvestre et Adaschef. Ces deux amis, il n'en peut douter, s'entendaient en secret avec Vladimir. Leurs moindres représentations lui sont devenues importunes, du moment qu'il a cessé de les croire sincères. Pourquoi ont-ils blâmé le long pèlerinage par lequel, débiteur reconnaissant et fidèle, il se croyait tenu d'acquitter sa dette envers le Très-Haut? Le prince Dmitri est mort dans ce voyage qu'Adaschef et Sylvestre proclamaient imprudent. Quelque maléfice n'aurait-il pas contribué à justifier leur oracle? La guerre de Livonie a été heureuse : Sylvestre et Adaschef l'avaient déconseillée. Le soupçon fait ainsi de constants

progrès, le refroidissement s'aggrave; au printemps
de l'année 1560, les deux conseillers se retirent; quelle formidable et puissante clientèle ils
laissent derrière eux! Le palais, les provinces ne
sont peuplés que de leurs créatures. Ils ont à peine
pris le chemin de l'exil que la jeune et florissante
souveraine, la mère de deux princes espoir du grand
empire, la tsarine Anastasie, dont le peuple de
Moscou a de longue date appris à bénir l'influence,
est subitement enlevée à la tendresse d'Ivan IV. La
sourde colère qui couvait depuis sept années au fond
de ce cœur trahi fait alors explosion. Sylvestre est
relégué dans le monastère de Solovetsky, au sein de
la mer Blanche; Adaschef est renfermé dans Dorpat;
la fièvre ou le poison l'y emporte au bout de deux
mois.

Ivan, devenu veuf, ne croit plus seulement avoir
à se défendre des traîtres; il se tient en garde contre
les sorciers. Son humeur s'assombrit, son tempérament s'irrite. Bientôt le sang coule; il faut que la
faction de Sylvestre et d'Adaschef disparaisse. Les
coups portent haut : c'est la noblesse russe que peu
à peu Ivan décapite. Cette noblesse, à la fois turbulente et soumise, se laisse généralement faucher
sans murmure. Quelques seigneurs ont cependant
demandé leur salut à la fuite; ils sont allés porter leur
effroi et leur consternation à l'étranger; aucun n'a
osé prendre encore les armes contre son pays. Le

prince Kourbsky se sent le premier ce triste courage. Favorablement accueilli par Sigismond-Auguste au mois de juillet 1564, il marche sur Polotzk à la tête de soixante-dix mille Polonais, Lithuaniens et Allemands. Le 4 octobre, il est contraint de repasser la Dwina. Le jeune et brillant voïvode qui pouvait revendiquer sa part dans toutes les conquêtes d'Ivan, ce général heureux qui eût plus aisément compté ses années que ses combats et ses blessures, qui n'avait jamais vu, sous sa conduite, les bataillons moscovites tourner le dos à l'ennemi, cet illustre et fier descendant des Varègues, dont l'aïeul Féodor régna dans Yaroslaf, le prince André Kourbsky est devenu l'allié du khan de Crimée, le compagnon d'armes de l'hetman de Lithuanie; il recule maintenant devant l'ancien tsar de Kazan demeuré, à sa honte, plus fidèle que lui à son maître. Le châtiment du Coriolan russe est complet. Il ne lui reste plus qu'à pousser ses bandes vers la Carélie pour subir l'humiliation dernière d'assister impuissant au ravage des villages et des monastères moscovites. « Il m'a été impossible, s'écrie-t-il, d'arrêter une soldatesque avide. J'ai porté la guerre dans ma patrie, ainsi que David, persécuté par Saül, en répandit les maux sur la terre d'Israël. »

Ivan n'avait redouté jusque-là que les amis d'Adaschef; à la nouvelle de l'invasion, il se crut entouré des partisans de Kourbsky. Il n'en fit pas moins face avec une remarquable constance à l'orage; dès que l'alarme un instant répandue dans Moscou fut apaisée, il se laissa subitement gagner par le dégoût du pouvoir. Le clergé ne lui avait pas épargné ses représentations. En essayant d'interposer la croix du Sauveur entre le glaive toujours prêt à frapper et d'illustres victimes, en multipliant les exhortations à l'oubli, les invocations à la clémence, il avait profondément troublé la conscience du souverain. Ivan ne veut plus régner, dès qu'il lui est interdit de punir. Le 3 décembre 1564, il prend en plein jour le chemin de la Sloboda Alexandrowsky, chargeant ses traineaux des dépouilles du Kremlin, emportant de l'or et de l'argent, des images et des croix, des vêtements et des vases, emmenant avec lui la tsarine Marie, ses deux fils, ses nouveaux favoris, Alexis Basmanof, Michel Soltikof, Viasemsky, Tcherbatof. Le peuple n'a pu assister sans une émotion secrète à ce soudain départ. Que peut donc présager l'appareil inusité avec lequel s'est éloigné Ivan Vasilévitch?

Le 3 janvier 1665, une lettre d'Ivan au métropolitain est apportée de la Sloboda Alexandrowsky à Moscou. C'est la foudre qui tombe dans la capitale; Ivan abandonne le gouvernement de l'État, les brebis vont se trouver sans pasteur. Aux yeux des Moscovites, tout est préférable à la calamité de demeurer sans chef. Le souverain n'a-t-il plus droit de vie et de mort sur ses sujets? Que le tsar désigne ceux qui le

trahissent, le peuple en fera justice lui-même! Des
députations d'évêques, de boyards, de marchands,
s'acheminent vers l'asile où Ivan s'est allé renfermer.
On se prosterne devant lui la face contre terre; on
arrose ses pieds et ses mains de pieuses larmes.
Qu'il règne, c'est assez! Qu'il règne et qu'il punisse!
La Moscovie n'attend, ne veut que son bon plaisir.
La bouderie d'Ivan IV est aussi difficile à fléchir que
le fut, sous les murs de Troie, la colère d'Achille.
Longtemps les boyards, les évêques embrassèrent
sans succès ses genoux. Ivan cède enfin. Il va reprendre le timon du navire, mais personne, clerc
ou autre, ne l'importunera par son blâme. Combien
de bénédictions ont accueilli cette simple promesse!
Moscou est dans la joie; quelques jours encore, elle
nagera dans le sang. Le peuple cependant ne reconnaît plus son tsar : l'insomnie l'a vieilli, les fatigues
de vingt campagnes avaient respecté sa jeunesse; la
trahison de Kourbsky lui a fait, en moins de quelques mois, un front chauve et un regard éteint. Ivan
descend, l'œil cave et les lèvres serrées, de l'Olympe.
Il marche environné des Opritchniks, sa légion
d'élus. Les soins vulgaires du gouvernement, il s'en
déchargera sur les boyards. Ce seront eux qui déci-
deront les affaires civiles, qui administreront l'empire sous le nom de communes. Ivan ne permet de
le consulter que dans les cas tout à fait exceptionnels;
à peine consentira-t-il à s'occuper encore des affaires

relatives à l'armée et à la poursuite de la guerre. Il veut appartenir sans partage à son œuvre de justice.

Le 4 février 1565, les exécutions commencent. La hache du bourreau travaille sans relâche, et six mille Opritchniks constamment à cheval, chasseurs impitoyables que le courroux d'Ivan a déchaînés, ne la laissent pas un instant manquer de victimes. Le tsar cependant, retiré à la Sloboda, consacre au service divin la majeure partie de son temps. Dès trois heures du matin il se rend au clocher pour sonner matines. « Il chante, il lit, il prie avec tant de ferveur que toujours il lui reste au front quelque marque de ses longs prosternements. » Ni les cérémonies de l'église, ni la poursuite de l'ours dans les forêts, n'ont suffisamment dompté ce corps vigoureux et rebelle que secouent incessamment les agitations d'une âme inquiète. Pour lui procurer quelques instants de repos, il faut, la nuit venue, que trois aveugles s'asseoient au chevet d'Ivan et bercent ses angoisses du chant des vieilles chroniques. Ivan a vengé le peuple russe, il a vengé la majesté souveraine outragée, mais Ivan a tué son sommeil. Les ambassadeurs étrangers n'entrevoient rien encore de ce trouble intérieur. C'est toujours à Moscou qu'Ivan les reçoit. Ils le trouvent entouré de la même magnificence, resplendissant de la même dignité sereine. Ivan ne veut pas qu'on aille rapporter à Erik ou à Sigismond que les infâmes trahisons du prince Kourbsky ont pu porter atteinte à la gloire et à la prospérité du grand tsar de Moscovie. Dieu a rendu le tsar victorieux, il a puni le transfuge par la honte et le désespoir. Voilà ce que le prince Kourbsky pour son châtiment doit apprendre. Il triompherait, au contraire, s'il les connaissait, des chagrins d'Ivan.

Aussi, quand Jenkinson reparaît en Russie, tout est, de nouveau, calme à la surface. Jenkinson, le 1er septembre 1566, jour de fête solennelle chez les Russes, est appelé devant le tsar. Ivan lui donne sa main à baiser, reçoit les lettres et les présents de la reine; le soir même Anthony va dîner au palais; il n'a point vu de tache de sang sur la robe du tsar, ni remarqué de nuage à son front. Ivan Vasilévitch peut d'ailleurs en ce moment donner sans trop d'effort le change à ceux qui l'observent. Les massacres ont été suspendus; si quelque circonstance ne vient pas tout à coup ranimer ses soupçons, Ivan se contentera peut-être de rester Ivan le Victorieux, sans vouloir continuer à mériter le surnom de Ivan le Terrible. O toi, qui es le seul fondement de toutes choses, Dieu sans commencement qui étais avant que le monde fût, Dieu en trois personnes, que la Russie adore, Père, Fils et Saint-Esprit, fortifie la foi, protège l'union de ce grand empire; accorde au tsar la santé, pour qu'il puisse défendre son royaume, et les calamités passées ne laisseront pas de trace dans l'esprit de ce peuple, dont la première vertu, la vertu à son gré la moins difficile, est de savoir mourir.

La reine Élisabeth a prié par ses lettres son gracieux frère, Ivan Vasilévitch, d'accorder à ses marchands William Garrard, William Chester, Rowland Heyward, Lawrence Hussie, John Marsh, Anthony Jenkinson, William Rowly, représentants de la Compagnie de Londres, la faculté de venir avec leurs navires dans la province de Kholmogory et de pénétrer au milieu des terres qu'arrose la Dwina, de transporter leurs marchandises à Moscou, de passer de Moscou aux territoires de Kazan, d'Astrakan et de Novgorod la Grande; de commercer à Narva et à Dorpat. Ivan a gracieusement accueilli la royale requête. Les importations de la compagnie pourront circuler d'un bout de l'empire à l'autre, et partout, même en Livonie, ces importations seront exemptées des droits de douane. Ivan IV s'arroge, en retour, un droit de préemption sur toutes les marchandises apportées d'Angleterre ou d'un pays quelconque à Moscou. Si les marchands anglais veulent se rendre à Boghar, à Shamaki, au Cathay, ils en rapporteront les objets que leur désignera le chancelier du tsar, sans que le tsar soit, pour ces commandes, tenu de leur faire aucune avance de fonds. La charge peut être lourde; par quels privilèges elle se trouve à l'avance payée! Les Anglais ne sont pas seulement autorisés à faire le commerce en gros; il leur est permis de préférer, quand ils le jugeront bon, la vente au détail. Ivan leur a déjà donné, dans son royaume de Moscou, le nouveau château situé près de l'église de Saint-Maxime, derrière le marché. Là ils pourront tenir boutique ouverte avec les poids et les mesures que le tsar a revêtus de son sceau. A Vologda et à Kholmogory, ils se sont procuré à leurs propres frais une maison. Ils sont libres de faire semblable acquisition à Jaroslav, à Novgorod la Basse, à Kazan comme à Astrakan, à la grande Novgorod, à Pleskov, à Narva, à Dorpat, en tout endroit de la Livonie où ils trouveront un bon port. Aucun autre étranger, fût-il même Anglais, ne pourra trafiquer sur les côtes septentrionales, en dedans de Varduus, ni à l'embouchure de la Dwina, ni à l'embouchure de l'Oby, ni à Petchora, ni à Kola, ni à Mezen, ni à l'abbaye de Petchingo, ni à l'île de Solovetzky. Si quelque marchand osait jamais enfreindre cette défense, son vaisseau et ses marchandises, l'équipage lui-même, seraient confisqués au profit de l'empereur et grand-duc.

Tel fut le nouveau pacte consenti en faveur de ses amis anglais par le fils de Basile, au mois de septembre de l'année 1567, trente-quatre ans après qu'il fût monté sur le trône, seize ans après qu'il eut conquis Kazan. S'il était une amitié sur laquelle Ivan eût le droit de compter, n'était-ce pas celle de la reine dont les sujets trouvaient dans son empire un si facile accès, et voyaient chaque jour s'accroître leur importance et grandir leur faveur? Ivan, cependant, ne semble, dès cette époque, avoir été rassuré qu'à demi. Les trahisons dont il se sent de toutes parts entouré peuvent certes, à bon droit, le rendre soupçonneux. Le tsar n'a encore eu de communications avec Élisabeth que par l'entremise de Jenkinson. Il juge prudent de se faire renseigner par ses propres émissaires. Au mois d'août 1567, on voit tout à coup arriver à Londres deux envoyés extraordinaires du tsar, Stephan Tverdico et Théodore Pogorella. Ces ambassadeurs apportaient des lettres et des présents pour la reine; plusieurs marchands de la Compagnie moscovite se joignirent à eux. Henry Lane remplit l'office d'interprète. La reine leur donna sur-le-champ audience. Les ambassadeurs d'Ivan IV commencèrent par énumérer tous les titres de leur maître. Ces titres étaient nombreux, car Ivan avait ajouté plus d'une possession à celles qu'il avait reçues de ses ancêtres. Le grand-duc de Vladimir, de Moscou, de Novgorod, de Kazan, d'Astrakan, de Pleskov, de Smolensk, de Tver, de Rostov, de Jaroslav, de Riazan, de Sibir, de tant d'autres lieux compris entre la mer Caspienne et l'océan du Nord, était aussi, en 1567, le maître de Polotzk, le commandeur et seigneur de la Livonie. Cette énumération qu'il nous faut abréger pouvait donner à réfléchir à Élisabeth. On ne sacrifie pas à la légère l'alliance d'un souverain dont les domaines augmentent d'étendue chaque année. Stephan Tverdico et Théodore Pogorella, après avoir remis leurs lettres et leurs présents, deux lots de zibelines de quarante peaux chacun, sans compter des peaux de lynx et d'autres riches fourrures, exprimèrent à la reine la joie que leur maître avait éprouvée en recevant par Anthony Jenkinson des nouvelles de sa santé. Logés et entretenus aux frais de la Compagnie moscovite dans la maison que cette corporation possédait au cœur de Seething-Lane, les ambassadeurs d'Ivan IV furent plusieurs fois encore admis chez Sa Majesté. Au mois de mai 1568, ils prirent congé de la reine à Greenwich.

Élisabeth n'avait pu leur dissimuler que le commerce des Anglais à la baie Saint-Nicolas ne laissait pas d'offusquer plus d'un prince. Les réclamations s'accentuaient davantage encore, depuis que le trafic tendait à s'établir principalement par Narva. « Ce port, disait-on à Élisabeth, regorge aujourd'hui d'armes, de munitions, d'artifices, d'approvisionnements de toutes sortes. Ni les vaisseaux contrebandiers de Lubeck, ni les navires suédois n'ont pu y introduire, à eux seuls, tant de milliers de mousquets, tant d'épées et d'armures, tant de poudre à canon, tant de cuivre. Il faut que les Anglais aient pris la majeure partie de ces transports illicites à leur charge. » Les sujets d'Élisabeth repoussaient ces allégations. « S'ils ont jamais importé quelque engin de guerre en Russie, c'est tout au plus une centaine environ de vieilles cottes de mailles, armures de rebut dont pas un chevalier ne consentirait dans le royaume de la Grande-Bretagne à couvrir ses épaules. En 1566, Henry Lane a été envoyé, avec une procuration générale de la compagnie, à Anvers et à Amsterdam. Là, il a rencontré une foule de Polonais, de marchands de Danzig, d'Osterlingues. Voilà les gens qui entretiennent le commerce interlope dont il plaît au roi de Pologne d'accuser les honnêtes et loyaux sujets de la reine. » Sigismond-Auguste se laissera-t-il toucher par les protestations indignées de la compagnie? Non! Sigismond-Auguste refuse d'ajouter foi aux dénégations des Anglais. Il vient de donner l'ordre aux ducs de Prusse et de Poméranie, ses vassaux, de lancer leurs corsaires en mer pour capturer tout bâtiment qui, sans en avoir reçu de lui licence expresse, se permettrait d'entrer dans les eaux de la Baltique. A l'instant même, la reine, usant de représailles, fait mettre l'embargo sur toutes les marchandises que les négociants de Danzig ont entreposées dans ses ports. Sigismond-Auguste ne menace plus, il sollicite avec humilité le rétablissement des vieilles libertés commerciales. La reine Élisabeth désire que le tsar l'apprenne le plus tôt possible par ses ambassadeurs. « Qui peut être plus sujet, leur dit-elle, aux vains propos des détracteurs, aux contes futiles, aux rapports mensongers, que les princes et les gouverneurs? C'est ainsi qu'on parvient souvent à porter atteinte à leur affection mutuelle et à leur union. Votre maître et moi, nous resterons fidèles, je n'en veux pas douter, à tout ce que nous nous sommes promis verbalement ou par écrit. Si l'on cherche à le convaincre du contraire en ce qui me concerne, qu'il suspende son jugement; j'en ferai autant pour ma part. »

Les ambassadeurs proclamèrent que Sa Majesté parlait d'or; puis ils s'agenouillèrent, baisèrent respectueusement la main d'Élisabeth et partirent. Mais ce n'était pas leur retour que le tsar attendait avec impatience, c'était le retour de Jenkinson précipitamment expédié « par la voie des montagnes », avec un message secret. Jenkinson devait rapporter une réponse catégorique de la reine avant la Saint-Pierre, c'est-à-dire avant le 29 juin 1568.

Tout s'assombrissait autour d'Ivan IV; la récolte avait manqué dans plusieurs provinces, la peste ravageait une partie de l'empire, les deux princes de Kazan, Alexandre et Siméon, devenus les deux plus fidèles amis du tsar, étaient morts. Sigismond-Auguste ne cessait de tenter la fidélité des boyards mécontents. A la faction de Sylvestre et des Adaschef avait succédé une faction bien autrement dangereuse, car elle avait dans Kourbsky son chef et ses ramifications à l'étranger. Les soupçons d'Ivan IV, un instant apaisés, se réveillèrent plus ardents et plus ombrageux que jamais. Il se reprocha de n'avoir fait sa tâche qu'à demi, et frappa cette fois à coups redoublés; il frappa surtout autour de lui, ne permettant même pas à ceux qui avaient encouru un instant sa méfiance d'aller chercher le refuge accoutumé du cloître. Les Opritchniks immolaient publiquement de dix à vingt personnes par jour.

La Saint-Pierre cependant approchait, et nulle nouvelle n'était encore parvenue d'Anthony. On annonce enfin au tsar l'arrivée à Narva de trois prétendus messagers qui se disent envoyés par la reine pour traiter avec Ivan IV d'affaires de commerce. Que veulent à Ivan ce Manly, ce George Middleton, cet Édouard Goodman dont il n'a jamais entendu parler? Peuvent-ils le renseigner sur le sort d'Anthony? Anthony est-il arrivé sain et sauf en Angleterre? Reviendra-t-il bientôt à Moscou? Ni Manly, ni Middleton, ni Goodman, n'ont réponse à ces deux questions. Ils osent même s'étonner, les effrontés coquins, qu'on s'occupe autant de Jenkinson en Russie, qu'on y prenne si peu garde à leurs personnes et à leur mission. Provoquée par l'insistance des voïvodes, leur impatience s'échappe en mauvais propos. On saisit Goodman, on le fouille, et que trouve-t-on sur lui? Des lettres où ce grossier Anglais se permet de déblatérer contre la majesté

princière du tsar. Goodman n'a pas craint d'écrire
en Angleterre que dans le grand empire, dans l'empire d'Ivan IV, « il se passe beaucoup de choses illégales ». Tant que de pareilles rumeurs ne trouvaient accès qu'en Pologne, Ivan, à la rigueur, pouvait en prendre son parti; mais le dénoncer à la nation anglaise, tenter de le noircir aux yeux d'Élisabeth, c'était là un crime que tout autre qu'un Anglais eût assurément payé de la tête. Ivan, dans sa clémence, se contente de repousser la demande d'audience et les autres requêtes que lui ont adressées ces intrus.

Dans les premiers jours du mois d'août 1568, nouveau message et nouvelle émotion à la cour. Un navire de la compagnie vient d'arriver dans la baie de Saint-Nicolas. Ce navire, écrit le capitaine de Kholmogory, porte un ambassadeur. La Reine s'est donc enfin décidée à renvoyer Jenkinson à Moscou. Hélas! non; l'ambassadeur annoncé n'est pas celui qu'attend Ivan Vasilévitch. Élisabeth n'a que trop bien compris Jenkinson; ce n'est pas lui qu'elle pourrait charger de rapporter à Moscou une réponse évasive. Il faut confier ce soin à un agent qui n'ait jamais reçu les compromettantes confidences du tsar, prêté une oreille complaisante à ses ouvertures. Thomas Randolph feindra de tout ignorer et s'efforcera de maintenir sa mission dans le cercle habituel des banales assurances. La combinaison peut être ingénieuse; elle court le risque de n'être que médiocrement goûtée par Ivan IV.

Thomas Randolph s'est embarqué le 22 juin 1568 à bord de l'*Harry,* alors mouillé en rade de Harwich. Sa suite est nombreuse. Quarante personnes environ l'accompagnent. La moitié au moins de ce grand cortége se compose de jeunes gentilshommes désireux de voir le monde. Un vent constamment favorable, « sans tempêtes ni grosse mer », seconde cette joyeuse ardeur. En moins de douze jours l'*Harry* a été porté à la hauteur du cap Nord; le trente-deuxième jour après son départ de Harwich, il jette l'ancre en rade de Saint-Nicolas. Le 22 juillet, l'ambassadeur et ses compagnons débarquent en Russie ; vers la fin du mois de septembre, ils viennent frapper aux portes de Moscou. Les officiers du tsar auraient dû, suivant la coutume, se tenir prêts à leur faire accueil. Aucun d'eux n'a été envoyé à leur rencontre. Ivan laisse dédaigneusement pénétrer ces nouveaux hôtes dans sa capitale. L'ambassadeur est conduit à la maison où le souverain morose ne consent qu'à regret à lui donner asile. Cette maison, récemment construite pour y loger les ambassadeurs étrangers, n'est qu'une maison de bois, mais elle est belle et grande. A peine l'ambassade s'y est-elle installée que deux gentilshommes se présentent. L'un doit veiller à ce que les rations allouées par l'empereur soient exactement fournies;

l'autre a pour mission d'empêcher l'ambassade d'avoir une communication quelconque avec le dehors.

L'alarme et la consternation règnent en ce moment dans Moscou, car un grand scandale vient d'y affliger les fidèles. Le nouveau métropolitain, moine austère qu'un caprice d'Ivan IV est allé chercher au fond du couvent de Solovetztky, s'est montré peu reconnaissant d'une si haute faveur. Il a osé refuser publiquement la bénédiction épiscopale au tsar. Une assemblée tremblante et servile instruit son procès ; la Russie anxieuse attend avec terreur l'issue de ce débat. Il est inutile que des étrangers y assistent ou en aient, par des rapports prématurés, connaissance. La reclusion de Thomas Randolph et de ses compagnons se prolonge ainsi durant dix-sept semaines. Pendant ce temps, la cause du métropolitain Philippe a été entendue. Le tribunal suprême l'a convaincu « de délits et de sortiléges ». Dépouillé de sa dignité, chassé de son église à coups de balai par les Opritchniks, Philippe a repris le chemin du cloître. Ivan Vasilévitch ne lui fera pas longtemps attendre la couronne du martyre. L'Église orthodoxe vénère aujourd'hui comme un saint l'évêque en qui le tsar affecta de voir un magicien plus encore qu'un factieux. Les reliques rapportées du couvent de l'Épiphanie à Moscou n'ont pas, depuis trois siècles, cessé de crier vengeance contre la cruauté d'Ivan IV.

Jusqu'au funeste jour où le fils de Basile porta sur

le prélat une main sacrilége, les princes fugitifs, les soldats déserteurs, les étrangers transfuges s'étaient seuls chargés d'écrire pour la postérité son histoire ; les moines, à leur tour, vont y travailler. « Ivan, nous diront-ils, avait différents instruments de torture : des poêles, des fourneaux, des fouets garnis de pointes, des griffes de fer, des tenailles rougies au feu ; il faisait enfoncer des clous entre les ongles et la chair, couper les hommes par morceaux, scier en deux les femmes nobles ; il inventait tous les jours de nouvelles tortures ; jusqu'à sa mort il n'y eut rien de bon. » Ainsi donc tous les témoignages s'accordent à nous faire pressentir l'immense soupir, non de douleur, mais de soulagement, qui accueillera la fin de ce règne terrible. Ce n'est pourtant pas du vivant d'Ivan IV que le pauvre moujik s'est vu si durement attaché à la glèbe. Les chiens tremblaient alors sous la houlette du berger ; quand le berger fut mort, ce fut le troupeau qui eut à craindre, à l'égal des loups, ses gardiens. Le métropolitain Philippe avait jeté à la face du tsar ce reproche : « Chez les païens eux-mêmes, dans les pays infidèles, on trouve des lois, de la justice, de la compassion pour les hommes ; il n'existe plus ni lois, ni justice, ni compassion en Russie. » Les récits de Thomas Randolph et de ses secrétaires nous ont transmis jusqu'à un certain point la même impression.

Ce sont des juges sévères que le tsar a laissés cette

fois arriver des bords de la mer Blanche jusqu'au cœur de la capitale. Quelques précautions qu'on ait prises pour les isoler, il leur a suffi d'un regard furtif jeté à travers les fentes de leur prison pour s'apercevoir que tout ne se passe pas dans l'empire des tsars comme au sein de la vieille et heureuse Angleterre. Ce sont de beaux esprits et des sectaires fervents. Laissons-les donc blâmer et railler à loisir. S'ils avaient eu, comme Jenkinson et comme Thomas Alcock, affaire au schah Tamasp et au roi d'Hyrcanie, ils seraient peut-être plus indulgents envers Ivan IV. Remarquons, d'ailleurs, que le cruel monarque ne paraît pas disposé à faire de grands frais pour se concilier leur suffrage. Le 20 février 1569 — c'était un jeudi — à huit heures du matin, il les fait inopinément prévenir qu'ils aient à se tenir prêts à paraître en sa présence. Presque aussitôt Thomas Randolph voit entrer chez lui les deux gentilshommes qui, depuis son arrivée, n'ont pas cessé de le garder à vue. Ils étaient plus magnifiquement vêtus que jamais. L'ambassadeur trouve à peine le temps de faire à la hâte une toilette convenable ; ses guides ont déjà enfourché leurs montures et le pressent avec une insistance impérieuse de se mettre en route. Le tsar n'a envoyé aucun des coursiers de son écurie à ces étrangers qu'il continue d'accabler des marques de son déplaisir. Thomas Randolph en est réduit à se montrer dans les rues de Moscou sur un cheval d'emprunt. Les gens de l'ambassade — scandale inouï et spectacle étrange — suivent à pied. On dirait, à les voir ainsi pêle-mêle dans la neige, une bande de criminels que l'on conduit au tribunal du grand justicier.

Arrivés au parloir, on les introduit dans une salle d'attente. Ils y restent deux heures. Enfin l'empereur est prêt. Thomas Randolph gravit les degrés de l'escalier qui mène aux appartements du tsar. Une salle immense s'ouvre devant lui. Trois longues rangées de bancs en garnissent le pourtour ; sur ces bancs sont assises près de trois cents personnes dans le plus splendide appareil. Randolph se croit en présence de gens de qualité ; il ne devine pas plus que Chancelor, sous ce luxe emprunté à la garde-robe impériale, de véritables figurants de théâtre. Gravement et avec la dignité froide qui convient à un ambassadeur, il porte la main à sa toque, se découvre et salue. Personne n'a bougé pour lui rendre sa politesse. Randolph, indigné, remet brusquement sa toque sur sa tête. Deux des conseillers de la couronne se sont cependant avancés de la pièce voisine à sa rencontre ; encore quelques pas, et l'agent de la reine va se trouver en face du puissant prince de Russie. L'Europe tout entière connaît aujourd'hui ce monarque ; il a fait assez de bruit dans le monde, depuis l'année 1553, pour qu'on ne le confonde plus avec le Grand Khan ; les princes chrétiens doivent se serrer un peu ; car, de gré ou de force, il faut bien qu'ils fassent place au nouveau venu. Les introducteurs de Thomas Randolph l'ont arrêté au milieu de la salle du trône ; c'est à cette distance respectueuse qu'il convient de tenir un ambassadeur dont le message court le risque de déplaire. Cependant, quand Thomas Randolph prononce le nom de la reine, Ivan, qui jusqu'alors n'a pas fait un mouvement sur son siège, se lève, puis se rasseoit. L'ambassadeur débite sa harangue, et le front du tsar insensiblement s'éclaircit. La situation commence à se détendre. « Comment se porte ma sœur bien-aimée? » a demandé Ivan ; le dernier nuage vient de disparaître.

Randolph reçoit l'ordre d'approcher ; Ivan Vasilévitch lui tend gracieusement la main et le fait asseoir. Randolph remet alors le présent de la reine. Ce présent était une grande coupe d'argent artistement ciselée. On y voyait gravés des vers anglais destinés à expliquer les diverses scènes tracées par le burin. L'entretien se prolongea pendant quelques minutes ; le tsar parut non moins satisfait des réponses de Randolph que du présent de sa sœur Élisabeth. « Je ne dîne pas aujourd'hui avec ma cour, dit-il à l'ambassadeur ; j'ai de trop graves occupations pour cela ; mais je t'enverrai à dîner. Tu peux, avec les tiens, te promener maintenant en toute liberté. Je vais faire augmenter la ration qui vous était allouée ; ce sera le gage de notre amour et de notre faveur pour notre sœur, la reine d'Angleterre. » Sur ces paroles, Ivan Vasilévitch congédia Thomas Randolph ; tous les Anglais présents à l'entrevue défilèrent devant le souverain moscovite et furent salués par lui d'une légère inclination de tête. Ils avaient à peine regagné leur logis qu'un duc richement vêtu, accompagné de cinquante serviteurs, se présenta devant Thomas Randolph. Chaque serviteur portait un plat d'argent, recouvert d'une cloche de même métal. Le duc commença par remettre à l'ambassadeur vingt pains semblables à ceux que d'habitude on garde pour l'empereur. Il goûta chaque pain, comme il goûta chaque plat et chaque pot de breuvage. Ces formalités accomplies, on se mit à table. Le duc et sa suite prirent amplement leur part du festin et ne se retirèrent pas sans emporter des preuves manifestes de la libéralité britannique.

Quelques jours plus tard, Ivan Vasilévitch désira entretenir secrètement l'ambassadeur, qu'il n'avait encore reçu qu'en présence de sa cour et de ses conseillers. Il l'envoya chercher au milieu de la nuit. Thomas Randolph s'enveloppa d'une pelisse sous laquelle le regard le plus indiscret aurait eu quelque peine à le reconnaître ; puis il se mit en marche pour le palais, conduit dans les ténèbres par le mystérieux messager du tsar, affidé de haut rang qu'on avait dans la première entrevue désigné à l'ambassadeur sous le nom du Long Duc. Le palais était éloigné, la nuit froide. Thomas Randolph ressentit de cette promenade nocturne « un assez grand malaise. » Mais les affaires d'État ont leurs exigences comme les champs de bataille. Il n'est pas toujours permis à un ambassadeur de s'occuper des intempéries des saisons. La conférence se prolongea pendant près de trois heures ; il fallut les premiers rayons du jour pour y mettre fin. Ivan éprouvait plus que jamais le besoin de voir clair sur son échiquier. L'année 1569 s'annonçait grosse d'orages et de complications.

La guerre était l'état normal entre la Russie et la Pologne ; mais depuis la prise de Polotzk par les généraux d'Ivan IV, cette guerre ne produisait plus de part et d'autre que des dévastations inutiles. Nulle conquête nouvelle n'avait honoré les armes moscovites ; nul avantage sérieux n'avait, pour la Pologne, compensé la perte irréparable subie en 1563. Les deux adversaires semblaient beaucoup plus occupés de leurs trames secrètes, de leurs ténébreuses intrigues, que des opérations confiées à leurs troupes. Pour détruire la puissance qui les offusquait, ils cherchaient, avant tout, à la dissoudre. Si le roi Sigismond-Auguste comptait des partisans jusque dans la cour d'Ivan IV ; s'il pouvait, pour les attirer à son service, rappeler au prince Belzky, au prince Mstilavsky, leur origine lithuanienne, Ivan, de son côté, ne doutait pas qu'un certain nombre de seigneurs lithuaniens ne fussent disposés, la race des Jagellons devant s'éteindre avec Sigismond-Auguste, à choisir pour roi, le cas échéant, un prince de Moscou ; en d'autres termes, le tsarévitch. Les ambassadeurs du tsar l'entretenaient dans cette illusion. « Ce que la Lithuanie a le plus à cœur, lui disaient-ils, c'est de vivre de son existence propre, de ne pas se laisser absorber par la nation jusque-là rivale au sort de laquelle on l'a vue, vers la fin du quatorzième siècle, associer avec répugnance ses destins. » Ivan IV pouvait donc, sans une présomption excessive, entretenir l'espoir de faire hésiter entre les deux couronnes la Lithuanie redevenue, le jour où disparaîtrait le dernier des Jagellons, maîtresse de sa fortune. Les voïvodes reçurent l'ordre de ménager la province qui avait jusqu'alors porté tout le poids des invasions. A partir de l'année 1568, ils s'attachèrent bien moins à conquérir de ce côté de nouvelles et insignifiantes portions de territoire qu'à étouffer les sentiments d'inimitié qui étaient nés des anciennes luttes. Sigismond prévit heureusement le danger et ne voulut pas laisser à son successeur un état menacé d'un tel démembrement. Ce n'eût été rien en comparaison d'avoir perdu Smolensk et Polotzk. Une diète solennelle fut convoquée à Lublin, et la réunion définitive de la Lithuanie à la Pologne sortit, en l'année 1569, du vote de cette assemblée. La Pologne et la Lithuanie seraient gouvernées par un même souverain élu en commun par les deux nations. Ce souverain serait couronné à Cracovie ; Varsovie aurait, en compensation, l'honneur d'être le siége de la diète.

Un malheur n'arrive jamais seul, surtout en politique. Au moment où Sigismond-Auguste déjouait le complot si savamment ourdi par Ivan IV, l'allié inconsidéré que la Providence semblait, par une spéciale faveur, avoir ménagé en Suède à la Russie, Erik, était dépossédé par la coalition de ses deux frères rebelles. Quelques jours faisaient passer l'infortuné souverain du trône à la prison, et bientôt les états réunis du royaume, déclarant le captif déchu de tous ses droits, le condamnaient à une détention perpétuelle, « pour avoir conclu avec la Russie un traité aussi déshonorant que contraire aux préceptes du christianisme ». Quel était donc ce pacte monstrueux contre lequel se soulevait ainsi l'indignation d'un peuple? On se souvient que Catherine Jagellon, la sœur aînée de Sigismond-Auguste, avait jadis préféré la main du second fils de Gustave Vasa à celle de l'orgueilleux tsar de Russie. Quand le rival heureux d'Ivan IV eut encouru la disgrâce de son frère et eut été enfermé dans le château fort de Gripsholm, la courageuse princesse voulut partager la captivité de l'homme qu'elle avait volontairement choisi pour époux. Elle était prisonnière d'Erik ; sans la révolution qui éclata, le 29 novembre 1568, à Stockholm, elle courait le risque de devenir prisonnière d'Ivan IV ; car les ambassadeurs du tsar pressaient, dit-on, la conclusion d'un marché qui l'eût livrée à l'ancien prétendant dédaigné. Voilà le traité hideux que les états de Suède avaient voulu flétrir ; voilà le grief que le prince Jean, appelé, par la libre volonté des Suédois, à remplacer son frère, gardait au fond du cœur contre l'allié d'Erik. Ivan IV, il est vrai, repoussait avec hauteur l'accusation que ses ennemis politiques se faisaient une joie malicieuse de répandre ; mais, en la repoussant, il aggravait encore et comme à plaisir la fatale injure. « Qu'ai-je besoin de ta femme ? écrivait-il à Jean. Vaut-elle la peine qu'on fasse la guerre pour elle ? Plus d'une fille de roi de Pologne a épousé des laquais ; de qui ton père à toi-même était-il le fils ? »

Les héros d'Homère n'étaient guère plus courtois. On s'étonnerait cependant de la grossièreté d'Ivan Vasilévitch, souple et patient en toute occasion où il y allait de l'intérêt de son peuple, si l'on ne se rappelait la juste ambition qui lui faisait convoiter, outre la possession de Narva, la possession de Riga et la possession de Revel. Ces deux acquisitions, il les fallait réaliser, la première aux dépens de la Pologne, la seconde aux dépens de la Suède. La guerre avec la Suède était donc, dans la pensée d'Ivan IV, moins à craindre qu'à souhaiter. Tel est le motif secret qui rendit sans doute le ton d'Ivan IV aussi provocant. Jean dévora d'abord cet affront en silence. Son ennemi personnel était le tsar; l'ennemi de ses sujets était le Danois. Lorsqu'il proposait aux états de ratifier les conditions d'une trêve que son frère et lui, engagés dans la lutte contre Erik, avaient conclue avec le Danemark, les états se bornaient à répondre « qu'ils étaient prêts à accorder au roi autant de poudre, de boulets et de piques qu'il leur en demanderait ». Ivan pouvait donc en 1569 se sentir encore protégé, à défaut de l'alliance suédoise, par les divisions des puissances du Nord. Ce fut seulement dans le cours de l'année suivante que se conclut enfin à Stettin, sous la double médiation de l'empereur d'Allemagne et du roi de France, la paix qui devait laisser au roi Jean la complète disposition de ses forces.

Sigismond-Auguste s'employa le premier à ce rapprochement. Qu'on blâme tant qu'on voudra la mollesse de ses derniers jours, on ne saurait au moins reprocher à sa politique de n'avoir pas très-clairement discerné de quel côté viendraient à la Pologne les périls décisifs. « Les Moscovites, écrivait Sigismond-Auguste à Élisabeth, sont les ennemis de toute liberté sous le ciel. Les secours qu'ils reçoivent par la Narova contribuent à les rendre chaque jour plus puissants : c'est par là que leur arrivent les armes qui leur avaient été jusqu'alors inconnues. A peine pouvaient-ils autrefois se défendre; ils seront bientôt de force à subjuguer les autres. La reine ne peut ignorer jusqu'où va la cruauté de leur souverain, de quelles multitudes il dispose, quelle tyrannie il exerce sur elles, sous quelle servitude abjecte il les fait vivre. Nous prévoyons, si les autres princes ne veulent pas tenir compte de nos avis, qu'un jour viendra où le Moscovite, enflé d'orgueil par ses progrès rapides dans l'art de la guerre, armé des nouveaux engins que lui apportent chaque jour vos vaisseaux, se jettera sur la chrétienté pour massacrer ou ranger sous le joug tout ce qui essayera de lui opposer quelque résistance. Que Dieu écarte de nous ce péril! Dociles à nos conseils, diverses nations s'abstiennent déjà de fréquenter le port de Narva. Celles qui refuseront de les imiter rencontreront devant elles notre marine. »

Sigismond s'est adressé aux Danois, aux Suédois, aux Anglais; il ne craint pas maintenant de s'adresser aux Turcs et aux Tartares. C'est une véritable croisade qu'il veut organiser contre la Russie. Les intérêts de la civilisation parlent ici plus haut, si l'Europe veut l'en croire, que les intérêts mêmes du christianisme. Sélim II et le khan de Crimée, à son instigation, unissent leurs efforts. Dès les premiers jours du printemps, tout s'ébranle, au nord, au midi et à l'ouest contre, la monarchie moscovite. Sélim avait envoyé à Kaffa quinze mille spahis et deux mille janissaires, au port d'Azof de nombreux canons, des canons de gros et de petit calibre. Le rendez-vous général était l'isthme de Perovolog. Les galères musulmanes devaient y transporter, en remontant le Don, l'artillerie réunie au fond du Palus-Méotide. Devlet-Ghireï, le khan de Crimée, rejoindrait les troupes turques à la tête de cinquante mille cavaliers, et alors, reprenant une idée étrange jadis inspirée au grand Soliman, on couperait l'isthme dans sa moindre largeur ; puis on ferait passer les galères d'Azof du Don dans le Volga, non pas en les traînant, à l'exemple des Cosaques ou à la façon de Mahomet II, mais en leur ouvrant à travers la prairie un canal dont la profondeur leur permît de flotter. Une fois sur le Volga, le courant se chargeait du reste. On arrivait en quelques jours sous les remparts d'Astrakan ; les canons renversaient les murs, les janissaires escaladaient la brèche, et les bouches du Volga étaient remises à la garde des princes nogaïs, khivéens et boukhares que l'appel du sultan faisait accourir à la défense de l'islamisme. Le commandant de l'armée turque, Khassim-Pacha, venait de se mettre en marche ; telle était la nouvelle qu'apportait à Ivan, le 31 mai 1569, un courrier expédié en toute hâte des provinces méridionales. Si le Grand Turc, encouragé par un premier succès, proclamait contre la Russie la guerre sainte ; si le Danemark et la Suède, après s'être réconciliés, s'unissaient à la Pologne pour mettre au ban de la chrétienté l'empire assailli avec une nouvelle impétuosité par l'islamisme, l'œuvre de trois règnes pouvait, en moins d'une année, disparaître. La monarchie russe redeviendrait le grand-duché de Moscovie.

Ce n'était pas seulement Ivan IV qui, affranchi des timides avis de ses conseillers Adaschef et Sylvestre, voulait en 1569 défendre à outrance les conquêtes faites sur les chevaliers porte-glaive; le haut clergé, les boyards, les grands officiers de la couronne, les bourgeois, les marchands, les propriétaires des provinces ne lui auraient pas permis de sacrifier au désir de la paix, aux menaces d'une coalition hostile ce qu'il avait acquis en 1561 par une campagne heureuse. Une assemblée composée des délégués de ces divers ordres avait été consultée par le tsar. Elle émit l'avis unanime que la possession de Riga était indispensable pour compléter l'occupation de Narva; qu'il n'y avait plus de commerce possible à Pskof et à Novgorod, si Narva venait à tomber aux mains de la Suède, si Riga demeurait au pouvoir du roi de Pologne. Aussi, quelque danger que pût courir Astrakan, le tsar ne se sentait pas libre d'aller de sa personne au secours de cette ville; il se devait avant tout à la défense de la Livonie. Le prince Vladimir, bien que tenu depuis longtemps pour suspect, était un vaillant soldat; Ivan lui confia sans hésiter, dans ce péril extrême, le commandement de l'armée rassemblée à Nijni-Novgorod.

Ce n'était pas le moment de rompre avec ses alliés. Le tsar n'avait plus d'autre appui sur la terre que la circonspecte amitié d'Élisabeth ; il comprit la nécessité de la ménager. Randolph, rentré chez lui après la mystérieuse entrevue dans laquelle le fils de Basile s'était enfin décidé à lui ouvrir son âme, s'attendait à recevoir immédiatement ses passe-ports ; Ivan ne lui donna congé que six semaines plus tard. Le prudent monarque avait passé ce temps à se recueillir à la sloboda Alexandrowsky ; il en revenait rempli des dispositions les plus favorables pour les Anglais. Randolph obtint tout ce qu'il lui plut de demander. Les marchands de la compagnie ne furent pas seulement confirmés dans les priviléges concédés aux agents de sir William Garrard par les soins de Jenkinson ; ils virent s'étendre considérablement leurs immunités et leurs prérogatives. La plus précieuse fut la garantie d'une complète liberté en matière religieuse. « Dans aucun cas, — ainsi s'exprimait le nouvel édit du tsar — aucun des nôtres ne devra obliger les marchands anglais et leurs serviteurs ou leurs délégués à se conformer à notre foi, à suivre contre leur gré nos pratiques. » Les Anglais étaient des Opritchniks, des gens du tsar, et non de misérables justiciables des communes ; les capitaines des provinces, les officiers des villes ne pouvaient prononcer de jugements contre eux. Les litiges qui les concernaient étaient déférés au conseil de Moscou, seul tribunal qui fût apte à connaître des affaires intéressant à un titre quelconque la légion des élus.

La compagnie possédait une corderie à Vologda. Cette corderie était éloignée du magasin où se trouvaient déposées les marchandises; Ivan accordait gracieusement le terrain pour en bâtir une autre — cent quatre-vingts brasses de long sur cinquante brasses de large. — Ce n'était pas tout : Les Anglais allaient être autorisés à faire un établissement provisoire à Witchegda, afin d'y chercher des mines de fer. S'ils avaient le bonheur d'en rencontrer, ils pourraient construire sur ce point des maisons et fonder une usine. Pour les mettre en mesure de convertir le minerai en métal, le tsar leur faisait don des bois qui s'étendraient autour de leurs ateliers, dans les limites d'un circuit n'excédant pas six milles. Les sujets de la reine feraient venir d'Angleterre des ouvriers, et les sujets du tsar auraient toute facilité, pour venir s'instruire à leur école. Le fer fabriqué pourrait, à la volonté du fabricant, se vendre en Russie ou s'exporter à l'extérieur, moyennant le payement d'un demi-penny par livre.

Des Anglais turbulents avaient par leurs désordres indisposé le tsar contre ses anciens amis : Fitz-Herbert s'était permis d'écrire des lettres contre le souverain qui l'admettait si généreusement dans ses États; Thomas Greene avait osé tenter, malgré la défense expresse faite aux résidents étrangers, d'entretenir des relations clandestines avec l'ambassadeur; André Atherton et ses cautions, établis à Narva, s'étaient chargés de faire passer en Angleterre les missives qu'on leur envoyait de Moscou ; ces divers délits avaient attiré à leurs auteurs les rigueurs d'une détention prolongée; Ivan couvrait tout d'une amnistie générale. Il ne voulait plus se souvenir des offenses passées; il faisait même promettre à Thomas Randolph par le Kniaz Alfanas et par Peter Gregorievitch que si Bennet Butler, ou tout autre de ces Anglais vagabonds dont les côtes de la Baltique étaient infestées, cherchait jamais à discréditer de nouveau l'honorable compagnie, il ne prêterait pas l'oreille à leurs discours. Les calomniateurs seraient traités suivant leurs mérites. Heureuse disposition du grand et redoutable prince! Réponse vraiment topique aux exhortations prévoyantes que lui adressait en 1558 Élisabeth, par ses envoyés, Stephan Tvardico et Théodore Pogorella!

Ainsi donc, Ivan IV ne se contenterait pas d'exclure des bords de la Dwina, de la Petchora, de l'Oby, de la Narova, tout marchand anglais qui s'y présenterait sans la permission de la reine; il n'ajouterait désormais aucune foi aux rapports mensongers de cette concurrence illégale. Ivan tiendrait-il bien exactement sa promesse? Il ne coûtait toujours rien d'en prendre acte, et c'est ce que fit, avec la prudence dont il n'avait cessé de donner des preuves multipliées durant le cours orageux de sa mission, le digne Thomas Randolph. La seule chose qu'il ne put obtenir, ce fut que la prohibition qui devait éloigner de Narva tout vaisseau anglais n'appartenant pas à la compagnie s'étendît également aux vaisseaux étrangers. Ivan Vasilévitch se montra résolûment inflexible sur ce point. Le port de Narva resterait indistinctement ouvert à tous les pavillons; il en serait de même pour les autres hâvres et rivières de la Livonie. C'était déjà bien assez de réserver à la compagnie l'exploitation exclusive des mers du Nord; que dire de ce privilége qui ouvrait, à quelque époque que ce fût, la route des grandes découvertes aux émules d'Alcock et d'Arthur Edwards, aux successeurs les plus ambitieux de Jenkinson? Quiconque voudrait, au nom de la compagnie, se rendre par terre à Boghar, à Shamaki, à Casbin, essayer de pousser par mer jusqu'au Cathay, était autorisé d'avance à se procurer en Russie des conducteurs et des guides, des marins et des vaisseaux, des hommes et des vivres.

Tant de bienfaits donnaient assurément au tsar le droit de compter sur quelque retour. Ivan ne voulut cependant pas s'en fier uniquement à Randolph du soin de plaider sa cause en Angleterre et de défendre les intérêts russes auprès d'Élisabeth. Il adjoignit à l'envoyé anglais, son propre ambassadeur, un gentilhomme nommé André Savin. Vers la fin du mois de juillet, Thomas Randolph et le messager d'Ivan IV s'embarquèrent dans la baie de Saint-Nicolas, sur un navire de la compagnie. Avant qu'ils eussent touché les rivages britanniques, la situation s'était singulièrement éclaircie derrière eux. Le flot de l'invasion rentrait précipitamment dans son lit, et Ivan, plus ému des périls intérieurs auxquels il se jugeait constamment exposé qu'il ne l'avait été de l'irruption des Turcs et des Tartares, immolait sans pitié au soin de sa sûreté une nouvelle et sanglante hécatombe. La fin de l'année 1569 et les premiers jours de l'année 1570 marquent ce qu'on appelle encore en Russie la quatrième époque des massacres. Ce fut la plus affreuse, et de tous points la plus impitoyable.

CHAPITRE IV

LES DERNIÈRES ANNÉES D'IVAN LE TERRIBLE ET LA DERNIÈRE AMBASSADE DE JENKINSON

Le 15 août 1569, les galères ottomanes étaient arrivées, après de longs efforts, à la hauteur de l'isthme qu'il leur fallait franchir pour passer du Don dans le Volga. Le pacha reconnut l'impossibilité de creuser, dans le court espace de temps que lui laissait la saison, un canal qui mît en communication les deux fleuves. Traîner par terre les galères d'Azof n'était guère plus facile : Kassim-Pacha en donna pourtant l'ordre. Les soldats turcs refusèrent d'obéir. Il fallut alors se résigner à faire rebrousser chemin à la grosse artillerie et la renvoyer au port d'où on l'avait si péniblement amenée. Heureusement pour les Turcs, leur seule approche avait mis sur pied des nuées de Nogaïs ; de toutes parts on leur amenait des bateaux. Ils s'embarquèrent sur ces chétives barques avec douze pièces d'artillerie légère. Le 16 septembre, le khan et le pacha étaient campés sur les ruines du vieil Astrakhan. N'osant donner l'assaut à la place que, dans sa prévoyance, le tsar avait fait mettre, dès le lendemain de la conquête, en bon état de défense, les Ottomans se mirent en devoir d'en réduire la garnison russe par la famine. Déjà les remparts d'une nouvelle ville de bois s'élevaient sur les lieux où résidèrent jadis les anciens souverains des Bulgares, quand tout à coup Kassim, pris de terreur, met le feu à ses retranchements et s'enfuit avec Devlet-Ghireï à travers les plaines de l'Ukraine vers Azof. Un courrier du sultan, un autre courrier venu de la Lithuanie n'ont pas le don de suspendre d'un instant sa retraite. Les Turcs et les Tartares ont appris l'arrivée du prince Vladimir à Kostroma d'abord, puis à Nijni-Novgorod ; ils craignent de ne pouvoir se dérober assez vite à ses coups. Le prince, en effet, a été accueilli par toutes ces populations menacées comme un sauveur. Le clergé et les habitants de Kostroma se sont rendus en grande pompe à sa rencontre; le tsar lui-même ne recevrait pas de plus grands honneurs.

Ivan IV apprend à la fois la retraite précipitée des Turcs et la triomphale ovation faite à son cousin. Et dans quel moment lui parvient cette double nouvelle, l'une rassurant son âme de souverain, l'autre aigrissant ses habituels soupçons de tyran? Au moment où un nouveau deuil, la mort de sa seconde femme Marie, le plonge dans la douleur et lui montre partout le poison des conspirateurs dirigé contre sa famille et contre ses jours.

Ivan est informé qu'il n'a plus rien à craindre

des hordes infidèles; les Ottomans ont fui et ne reviendront plus, car on les a entendus maudire, dans leur effroi, les déserts de l'Ukraine et à l'affreuse Russie ». Seule, la paix intérieure pourrait être menacée par les compétitions de ce prince qui triomphe si audacieusement, avant même d'avoir combattu. Ivan se résout à en finir avec ses appréhensions, à grand'peine apaisées et toujours renaissantes; il prescrit avant tout qu'on lui amène les commandants militaires de Kostroma, et il les envoie sur-le-champ au supplice. Vladimir est ensuite mandé à la sloboda Alexandrowsky, avec sa femme et avec ses enfants. Le prince accourt, les affidés d'Ivan lui annoncent qu'il est accusé d'avoir voulu faire empoisonner le tsar. Le couvent eût été une peine trop douce pour un pareil crime, et d'ailleurs on sort du couvent; on peut même en sortir pour monter sur le trône. Vladimir et ses enfants, sa femme elle-même, reçoivent des mains d'Ivan la coupe qui doit épargner un sanglant spectacle à Moscou, une cruelle besogne au bourreau. La mère de Vladimir, la princesse Euphrosine, ambitieuse et remuante princesse — personne ne le conteste — dont l'agitation entraîna peut-être la perte de son fils, est noyée dans la rivière de Chèksna.

L'esprit d'Ivan est-il enfin tranquille? Les boyards décimés, frappés dans ce qu'ils ont de plus illustre, ne doivent plus lui faire ombrage. Sans doute la grande féodalité ne bougera pas; la terre de Russie a trop bu de son sang pour qu'on la redoute; mais il existe encore, dans certaines cités, jadis indépendantes, un regret de la situation passée qui les peut incliner à favoriser, ne fût-ce que par leurs vœux, l'invasion étrangère. Ces puissantes communes qui ont traité d'égal avec les rois, qui ont connu un degré de civilisation bien plus avancé que celui où, même au seizième siècle, est parvenu le peuple que gouverne Ivan, ne supportent qu'avec une impatience mêlée de terreur ces brusques soubresauts du pouvoir despotique. Elles se sentent conduites par une main violente, et se cabreraient à chaque instant sous le mors qui les blesse, si ce frein énergique n'était de force à les courber, à la première rébellion, jusqu'à terre. Leur soumission est une soumission frémissante, et, à Pskof comme à Novgorod la Grande, la haine de Moscou est un héritage de famille.

Ivan IV s'est montré jusqu'ici trop indulgent. Les Anglais eux-mêmes s'étonnent qu'il ait hésité à suivre l'exemple de ses prédécesseurs. « Quand Basile, nous disent-ils, conquit la Lithuanie, il laissa les habitants en possession de leurs terres et de leurs villes, se contentant d'exiger d'eux un tribut. Qu'arriva-t-il? Des complots éclatèrent, et la domination russe se trouva menacée. Basile, sans hésiter, changea de politique. Il rentra en Lithuanie et y massacra ou vendit aux Tartares les trois quarts de la population ; puis il remplaça les anciens habitants par des Russes. » Voilà comment on garde, à en croire les sujets d'Élisabeth, une province conquise. La transplantation est une mesure de clémence, à côté des procédés de Vasili IV ; ce n'est encore qu'à la transplantation que le fils de Basile s'adresse pour maintenir son prestige et son autorité dans les villes qu'il soupçonne de vouloir se soumettre au roi de Pologne. Cinq cents familles de Pskov, cent cinquante de Novgorod sont, dès les premiers jours du printemps, transférées à Moscou. La précaution jusqu'ici n'a rien d'excessif ; ni le père ni l'aïeul d'Ivan IV n'ont usé de ces demi-mesures avec les cités lithuaniennes. « Souviens-toi, écrivait au prince Kourbsky le tsar, indigné des reproches par lesquels le voïvode transfuge essayait de masquer sa trahison, souviens-toi des chrétiens massacrés par ton ancêtre le prince Féodor dans Smolensk ! » Et cependant jamais Smolensk n'appela de ses vœux l'ennemi séculaire avec autant d'impudence et d'audace que l'antique république qui, subjuguée jadis par Ivan III, ne cessait, depuis l'année 1471, de pleurer sa splendeur passée. Ivan IV ne tarda pas à craindre que ses premières rigueurs n'eussent été insuffisantes pour étouffer dans la cité, soumise en apparence, rebelle au fond du cœur, les germes de sédition.

Charles IX n'avait pas encore fait massacrer quatre

mille huguenots à Paris, soixante-dix mille protestants dans toute l'étendue de la France ; mais Ivan IV n'avait pas besoin qu'il lui vînt de l'Europe occidentale des leçons de férocité ; l'histoire de ses ancêtres, élèves eux-mêmes des conquérants mongols, lui apprenait assez comment on devait s'y prendre pour exterminer des factieux ou des vaincus. Pendant près d'une année, son âme hésita encore ; il se livrait évidemment chez lui un dernier combat entre le courroux et la clémence. Ce qui paraît avoir fait pencher la balance du côté des extrêmes rigueurs, ce fut la sourde rage qu'éprouva Ivan, de se voir devenu, par les intrigues des souverains rivaux, par les dénonciations réitérées des transfuges, un objet d'horreur pour le reste du monde. « A dater de ce jour, disait-il naguère au métropolitain Philippe, je serai tel que vous me représentez. » Et il ne tint que trop bien parole. Au mois de décembre 1569, il quitte la sloboda, accompagné du tsarévitch et de la sanguinaire légion des Opritchniks. Le ciel a délivré le sud de la Russie des Tartares et des Turcs ; Ivan se met en marche pour purger les provinces septentrionales des ennemis secrets dont il les croit infestées. De Moscou à Novgorod il a laissé une large traînée de sang. Les prisonniers de guerre polonais, tartares, livoniens ont été massacrés dans les prisons ; le pillage des villes n'a pas suffi à la soldatesque ; il leur a fallu aussi joncher les rues de cadavres. Klin,

Gorodnia, Tver, Mednoié, Torjok sont saccagées.

Le 8 janvier 1570, le tsar fait son entrée à Novgorod. Son regard est sombre, sa parole brève et impérieuse. Quelle tâche formidable lui impose le Très-Haut! Avant de l'accomplir, Ivan veut aller entendre la messe dans l'église Sainte-Sophie. Il prie avec ferveur. Son cœur a désormais la dureté de l'acier. Rien ne l'arrêtera; c'est le ciel lui-même qui va frapper par ses mains. Les exécutions commencent. Des milliers de victimes sont, pendant cinq semaines, assommées, égorgées ou précipitées, du haut d'un pont, dans le Volkhof. Ce n'étaient plus, aux yeux d'Ivan IV, des frères et des chrétiens; c'étaient « des ennemis de l'Église et de sainte Sophie, des loups carnassiers, des misérables acharnés contre la couronne de Monomaque ». Comment le cœur du tsar orthodoxe se fût-il ouvert à la pitié? Quand l'implacable vengeur crut avoir achevé son œuvre, il fit appeler devant lui les notables que le glaive des Opritchniks avait épargnés : « Vivez et prospérez dans Novgorod, leur dit-il avec douceur, et priez Dieu qu'il nous accorde un règne heureux!» Quant aux victimes, que pouvait désormais le monarque pour elles? Les moines de Saint-Cyrille supplièrent, par ses ordres, le Seigneur de leur accorder sa paix, de recevoir dans son sein quinze cent cinq de ses serviteurs, immolés par la main à laquelle, pour sa plus grande gloire, il avait commis son glaive. La haine d'Ivan ne voulait pas poursuivre au delà du tombeau les coupables dont la mort devait être un suffisant exemple, mais les portes du ciel devaient s'ouvrir plus larges qu'il le supposait ou qu'il affectait de le croire. La fosse commune avait déjà reçu dix mille cadavres, et le lac Ladoga aurait pu seul apprendre aux témoins terrifiés de ces épouvantables scènes combien de morts avaient charriés dans leur cours les eaux du Volkhof. Les satellites d'Ivan avaient frappé sans compter. Peut-être aussi le tsar refusait-il de prendre à sa charge les ravages causés par la famine et par les maladies, qui ne vinrent que trop bien compléter sa vengeance.

Pskof s'attendait au sort de Novgorod. Celui qui tient le cœur des rois entre ses mains puissantes la sauva. Ivan se sentit pris, sous les murs de cette ville, d'un inexplicable élan de pitié. « Émoussez vos glaives sur la pierre, dit-il à ses généraux, et que les meurtres cessent. » Les meurtres devaient cesser, mais non pas les exécutions. En rentrant à Moscou, Ivan y fit dresser dix-huit potences au milieu de la grande place du marché. Ceux qui avaient formé le projet de livrer aux Polonais les villes de Pskof et de Novgorod, ceux qui s'étaient mis d'accord pour élever au trône le prince Vladimir, ce n'étaient pas d'obscurs conspirateurs ; Ivan croyait les avoir enfin découverts. Alexis Basmanof, Théodore le grand échanson, Athanase Viazewsky, ce favori à qui, dans le silence des nuits, le tsar se plaisait à confier ses projets, ses plus intimes pensées : voilà les scélérats qui avaient formé le complot et qui en tenaient tous les fils! Innocents ou coupables, ils furent sacrifiés au soupçon qui, après Sylvestre et Adaschef, les avait à leur tour atteints; ils moururent, entraînant dans leur perte une foule de gentilshommes, leurs prétendus complices. Ce qu'on a vu dans des temps plus modernes accompli par la fureur d'un peuple en démence, la froide cruauté d'un despote du seizième siècle pouvait bien l'achever avec la même absence de remords. Tous les fanatismes se ressemblent et sont, dans leurs effets, également odieux, puisqu'en dépit de la cause plus ou moins généreuse qui les arme, ils n'ont qu'un procédé : prompte et brutale justice. Ivan croyait sans doute ses rigueurs nécessaires au salut de la Russie. Il ne faut pas lui refuser cette excuse. L'inflexible détermination dont il venait de faire preuve ne porta pas seulement la terreur dans les provinces prêtes à se soulever; elle intimida les princes qui avaient compté sur le concours des mécontents intérieurs.

André Savin était arrivé à Londres au mois de septembre 1569; il en repartait au mois de mai 1570. « Il faut renoncer, dit-il au tsar, quand il reparut, un an après son départ de la sloboda Alexandrowsky, à Moscou; il faut renoncer à tout

espoir d'une alliance plus intime avec l'Angleterre.
La reine Élisabeth n'a en vue que les avantages du
commerce; le commerce paraît être l'unique objet
de ses pensées. » La fille de Henri VIII appréciait
néanmoins ce qu'elle devait d'égards et de gratitude
à un prince qui avait tant fait pour ses sujets. Si
quelque conspiration secrète, si des hostilités exté-
rieures obligeaient jamais son frère, le très-puissant
empereur et grand-duc Ivan Vasilévitch, à quitter la
Russie, les États de la reine étaient prêts à le recevoir. Il y pourrait venir avec la noble impératrice,
sa femme, avec ses chers enfants. L'Angleterre lui
réservait le traitement auquel avait droit un si grand
prince. Ivan Vasilévitch pourrait, ainsi que tous
ceux qui l'accompagneraient, pratiquer librement
sa religion; jamais Élisabeth ne s'exposerait à offenser le tsar sur ce point; jamais elle ne tenterait de
le faire changer de sentiment par la persuasion ou
par la violence. Ivan choisirait dans le royaume
l'endroit où il lui plairait de résider. Il y vivrait, à
ses frais, sous la protection des lois de l'Angleterre.
Ce n'était pas seulement une promesse personnelle
de la reine, c'était un engagement sanctionné par
tous les conseillers de la couronne, par Nicolas
Bacon, le grand chancelier; par le lord William Parr,
par le marquis de Nort, par Hampton, chevalier
de l'ordre de la Jarretière; Henry, comte d'Arun-
del; lord Francis Russel, comte de Bedford; Robert

Dudley, seigneur de Denbigh et comte de Leicester ; Cecill, enfin, principal secrétaire de la fille de Henri VIII.

La lettre d'Élisabeth, écrite sur parchemin, existe encore dans les archives russes ; il est donc impossible d'en révoquer en doute la complète authenticité. Ce document peut-il suffire à nous donner l'absolue certitude qu'Ivan, dans le trouble où le jeta un instant l'agitation du royaume, ait songé, sur les conseils du médecin allemand Élysée Bomélius, à déserter son poste, à chercher sa sûreté personnelle dans la fuite? S'il en eût été ainsi, la réponse faite à la mission secrète d'André Savin eût dû satisfaire entièrement le tsar. Il avait demandé asile, on le lui promettait ; que lui fallait-il de plus? Ivan cependant éprouva un violent courroux quand son ambassadeur remit entre ses mains la lettre d'Élisabeth.

Ivan avait confié à Jenkinson « ses affaires princières », et, au lieu de lui renvoyer l'agent dont André Savin semble avoir en vain réclamé le retour, au lieu d'accueillir avec cordialité l'offre d'une alliance que n'aurait dédaignée ni le roi Philippe, ni l'empereur Ferdinand, l'astucieuse princesse affectait de n'avoir à répondre qu'à l'humiliante requête d'un souverain à demi fugitif. D'où provenait alors ce dernier paragraphe qu'on rencontrait avec étonnement, rejeté comme un insignifiant post-scriptum à la fin de la royale dépêche? Élisabeth promettait à Ivan, sur la parole et la foi d'une princesse chrétienne, de combattre, d'accord avec son puissant frère, leurs communs ennemis. N'était-ce pas là ce qu'avait été chargé de proposer Jenkinson? N'était-ce pas l'acquiescement formel à un projet très-sérieux de traité qui eût à jamais uni les forces de la reine et les forces du tsar? Aux Anglais aurait été dévolu le soin de chasser devant eux les vaisseaux de Danzig; les armées russes se seraient chargées de leur ouvrir tous les ports de la Livonie. Pourquoi donc dissimuler une alliance qui portait si bien en elle-même le pouvoir de se faire respecter par tous les États neutres? Ivan IV était-il de ces amis qu'on ne peut avouer sans rougir, et suffisait-il qu'il eût été diffamé par des apostats, pour qu'on n'osât plus conclure avec lui que des traités clandestins? Les peuples commerçants n'ont pas de ces pudeurs. Le roi de Pologne pouvait bien, en adressant au tsar les pamphlets outrageants de Guagnini, trouver un malicieux plaisir à échauffer la bile de son redoutable adversaire; la reine d'Angleterre était trop habituée à recevoir ces traits empoisonnés pour y attacher une sérieuse importance. Si elle ne se déclarait pas ouvertement pour Ivan, ce n'était pas qu'elle craignît une solidarité dont son âme sèche et dure se fût peu émue; c'était plutôt parce qu'il lui convenait de laisser à la Compagnie moscovite les frais d'une alliance dont la compagnie, après tout, était bien plus que le trésor royal, appelée à recueillir les bénéfices.

Les marchands de Londres acceptèrent sans hésitation le fardeau dont l'économe reine se déchargeait sur eux. A l'instar de la Hanse qu'ils avaient supplantée, ils se croyaient de force à faire la guerre aux rois. Christophe Hodsdon, un des associés de sir William Garrard, et le principal agent de la compagnie à Narva, fit savoir aux consuls par les bâtiments qui, après avoir hiverné dans la mer Baltique, retournèrent à Londres dès les premiers jours du printemps, qu'il attendait encore des marchandises pour le chargement de douze ou treize vaisseaux. La compagnie expédia sur-le-champ ces navires, mais elle n'ignorait pas les menaces de Sigismond-Auguste, et les bâtiments qui partirent pour Narva reçurent l'ordre de naviguer de conserve. Ils quittèrent Ratcliffe bien équipés d'hommes, de munitions et de tout ce qui est nécessaire pour la guerre. Arrivée à l'embouchure de l'Orwell, la flotte se rangea sous les ordres de William Burrough, investi par sa commission des droits et des pouvoirs de capitaine général.

William Burrough naviguait dans les mers du nord depuis l'âge de seize ans. Il avait accompagné Chancelor dans la mémorable expédition de 1553, son frère Stephen Burrough dans la reconnaissance de la Nouvelle-Zemble; il devait être un jour surintendant de la marine royale d'Élisabeth. Le 10 juillet 1570, la flotte qu'il commandait se trouvait à la hauteur de l'île Tyters, située à cinquante verstes, trente-cinq milles marins environ, de la Narova. Six corsaires de Danzig croisaient dans ces parages. William Burrough n'attendit pas qu'ils prissent l'offensive; il courut droit sur eux. Les corsaires reconnurent bien vite qu'ils allaient avoir affaire à trop forte partie. Loin de vouloir barrer le passage aux vaisseaux anglais, ils se couvrirent de voiles et se dirigèrent en toute hâte vers l'île, où ils espéraient trouver un abri. Il était trop tard pour échapper à la poursuite d'ennemis non moins agiles que les corsaires du roi Sigismond. Le vaisseau amiral fut atteint le premier, au moment même où il venait de s'échouer sur la plage; il fut atteint par le navire que montait William Burrough. Il ne restait plus à bord que trois hommes; les autres s'étaient enfuis à terre dans leurs canots, et avaient déjà pu se cacher dans les bois. Burrough prit à son bord les trois prisonniers et mit le feu au vaisseau capturé. Des six vaisseaux corsaires, un se trouvait détruit, quatre furent entourés et contraints de se rendre; le sixième seul parvint à se soustraire à la capture par la fuite.

Les vainqueurs cependant, sur toute cette escadre tombée entre leurs mains, ne recueillirent que quatre-vingts trois officiers, soldats et matelots. Une partie des hardis marins de la Vistule avaient été tués pendant le combat; quelques-uns avaient pu se jeter à temps dans les embarcations, et, à la faveur du désordre, se sauver à toutes rames; le reste aima mieux se précipiter à la mer que s'en remettre à la douteuse merci des Anglais. La plupart de ces désespérés trouvèrent la mort dans les flots. Les survivants auraient pu envier leur sort. William Burrough conduisait, en effet, sa flotte victorieuse et ses quatre prises à Narva. Qu'allait-il faire de ses quatre-vingts captifs? D'accord avec Christophe Hodsdon, il trouva bon de les offrir gracieusement, au nom de sir William Garrard et de sa compagnie, « à Son Altesse le tsar ». Le kniaz voïvode les reçut le 13 juillet 1570. « Nous n'avons gardé qu'un des prisonniers, écrivirent à Ivan l'amiral et Christophe Hodsdon; c'est le nommé, Haunce Snarke, un des capitaines. Voici nos raisons pour ne l'avoir pas livré aux officiers du voïvode avec les autres. Au moment où Haunce Snarke s'apprêtait, docile et résigné, à suivre ses compagnons, plus de cinquante de nos Anglais nous supplièrent à genoux de le ramener en Angleterre. Ils avaient, disaient-ils, dans un précédent voyage, été pris par les corsaires, et Haunce Snarke leur avait sauvé la vie. Si donc Votre Altesse veut bien le permettre, nous conserverons ce prisonnier sur notre vaisseau. Nous espérons cette faveur de la bonté de Votre Majesté; de toute façon nous nous conformerons à ses ordres. »

Voilà certes des vainqueurs bien modestes, des étrangers bien respectueux des droits du souverain qui a daigné leur ouvrir ses États ; mais, ne nous y trompons pas, ce respect et cette modestie sont imposés aux agents de sir William Garrard par les dangers que court en ce moment leur précieux privilège. La patience n'était pas la vertu dominante d'Ivan IV, et la conduite ambiguë de la reine d'Angleterre lui inspirait parfois la tentation de traiter les Anglais en ennemis secrets plutôt qu'en alliés. « Nous n'avons pas de marchandises pour charger la moitié de nos vaisseaux, s'écriaient avec découragement William Burrough et Christophe Hodsdon ; le tsar, pendant tout cet hiver, a interrompu notre trafic. » S'il n'eût écouté que sa colère, Ivan IV aurait fait bien plus. Il eût donné l'ordre de mettre sous séquestre les biens de la compagnie et envoyé ses agents à la geôle. Il était littéralement outré de n'avoir reçu, depuis le 22 septembre 1567, aucunes nouvelles de Jenkinson. La révolte avait été efficacement conjurée d'un bout de l'empire à l'autre ; Ivan ne voyait plus autour de lui un seul boyard séditieux ; ses sujets pouvaient à leur gré railler les Polonais « qui préféraient rester à boire chez eux que tenir la campagne, et ne savaient pas obéir à leur roi » ; il fallait que sa toute-puissance fût bravée par un étranger qu'il avait, pendant près de quatre ans, traité comme un des siens. Qu'on lui ramenât Anthony Jenkinson ou qu'on cessât de faire appel à sa bienveillance !

Les choses cependant allaient assez mal en Livonie. Malgré les intrigues auxquelles le tsar avait espéré associer le Danemark, Revel ne voulait pas se détacher de la Suède; Gothard Ketler, le duc de Courlande, restait fidèle à Sigismond. Assiégée par vingt-cinq mille Russes et par une nombreuse troupe d'auxiliaires allemands, Revel découragea par sa résistance le prince danois Magnus, qu'Ivan voulait faire roi pour occuper, sous un nom d'emprunt, la partie occidentale de la Livonie. Après sept mois d'un blocus que la flotte suédoise rendit inutile, les habitants virent enfin, le 16 mars 1570, s'éloigner l'armée moscovite; le 13 décembre de la même année, la paix était conclue entre le roi Jean et le roi Frédéric. Il ne s'agissait plus pour le tsar d'accroître ses possessions sur le littoral de la Baltique; ce serait beaucoup s'il pouvait conserver celles que lui avait valu la campagne de 1561.

Les conseillers des premières années d'Ivan IV, Sylvestre et Adaschef, ne s'étaient jamais montrés favorables aux ambitions européennes de leur maître. Ils auraient voulu en finir avec les Tartares avant de se résoudre à braver les chevaliers allemands et les Suédois. L'événement semblait avoir donné tort à leur prudence; la puissance russe avait reçu un accroissement considérable de l'exécution des projets d'Ivan. Les appréhensions de Sigismond-Auguste montraient assez avec quelle sagacité le fils de Basile avait discerné les véritables conditions de la grandeur de son pays. Il n'en résulta pas moins de cette concentration de forces au nord-ouest de Moscou un certain relâchement de surveillance du côté des frontières où jadis s'échelonnaient sans faute, à chaque retour du printemps, les Syny-Boïarski. Vers la fin de l'année 1570 on apprit tout à coup que le père de la tsarine Marie, le prince tcherkesse Temgrouk, venait d'être attaqué par les Tartares sur la ligne du Terek ; les deux fils de ce prince avaient même été faits prisonniers. Les voïvodes moscovites cantonnés, suivant l'habitude, sur les bords de l'Oka dont ils gardaient les gués, n'attendaient que des ordres pour se mettre en mouvement. Ivan, accompagné du tsarévitch, le allas visiter à Kolomna et à Serpoukof. Que fallait-il penser de ce commencement d'invasion? Devlet-Ghireï semblait-il résolu à pousser plus loin ses avantages? Était-ce vraiment la guerre ou simplement une échauffourée, comme il s'en produisait régulièrement deux ou trois fois par an à l'extrême limite des possessions russes? Les voïvodes d'Ivan ne purent le renseigner que très-incomplétement à cet égard. Leurs éclaireurs avaient aperçu dans les steppes des nuages de poussière, des feux pendant la nuit. Le bruit et les hennissements des chevaux se faisaient entendre au loin ; mais sur tous les points les Tartares se montraient en petit nombre et disparaissaient aussitôt

Le tsar ne voulut pas voir dans cette agitation une menace sérieuse. Dès le commencement de l'hiver, il congédia ses troupes. Il ne les avait pas encore rappelées sous les drapeaux que déjà le khan de Crimée avait, de toutes parts, rassemblé ses hordes. Aux premiers jours du printemps de l'année 1571, Devlet-Ghireï envahit les provinces méridionales de la Russie à la tête de plus de cent mille hommes, deux cent mille, si nous en croyons les Anglais. Le tsar était accouru de sa personne avec la légion des Opritchniks à Serpoukof; les voïvodes rangèrent l'armée en arrière de l'Oka. Ce fut sur Serpoukof que se portèrent les Tartares. Ivan n'eut que le temps de battre précipitamment en retraite ; peu s'en fallut qu'il ne fût enveloppé par cet ouragan de cavalerie. Au lieu d'aller s'enfermer dans Moscou, il prit le sage parti de traverser Kolomna sans s'y arrêter et de se rendre à la sloboda Alexandrowsky. Là en effet il restait en communication avec les provinces et pouvait, en ce péril pressant, donner à la défense l'impulsion nécessaire. Les voïvodes apprenaient en même temps qu'ils étaient débordés par leur flanc droit, et que le khan menaçait d'arriver avant eux sous les murs de la capitale. Ils retrogradèrent à marches forcées vers Moscou.

Tout fuyait cependant devant les Tartares ; les faubourgs étaient déjà encombrés d'une innombrable foule venue des villages environnants. Ce fut au

17.

milieu de cette multitude que vinrent se jeter les troupes russes le 24 mai 1571. Il eût peut-être mieux valu qu'elles abandonnassent Moscou à son sort. Trop peu nombreuses pour affronter l'ennemi en rase campagne, elles se croyaient de force à le repousser en s'appuyant à la ligne des faubourgs; ce vaste bûcher s'alluma soudain autour d'elles. Il avait suffi aux Tartares de mettre le feu à quelques maisons pour que l'incendie se propageât avec une rapidité incroyable sur un espace de plus de trente verstes. Les soldats, les paysans, enveloppés par les flammes, se précipitèrent éperdus vers la ville. La Zemlianoï-gorod était elle-même en feu. Toutes les maisons étaient des maisons de bois, bâties de gros madriers de sapin, sans pierres, sans briques, sans chaux, à l'exception de quelques bâtiments extérieurs; l'embrasement fut si prompt et s'étendit partout avec une telle violence, favorisé par un temps calme et serein, qu'en moins de quatre heures la majeure partie de l'immense cité ne fut plus qu'un amas de cendres et de décombres. On s'étouffait dans les rues, on s'écrasait sous les portes; trois rangs de malheureux, en certains endroits, marchaient les uns sur les autres. Le Kremlin seul eût pu offrir un asile; la garnison, dès le début de l'incendie, en avait muré les entrées. Cent vingt mille victimes périrent dans les flammes; la perte totale causée par l'invasion fut, dit-on, de huit cent mille âmes. Les Tartares s'étaient vus frustrés par l'incendie, plus prompt dans ses ravages qu'ils ne l'avaient pu supposer, de l'immense butin qui disparut ce jour-là dans les flammes. Ils reprirent le chemin de leurs steppes, avant qu'une nouvelle armée russe fût venue des provinces du nord leur demander compte de leurs méfaits. Moscou n'existait plus, et Devlet-Ghireï entraînait à sa suite plus de cent mille prisonniers.

Les annales russes n'avaient pas eu souvent à enregistrer un pareil désastre. L'âme d'Ivan IV ne semble pas pourtant avoir fléchi sous le poids d'un si grand malheur. Le 15 juin, il se rapprocha de Moscou et prit immédiatement les mesures les plus efficaces pour mettre les débris encore fumants de l'immense capitale à l'abri d'une nouvelle invasion du khan de Crimée. « Les Criméens d'un côté, sa cruauté de l'autre, écrivaient les Anglais, ont dû lui laisser peu de monde. » Cependant il trouvait encore le moyen de rassembler sous les ordres de Vorotinsky une armée destinée à contenir les Tartares, une autre armée confiée à un des anciens rois de Kazan, Sahim-Boulat. Cette seconde armée, il voulait la conduire lui-même à Novgorod et la diriger de Novgorod sur la Livonie pour en chasser le dernier bataillon suédois. Loin de demander la paix à la Suède, l'audace d'Ivan prétendait lui imposer les plus dures conditions. Le roi Jean céderait au tsar l'Esthonie et les mines d'argent de la Finlande; il conclurait avec la Russie un traité d'aillance offensive contre la Pologne et le Danemark, s'engagerait à fournir mille hommes de cavalerie et cinq cents d'infanterie; il se reconnaîtrait, en un mot, le vassal du souverain dont il avait osé affronter le couroux, et, pour gage de sa dépendance, donnerait désormais au tsar dans ses dépêches royales le titre qu'Ivan Vasilévitch se proposait d'ajouter aux titres si nombreux dont il se parait déjà; il l'appellerait « le maître de la Suède ». Voilà comment Ivan faisait face à l'adversité. Tant de jactance touchait peut-être à la folie; on ne peut refuser néanmoins à cette attitude hautaine, dans des circonstances où les plus fiers courages auraient pu se troubler, un certain caractère de grandeur.

Le 26 juillet 1571, trois navires anglais, la *Magdalen*, le *Swallow*, l'*Harry*, arrivèrent dans la baie de Saint-Nicolas. Sur le *Swallow* se trouvait enfin Jenkinson. La reine avait dû céder aux menaces d'Ivan IV, après avoir longtemps résisté à ses prières. Elle lui renvoyait l'agent dont le retour n'eût pu se faire désirer plus longtemps sans compromettre gravement les intérêts, peut-être même la sûreté personnelle des sujets britanniques. Dans les conditions où il revenait en Russie, après une absence difficile à expliquer de quatre ans, Jenkinson pouvait aussi bien se croire un otage qu'un ambassadeur. De désastreuses nouvelles l'accueillirent dès son débarquement à Rose-Island. « Moscou avait été brûlé jusqu'au dernier morceau de bois avec une innombrable quantité d'habitants. Thomas Southam, Tofield, Waverley, employés de la compagnie ; la femme de Greenes et ses enfants, deux enfants de Rafe, vingt-cinq autres personnes, avaient été étouffés dans la factorerie ou dans la brasserie anglaise ; Rafe sa femme ; John Browne et John Clerke étaient, par un miracle, sortis vivants des décombres ; deux agents supérieurs, M. Glover et M. Rowley, à demi aveuglés par la fumée, s'étaient frayé un passage jusqu'à une autre cave ; mais un jeune apprenti avait été enveloppé par les flammes presque sur leurs talons. » Les pertes subies par la compagnie lui faisaient une large part dans le désastre du royaume. Il lui fallait commencer par fonder un nouveau comptoir à Moscou. Jenkinson était peut-être le seul homme qui pût envisager avec le sang-froid nécessaire une semblable situation. Son premier soin fut de faire partir en poste son interprète, Daniel Sylvestre, pour la cour qui se trouvait à Moscou. Il désirait informer le tsar de son arrivée et connaître le bon plaisir de la redoutable majesté à son égard. Les discours de M. Proctor, l'agent de la compagnie à Rose-Island, et ceux d'autres serviteurs de la Société moscovite, ne pouvaient lui laisser aucune illusion sur les dangers au-devant desquels il courait. On ne s'entretenait à Moscou que du violent déplaisir d'Ivan IV contre son ancien favori. « Si jamais, disait-on, Anthony Jenkinson ose remettre le pied en Russie, il est fort douteux qu'il y garde la tête ! » Tous ces propos étaient loin d'être encourageants. Anthony en fut d'abord, suivant sa propre expression, « un peu étourdi ». Il se demandait s'il continuerait sa mission ou s'il reprendrait, pendant qu'il en était temps encore, la route de l'Angleterre. Le sentiment de son innocence et de ses bonnes intentions le rassura. « Je n'ai offensé, se dit-il, Sa Majesté ni en paroles, ni en actions ; je n'ai point fait de promesses que je n'aie remplies fidèlement. J'en veux courir la chance ; j'irai à Moscou justifier moi-même ma conduite et confondre mes ennemis, dont les faux rapports ont indisposé contre moi le tsar. »

Le 1er août, Jenkinson était à Kholmogory. Il n'y attendait que le retour de son messager, bien décidé à poursuivre à tout risque son voyage ; mais la peste avait reparu avec plus d'intensité que jamais en Russie. Ce malheureux pays était de nouveau visité par la main de Dieu. Ivan avait donné les ordres les plus sévères, pris les dispositions les plus rigoureuses et, il faut le dire, en même temps les plus sages, pour prévenir les progrès de la contagion. Nul ne pouvait forcer les passages interdits sans encourir la peine capitale. Daniel Sylvestre avait parcouru huit cents verstes environ quand il se vit arrêté et retenu à une ville nommée Shasko. Tous ses raisonnements devinrent inutiles. Le tsar savait se faire obéir dans ses États, et plutôt que de s'exposer à enfreindre ses ordres on préférait les exagérer. On ne voulut donc permettre au malheureux messager ni d'aller plus avant, ni de retourner aux lieux d'où il était venu, ni d'envoyer personne à Kholmogory pour aviser l'ambassadeur anglais de son sort. Pendant quatre mois entiers Jenkinson resta sans nouvelles de son émissaire.

Daniel Sylvestre cependant ne demeurait pas inactif. Il trouva le moyen de faire connaître au gouverneur de Vologda son arrivée et le grave motif qui l'amenait. Le gouverneur lui fit dire qu'il ne pouvait se rapprocher du prince sans un ordre formel de Sa Majesté qui tenait la campagne contre les Suédois. Ivan, en effet, était entré le 23 décembre à Novgorod. Avant de quitter Moscou il y avait fait une nouvelle immolation de victimes à la patrie trahie et aux mânes de sa nouvelle épouse Marfa Sabakin, qui était passée presque subitement, le 13 décembre, de l'autel au tombeau. Plus sombre, plus méfiant, plus farouche que jamais, il venait d'apparaître dans la misérable cité qu'il avait si cruellement punie, teint du sang de ses proches et de ses voïvodes, mais toujours entouré d'une cour dont l'éclat eût à peine laissé soupçonner les larges trouées qu'y avait faites son glaive. C'est de Novgorod même qu'il lançait un nouveau défi à la Suède. « Si votre roi, disait-il aux ambassadeurs prêts à repartir pour Stockholm, n'exécute pas notre volonté, nous verrons qui de nous deux a l'épée le mieux aiguisée. » La saison n'était pas encore favorable aux opérations militaires. Ivan quitta Novgorod le 18 janvier 1572, et, traversant avec sa rapidité accoutumée les vastes États sur lesquels il avait tant de fois promené sa colère, il alla chercher un repos qu'il ne devait plus connaître à la sloboda Alexandrowsky.

Jenkinson, pendant ce temps, s'inquiétait de ne recevoir aucunes nouvelles de Daniel Sylvestre. Il prit le parti de dépêcher vers Ivan un second messager, conduit par un guide familiarisé de longue date avec les moindres sentiers de la forêt. Ce nouveau courrier se flattait de déjouer la rigoureuse surveillance établie entre Vologda et Moscou. C'était bien mal connaître la vigilante police d'Ivan IV. Déjà l'Anglais avait parcouru cinq ou six cents verstes à travers le désert; il se croyait près d'atteindre le but, lorsque son guide et lui tombèrent à l'improviste au milieu d'une patrouille. Peu s'en fallut qu'on ne les brûlât tous deux avec leurs chevaux. Tel était le traitement réservé, par les ordres du tsar, à quiconque aurait la témérité de vouloir forcer le cordon sanitaire. Le courrier de Jenkinson, par bonheur, avait la bourse bien garnie. Il parvint à faire entendre raison aux soldats qui apprêtaient déjà son bûcher. On lui laissa la vie, mais on le retint, prisonnier, comme le messager arrêté à Vologda.

L'anxiété de Jenkinson devenait extrême, et sa situation à Kholmogory semblait devoir être de jour en jour plus critique. On n'avait pas attaché à sa personne, suivant la coutume, un gentilhomme russe destiné à lui servir de sauvegarde; on n'avait pas mis de logement à sa disposition, et, chose plus remarquée encore, on ne lui envoyait pas, comme aux ambassadeurs qui l'avaient précédé, les provisions que le tsar ne manque jamais de fournir à ses hôtes. La nation anglaise avait évidemment perdu la faveur d'Ivan IV; les gens du pays se croyaient dispensés de montrer à Jenkinson et à ses compagnons une courtoisie que ne leur imposait plus la bienveillance du souverain. La peste heureusement cessa ses ravages, et les communications furent enfin rétablies entre les diverses parties de l'empire.

Le 28 janvier 1572, le gouverneur de Kholmogory reçut par un exprès l'ordre de fournir sur-le-champ des chevaux de poste à Jenkinson et de le laisser partir pour Peroslav. Sa Majesté était revenue de la guerre et semblait vouloir passer quelque temps dans le voisinage de cette ville. Le 3 février, l'ambassadeur de la reine Élisabeth crut toucher au port. Arrivé à Peroslav sans encombre, il se trouvait cette fois sous la garde d'un gentilhomme; il était logé et nourri aux frais du tsar. La seule chose qui pût l'inquiéter encore, c'était la surveillance dont il n'avait pas cessé d'être l'objet; aucun de ses compatriotes ne pouvait arriver jusqu'à lui. Le 14 mars, on le fit mander à la cour. Il n'en était plus qu'à trois verstes, quand un courrier d'Ivan lui fit rebrousser chemin. D'où venait ce nouveau caprice? Jenkinson ne laissa pas d'en être un peu ému. « Les temps, nous apprend-il, étaient fort troublés, et l'empereur très-aigri par la mauvaise tournure que prenaient ses affaires. »

Le retard de l'audience si vivement désirée ne fut heureusement que de peu de durée. Le 23 mars, Jenkinson parut devant Ivan IV. « L'empereur, dit-il, me donna sa main à baiser, écouta ma harangue avec bienveillance et reçut, assis sur son trône, entouré de toute sa noblesse, les lettres princières de la reine, ainsi que le présent qui les accompagnait. Il se leva ensuite, et, m'adressant la parole : « Comment se porte ma sœur Élisa-« beth? Est-elle en bonne santé ? » Je répondis : « Dieu a bien voulu accorder à Sa Majesté la santé « et la paix. Je t'en souhaite autant à toi, seigneur, « son frère bien-aimé. » Sa Majesté s'assit de nouveau, congédia toute sa cour et ne garda près d'elle que son principal secrétaire et un autre membre du conseil; puis, me faisant approcher, avec mon inter-

prête, elle me tint ce discours : « Anthony, la der-
« nière fois que je t'ai admis en ma présence, je t'ai
« chargé d'un message secret et confidentiel. Tu de-
« vais en donner connaissance à la reine ta maîtresse,
« en personne, aussitôt après ton arrivée, et nous
« rapporter sa réponse. L'époque à laquelle nous
« attendions ton retour était déjà passée depuis long-
« temps, quand arrive dans nos possessions par la
« voie de la Dwina un certain Thomas Randolph se
« disant ambassadeur de la reine. Ce Thomas ne nous
« parla que des affaires des marchands ; il ne nous
« dit pas un mot des nôtres. Nous savons bien qu'il
« faut s'occuper des affaires des marchands — le
« commerce est la source où s'alimentent nos trésors
« princiers — mais il faut avant tout régler les
« affaires des princes. Nous désirions établir une
« amitié éternelle entre la reine et nous. Quand
« Thomas Randolph retourna en Angleterre, nous
« le fîmes accompagner par notre propre ambassa-
« deur. Notre ambassadeur nous revint sans avoir
« terminé l'affaire, contrairement à notre attente,
« contrairement aussi à ce qui avait été convenu
« entre Thomas et nous. »

Combien de fois, pendant que le tout-puissant et
implacable monarque exposait ainsi ses griefs, Jenkinson dut-il supplier intérieurement les immortels,
conducteurs de sa langue, de le guider dans la réplique d'où dépendait, outre le succès de sa mission,

son salut! Huit années d'un règne tourmenté et sanglant avaient rendu Ivan méconnaissable. Le poids du pouvoir n'est jamais léger, mais la pierre de Sisyphe retombe plus accablante encore sur un cœur gonflé de soupçons et d'angoisses. Ce tsar, de haute stature, aux membres vigoureux et bien proportionnés, dont l'aspect bienveillant et presque débonnaire avait séduit Chancelor, Killingworth et Jenkinson, ce jeune souverain qu'un de ses serviteurs italiens décrivait ainsi : *Bello di corpo, d'animo prestante e generoso,* était, à l'âge de quarante-trois ans, un vieillard chauve et lourd, péniblement affaissé sur lui-même. Son regard, autrefois si vif et si pénétrant, avait perdu le feu dont le virent briller les premiers Anglais introduits à Moscou. Toute sa physionomie s'était empreinte d'une férocité sombre, et ses traits altérés disaient assez quelles cruelles épreuves avait subies cette âme. Jenkinson eût probablement préféré à cette heure se trouver de nouveau en face du Grand Sofi. Il s'arma cependant de courage, et, mettant sa confiance dans la protection du Très-Haut non moins que dans la droiture de ses intentions, il commença ainsi : « Très-noble et très-illustre prince, je te supplie humblement de me permettre de parler ici en toute liberté. Tu n'entendras sortir de ma bouche aucune parole qui ne soit la vérité même. Puis-je espérer que tu ne prendras pas offense de mes discours? »

Le tsar se contenta d'exprimer par un signe de tête son acquiescement, et l'ambassadeur d'Élisabeth, affermissant peu à peu sa démarche et sa voix, poursuivit, sans attendre un nouvel encouragement, sa harangue : « Ton Altesse, dit-il, avait adressé par mon intermédiaire à Son excellente Majesté la reine un message concernant tes secrètes et princières affaires. Ce message, je l'ai exposé fidèlement et confidentiellement à S. M. la reine en personne, je l'ai exposé mot pour mot, comme Ta Seigneurie me l'avait recommandé, aussitôt que je suis arrivé en Angleterre. La reine a daigné l'entendre et l'agréer favorablement. Thomas Randolph fut peu de temps après désigné par Sa Majesté pour te porter sa réponse. La sagesse et la fidélité éprouvées de cet ambassadeur lui valurent l'honneur d'être envoyé auprès d'un aussi puissant prince. Thomas Randolph avait reçu les pouvoirs nécessaires pour traiter non-seulement les affaires des marchands, mais aussi les affaires secrètes et princières que tu m'avais confiées. Si la reine ne me dépêcha pas moi-même en Russie, ce fut parce qu'elle trouva bon de m'employer alors sur mer contre ses ennemis. Je n'étais pas rentré en Angleterre quand Thomas Randolph en partit ; sans cela, je l'aurais accompagné.

« Thomas Randolph s'est entretenu plusieurs fois avec Ton Altesse et avec tes conseillers, mais il nie qu'il ait jamais rien conclu, qu'il ait jamais fait aucune promesse, si ce n'est sous la condition expresse d'en référer au bon plaisir de la reine à son retour. Tu avais envoyé, seigneur, ton propre ambassadeur en Angleterre avec Thomas Randolph. Il faut que cet ambassadeur ne t'ait pas transmis fidèlement la réponse de la reine ou que le vrai sens des paroles de Thomas Randolph n'ait pas été bien compris en Russie, ce qui s'expliquerait aisément par le manque d'un bon interprète. En réalité, la reine a reçu avec reconnaissance les lettres et les compliments que tu lui as envoyés par André Savin. Jamais ambassadeur n'avait été traité dans notre royaume avec autant d'honneur. André Savin a eu de Sa Majesté plusieurs audiences; la reine l'a renvoyé avec des réponses satisfaisantes sur tous les points. L'ambassadeur, du moins, paraissait satisfait, comme il appert d'un certificat que la reine nous a récemment transmis par son messager Robert Beast. La reine pensait que ton ambassadeur te ferait un rapport conforme à sa déclaration, et que tu serais ainsi satisfait à ton tour. Si elle eût pu conserver le moindre doute à cet égard, elle eût fait accompagner André Savin par son propre ambassadeur. Dès qu'elle a su que ni Thomas Randolph ni André Savin ne t'avaient pleinement contenté au sujet des affaires d'État que tu tenais avant tout à voir éclaircir, Sa Majesté m'a expédié vers toi, seigneur empereur et grand-duc, avec l'expression com-

plète de ses intentions touchant tes affaires princières.
Elle m'a aussi chargé de m'enquérir de la juste
cause de ton déplaisir envers la compagnie de sir
William Garrard. La reine suppose que l'indignation de Ta Majesté vient plutôt des rapports infidèles de ton dernier ambassadeur et des insinuations
perfides de quelques Anglais, rebelles à leur souveraine et à leur pays, qui se sont établis sans droit
dans tes États, que de réels méfaits commis par ces
marchands qu'on chercherait en vain à convaincre
d'avoir volontairement encouru ton déplaisir.

« Depuis le jour où, pour la première fois, ils sont
venus trafiquer dans tes États, — et il y a maintenant dix-neuf ans qu'ils y trafiquent, — ces marchands ont toujours été prêts à t'apporter les choses
nécessaires à ton trésor, soit en temps de paix, soit
en temps de guerre, et cela sans tenir compte des
défenses de tous tes ennemis. Les princes des mers
orientales s'étaient entendus pour fermer le Sund
et la route de la Narova; tu n'en as pas moins reçu
régulièrement les objets mêmes que la Reine ne laisse
emporter hors de son royaume pour aucun prince
au monde. On sait quelles grandes pertes sir William Garrard et sa compagnie ont subies depuis quelques années, tant par les naufrages que par l'infidélité de leurs employés; on sait aussi quels services
leurs navires t'ont rendus. Il y a deux ans, au moment où ils se disposaient à entrer à Narva, ils ren-

contrèrent les corsaires du roi de Pologne, brûlèrent leurs vaisseaux et tuèrent les équipages; ceux qui tombèrent vivants entre leurs mains, ils les livrèrent au capitaine de Narva. J'espère que Ton Altesse ne l'a pas oublié. La reine te prie de rendre ta faveur à William Garrard et à sa compagnie, de rétablir les priviléges que tu leur avais octroyés. Elle désire que Ta Majesté n'accorde plus créance aux faux rapports, aux infidèles suggestions de ses ennemis.

« — Nous vous avons entendu, répondit le tsar, gardant encore sa gravité imposante et farouche. Nous étudierons la question, quand nous aurons pris connaissance des lettres de notre sœur S. M. la reine.

« — L'empereur, je l'espère, répliqua Jenkinson, trouvera dans ces lettres la complète expression de la pensée qu'il désire connaître. Ce qui ne sera pas suffisamment clair, je suis autorisé à l'éclaircir. »

Sur ces derniers mots, qui parurent le satisfaire plus que tout le reste, le tsar invita l'ambassadeur à s'asseoir; puis, après une pause, il lui adressa ces paroles : « Voici le temps où nous devons jeûner et prier, car nous serons bientôt à la veille du saint jour de Pâques. Nous allons donc partir d'ici prochainement et nous rapprocher de Novgorod. Il serait impossible de vous donner dès à présent réponse. Vous pouvez nous aller attendre à l'endroit même où nous devons nous rendre ; nous vous y ferons connaître notre bon plaisir. » Le lendemain 24 mars, Jenkinson recevait l'ordre de se mettre immédiatement en route pour la ville de Tver, située à trois cents verstes de la sloboda Alexandrowsky. Le tsar devait s'arrêter lui-même, à soixante verstes de Tver, dans la ville de Staritza ; des chevaux de poste furent envoyés à l'agent anglais, avec un gentilhomme chargé de le conduire.

Le 28 mars 1572, Jenkinson était à Tver ; mais ce ne fut que le 8 mai qu'il fut appelé à Staritza. Le 12, il eut une audience du principal secrétaire, et, dès le lendemain, le tsar en personne le faisait mander à la cour. Jenkinson trouva Ivan IV assis sur son trône, dans un appareil somptueux et solennel, une riche couronne garnie de pierres précieuses sur la tête, son fils aîné à ses côtés, sa noblesse rangée tout autour de la salle. Dès que l'ambassadeur parut à l'entrée de la chambre, le tsar donna l'ordre qu'on le fît approcher.

« Anthony, lui dit-il d'une voix assez haute pour que Jenkinson ne perdît pas une seule de ses paroles, la reine notre sœur bien-aimée nous a envoyé des lettres que nous avons fait traduire. Nous les comprenons bien, et nous avons mûrement considéré tout ce que ces lettres contiennent et ce que vous nous avez vous-même déclaré verbalement. Nous savons maintenant que le message secret que nous vous avions confié a été transmis fidèlement. Quand nous envoyâmes notre ambassadeur en Angleterre pour y traiter des grandes et importantes affaires que nous voulions conclure avec la Reine notre sœur, cet ambassadeur ne put rien terminer, faute d'avoir les pouvoirs qui sont, en tout pays, jugés indispensables pour traiter les affaires des princes. André Savin, nous fut donc renvoyé avec des lettres sans portée, et aucun ambassadeur de la reine ne l'accompagna. Nous nous tinmes alors pour très-offensé. La mauvaise conduite de vos marchands, qui plus d'une fois ont transgressé nos lois, vint encore ajouter à notre déplaisir. Nous leur enlevâmes leur privilége et nous écrivîmes même à la reine notre sœur pour lui faire connaître nos griefs. Maintenant la reine vous a de nouveau envoyé vers nous comme son ambassadeur, avec ses lettres aimées et sa pleine pensée. Nous l'en remercions avec gratitude. Nous voulons oublier que nos affaires princières et secrètes n'ont pas été terminées à notre satisfaction pour l'époque que nous avions fixée. Nous oublierons aussi, en considération de la reine, tout notre déplaisir contre sir William Garrard et sa compagnie. Nous les rétablirons dans leurs priviléges et dans leurs franchises, comme s'ils ne nous avaient jamais offensé. Nous allons le signifier dans toutes nos cités et dans toutes nos villes. Si la reine notre sœur ne t'eût pas envoyé vers nous, Anthony, Dieu sait ce que nous eussions fait à ces marchands! Il nous eût été bien difficile de contenir notre indignation. »

L'indignation d'Ivan IV ressemblait à ce fameux froncement de sourcils qui, suivant le poëte, faisait trembler l'Olympe. Par bonheur, Jenkinson venait de la calmer en partie, et jamais peut-être le vaillant homme de mer ne rendit un plus grand service au commerce anglais.

« Que Sa Majesté, se permit-il d'ajouter humblement, veuille bien me faire connaître les offenses dont mes compatriotes se sont rendus coupables, ainsi que le nom des délinquants; j'en instruirai la reine ma maîtresse, et un juste châtiment aura bientôt atteint tous ceux dont la conduite a mérité ta colère.

— Non, Anthony, répliqua le tsar, je ne te dirai pas quels sont les marchands de ton pays dont j'ai eu à me plaindre. Je désire aujourd'hui remettre à tous les offenses passées, et ce ne serait pas chose digne d'un prince d'accuser des gens après leur avoir fait grâce. Je ne veux pas laisser retomber sur les têtes coupables qu'il m'a plu d'épargner le déplaisir de la reine d'Angleterre. »

Un pareil langage a lieu d'étonner, quand on songe de quelle bouche il sortait; mais Ivan, sous plus d'un rapport, semble avoir uni les sentiments d'un roi à la férocité instinctive et bestiale d'un tigre. « Je suis votre dieu, disait-il à ses sujets tremblants; je suis votre dieu, comme l'Éternel est le mien. » Ce dieu vengeur aurait cru s'abaisser, s'il eût laissé à d'autres le soin d'accomplir ses justices.

« Nous sommes à la veille de partir en voyage pour visiter nos frontières, dit-il à Jenkinson avant de le congédier. Nous allons vous renvoyer à la reine notre sœur bien-aimée. Un gentilhomme de notre maison vous accompagnera jusqu'à vos vaisseaux; et vous servira de sauvegarde. Nous vous ferons donner des vivres, des conducteurs, des chevaux de poste, autant qu'il vous en faudra. »

Ivan Vasilévitch, ayant dit, se leva; puis, ôtant sa couronne, il prononça ces mots :

« Présentez mes sincères compliments à notre sœur bien-aimée la reine Élisabeth; nous lui souhaitons longue vie et heureux succès. »

Pour la dernière fois le tsar Ivan IV tendit à Jenkinson sa droite impériale. Le tsarévitch lui donna également sa main à baiser; puis, sur l'ordre d'Ivan, du vin fut apporté. Le monarque prit une coupe, et, après l'avoir fait remplir par son échanson, il l'offrit lui-même à l'ambassadeur anglais. Ce fut la coupe d'adieu, adieu définitif, car Anthony Jenkinson et Ivan Vasilévitch ne devaient plus se revoir en ce monde. Anthony partit de Staritza le 14 mai et de Kholmogory le 23 juillet 1572. Alors, vieux et fatigué, nous apprend-il lui-même, il songea enfin « à prendre du repos dans sa propre maison et à ne plus s'occuper que de son bien-être ».

Ce qu'on peut imaginer de plus grand et de plus imposant sur la terre — Soliman dans sa pompe, Ivan Vasilévitch dans sa magnificence, le schah Tamasp et le roi d'Hircanie dans leur orientale splendeur — avait successivement défilé devant lui. Nul n'était plus capable d'apprécier en Orient la balance des forces, d'indiquer à la reine de quel côté il convenait d'incliner ses alliances, de signaler à la Compagnie moscovite vers quels marchés il lui serait loisible d'acheminer ses draps.

Tant que le Grand Turc avait été l'ami des Vénitiens, les États du tsar semblaient la seule route qui demeurât ouverte aux produits écartés des mers de l'Orient par la jalousie portugaise. Mais les forces réunies de Venise, de l'Espagne et du pape avaient anéanti la flotte ottomane le 7 octobre 1571. La rupture entre les puissances méditerranéennes ne pouvait être plus complète; la Compagnie moscovite eût été impardonnable de ne pas chercher à en profiter. Après s'être substituée en 1553 à la Hanse, elle pouvait maintenant songer à hériter de la clientèle de Venise.

Les Anglais avaient commencé à trafiquer en Sicile, à Candie, à Chio, dès l'année 1511. Ce commerce fut abandonné quand les Turcs en 1566 s'emparèrent de Chio et en chassèrent les Génois. Il était facile de le faire revivre, non moins facile de remplacer les Vénitiens dans les ports de Syrie et sur les côtes d'Égypte. On arriverait ainsi, par terre et par les fleuves, à Bassora d'abord, à la rive opposée du golfe Persique ensuite. Il fallait seulement consentir à devenir l'allié du Grand Turc comme on était déjà l'allié du tsar. Ce serait peut-être un sujet de scandale pour quelques âmes pieuses. Le roi Salomon ne fut-il pas l'allié d'Hiram, le roi de Tyr? Et pourtant Hiram était un gentil! Les Français, les Génois, les Florentins, les Ragusais, les Vénitiens, les Polonais, avaient conclu plus d'un pacte avec les infidèles; l'empereur d'Allemagne leur paya longtemps tribut pour une certaine portion de la Hongrie; les Espagnols et les Portugais, brouillés, comme les Vénitiens, avec le Grand Turc, n'en continuèrent pas moins de trafiquer en Barbarie et dans les Indes avec les Maures. Pourquoi blâmerait-on dans les Anglais ce qui était pratiqué sans le moindre scrupule par les autres nations chrétiennes? Ivan, le grand Ivan, le plus dévot, sinon le plus chrétien des princes, ne venait-il pas, au moment où allait s'engager la lutte suprême entre la papauté et l'islamisme, d'envoyer rappeler au sultan Sélim II toutes les relations d'amitié qui avaient existé entre la Russie et la Turquie depuis le règne de Bajazet?

« Mon maître, disait alors l'ambassadeur d'Ivan Vasilévitch aux pachas, n'est pas l'ennemi de la religion de Mahomet. Plusieurs de ses vassaux professent hautement le culte du Prophète et l'adorent dans leurs mosquées. »

La politique, au sein même des temps qui eussent dû se montrer les plus inaccessibles à la raison d'État, n'a jamais vécu que de compromis et de tolérances. Il était plus facile à la reine Élisabeth de mettre sa main dans la main de Sélim II que dans celle de Catherine de Médicis, bien que son ambassadeur Walsingham se fût contenté d'appeler le massacre de la Saint-Barthélemy « un tumulte ». Cependant, avouons-le, si ce fut une grande habileté, ce ne saurait être un titre d'honneur d'avoir traité avec Sélim II, le lendemain de la bataille de Lépante.

Les dernières années d'Ivan IV ne furent ni moins attristées ni moins sanglantes que les dernières années de Soliman le Grand. En 1584, sa mort livrait l'empire russe aux discordes intestines et aux trahisons de famille. Un fou seulement venait de disparaître, un fou qui, après avoir frappé de son bâton ferré le tsarévitch et lui avoir infligé une blessure mortelle, était resté pendant plusieurs jours assis à côté du corps de son fils, muet, privé de sommeil et refusant avec obstination toute nourriture. Et ce fou, — chose étrange, — laissait un vide immense après lui : tant la royauté tenait autrefois de place dans la vie des peuples. Si la mort d'Ivan IV était une telle calamité pour la Russie, que dut être pour la Pologne la perte du souverain qui lui rendait une à une ses provinces et menait boire ses chevaux dans les eaux du Volga? Étienne Batory fut frappé en 1586 d'une mort subite ; trois ans plus tard, les Suédois évacuaient la Livonie. L'astre de la Pologne venait de jeter ses dernières lueurs ; celui de la Russie montait lentement dans le ciel. Sous cet éclat de jour en jour croissant devaient bientôt s'éteindre tous les autres feux du Nord. La grandeur de la Russie date d'Ivan le Terrible ; la Compagnie moscovite y a certainement aidé.

CONCLUSION

CONSÉQUENCES POLITIQUES
DES DÉCOUVERTES MARITIMES DU XV⁰
ET DU XVI⁰ SIÈCLE

Chaque siècle semble éclore avec sa tâche marquée à l'avance. Le seizième siècle était destiné à parfaire l'œuvre ébauchée par Christophe Colomb et par Vasco de Gama; il n'a pas seulement complété la découverte du globe; il l'a ouvert au commerce européen. Où la caravelle a passé, des flottes de galions déploieront bientôt leurs voiles. L'univers s'élargit, les États se transforment, les suprématies se déplacent. Avec Philippe II et Ivan le Terrible, la terre s'incline lentement sur son axe; l'onde s'affaisse au midi et s'enfle à vue d'œil vers le pôle. Que va-t-il survenir? Est-ce un nouveau déluge? Les prédictions de Chancelor et de Sigismond-Auguste sont-elles déjà en voie de s'accomplir? Non! le flot menaçant ne s'est gonflé que pour rester immobile.

Ne vous y trompez pas; cette immobilité subite n'est pas définitive : ce n'est qu'un caprice de la marée. Le vent du large vient parfois refouler les fleuves vers leur source; l'anarchie, succédant à l'usurpation, repousse en arrière d'un souffle irrésistible cette race torrentueuse des Slaves et des Varègues que nous avons vue, sous un jeune et entreprenant monarque, soudainement reprise du besoin de s'épancher; Ivan IV a emporté l'humeur conquérante de ses sujets dans sa tombe. Que l'Europe se rassure, elle aura près de trois siècles pour relever les digues qui ont failli fléchir; l'Océan arctique ne la surprendra pas. L'Angleterre a trouvé une compensation à la rivalité qu'elle-même a fait naître. Quand la vague impérieuse reviendra gronder à nos portes, heurtant d'un côté les déserts de Tamerlan, de l'autre le vieil empire de Byzance, elle rencontrera, prête à dresser de tous côtés aussi la barrière, l'impératrice des Indes à la tête de ses cent vingt millions de sujets.

Comment s'est fondée la puissance à laquelle le sort réservait un tel rôle? Comment du haut de ses falaises la race anglo-saxonne a-t-elle pu jeter ses bras monstrueux jusqu'aux extrêmes bords de l'Asie? Le déclin de l'Espagne et les malheurs de la France ont fait la grandeur de l'Angleterre:

Ceux que les dieux aiment, a dit le poëte, meurent jeunes. Les rois que le ciel protége ne règnent pas trop longtemps. La vieillesse de Philippe II fut fatale à l'Espagne. Et cependant quel règne s'ouvrit jamais sous de plus heureux auspices que le règne du fils de Charles-Quint? Quel souverain fut plus près de réaliser ce rêve caressé par tant de grands rois : la monarchie universelle! Au moment où le tsar de Russie avait déjà un pied dans le tombeau, le roi d'Espagne devenait, par une faveur inespérée du sort, le maître incontesté de toute la péninsule Ibérique. A plus juste titre que son glorieux père, il pouvait se proclamer le champion du droit, le soldat de Dieu sur la terre. Le soleil ne se couchait plus sur ses États; la faveur de Rome lui était acquise, et, grâce aux divisions qui déchiraient la France, nul contre poids ne gênait son essor. La navigation hauturière ne semblait avoir travaillé que pour lui. Le 15 août 1415, la prise de Ceuta ouvrait à l'Europe l'ère féconde des expéditions d'outre-mer; en 1581, quand l'Espagne et le Portugal se trouvèrent réunis sous le sceptre de Philippe II, ces expéditions poursuivies sans relâche pendant près de deux siècles avaient donné naissance à une des plus vastes dominations qui se soient jamais étendues sur le monde. Telles furent les conséquences du perfectionnement apporté à l'art de se diriger en haute mer. L'histoire n'a rien qu'elle leur puisse comparer, si ce n'est peut-être la grande inondation de l'islamisme.

Mais bientôt — le 27 juillet 1588 — cette merveilleuse fortune s'interrompt. La grande Armada est en fuite vers le nord de l'Écosse; les vaisseaux de la Compagnie moscovite, s'ils reviennent en ce moment des bords de la Dwina, n'auront guère à redouter sa rencontre. C'est en vain que Medina Sidonia, fidèle aux ordres du maître, a su, pendant huit jours, « se faire battre sans se laisser arrêter »; les hésitations du duc de Parme ont tout perdu. Philippe II s'incline devant la volonté divine; il n'accuse personne de son insuccès. Ce n'est pas seulement un spectacle touchant, c'est un spectacle fait pour inspirer le respect que celui du calme et de la dignité dans de tels malheurs. Le gouvernement des peuples n'est pas un jeu d'enfant, et le ciel ne fait pas des rois tous les jours. Sous ce rapport, le ciel fut prodigue envers le seizième siècle. Après lui avoir donné Léon X, François Ier, Soliman le Grand, Charles-Quint, il lui envoya, pour clore ce cycle unique, Philippe II et Ivan le Terrible — deux volontés fortes et deux cruautés froides qui aboutirent, en suivant à peu de chose près la même route, à des résultats bien différents. Ivan IV fonda un empire aux destinées duquel nous n'entrevoyons pas encore de limites; Philippe II fit peu à peu déchoir celui à qui sa pensée ambitieuse avait cru préparer une domination jusque-là sans exemple : la soumission des esprits et des âmes. Ce grand souverain, qui n'avait de passion que pour les affaires, dont la diplomatie s'étendait comme un réseau sur l'Europe, embrassa évidemment un programme trop vaste. La difficulté des communications au seizième siècle aurait dû lui interdire les illusions que nourrit si longtemps son zèle théologique. Il avait un levier trop court pour soulever le monde. Quand ce levier se brisa dans ses mains, le monde retomba de tout son poids sur l'Espagne; s'il ne l'écrasa pas, il étouffa du moins son expansion pour des siècles. L'Espagne se trouva violemment rejetée de l'autre côté des Pyrénées. De tout le travail d'un siècle, il ne lui resta que la grande œuvre accomplie sur l'autre rive de l'Océan par ses navigateurs et par ses missionnaires.

Cette période de recul mérite qu'on s'y arrête; elle met en regard deux situations très-distinctes. On a longtemps dit que sans colonie, il ne pouvait exister de marine; la proposition inverse serait encore plus vraie. Privée de sa marine, l'Espagne ne perdit cependant que les possessions d'outre-mer qu'elle tenait du roi dom Sébastien; elle conserva celles qu'elle devait au courage des Cortès, des Pizarre et des Legaspi. D'où vient cette diversité de fortune pour des territoires également abandonnés de la métropole? Un seul fait l'explique. Les colonies du nouveau monde n'étaient plus des colonies. En les conquérant à la foi du vainqueur, la prédication de l'Évangile en avait fait des provinces espagnoles; l'invasion étrangère ne parvint jamais à s'y implanter. Cette assimilation religieuse n'était guère possible dans les Indes, où l'islamisme et le brahmanisme avaient pris les devants. Il faut tenir compte de cette circonstance et se bien garder de trop insister sur les prétendues fautes, sur les « *disparates* » que l'indignation du poëte signalait, dès l'année 1555, à la postérité. Attribuer la ruine de l'œuvre colossale élevée par les mains des Albuquerque et des Jean de Castro aux dissensions intestines dont les fonctionnaires européens ont pu quelquefois donner aux populations indigènes le fâcheux spectacle, serait méconnaitre les causes bien autrement sérieuses qui firent écrouler une domination mal assise. Quand l'Inde portugaise succomba sous les coups des ennemis qui lui vinrent de toutes parts, d'outre-mer, elle n'appartenait plus à la maison d'Aviz ; l'Espagne chancelante l'entrainait dans son déclin.

La décadence financière de l'Espagne précéda et amena sa décadence politique. Ce roi d'un pays jadis pauvre, que l'exploitation du nouveau monde avait tout à coup enrichi, ce roi qui équipait des flottes presque aussi nombreuses que celles de Xerxès, qui rassemblait des armées dignes de combattre sous un autre Alexandre, eut le tort de jeter ses subsides et ses troupes à tous les vents. Il était, il est vrai, imploré de toutes parts. Les habitants de Paris et ceux de Rouen tendaient vers lui les bras ; la Bretagne insurgée attendait ses secours. Il fut, jusqu'à sa dernière heure, le suprême espoir et l'épée du catholicisme; mais la dette publique de l'Espagne, qui était de soixante-six millions de francs à son avènement, dépassait le chiffre de trois milliards quand il mourut. La parcimonieuse et sèche Élisabeth obtint un résultat tout autre d'un règne qui dura, comme celui de Philippe II, près de quarante-cinq ans. Ses finances ne furent jamais obérées, son peuple ne ploya jamais sous le fardeau des impôts. Elle avait trouvé l'Angleterre sans marine; la couronne, au jour de sa mort, le 24 mars 1603, possédait quarante et un navires : dix jaugeaient de mille à sept cents tonneaux et portaient de cinq cents à huit cents hommes d'équipage.

C'était l'époque où la France se débattait dans les horreurs de la guerre civile. Il ne s'agissait plus pour elle de grandir, mais de vivre. Sans doute, il est toujours désirable d'avoir une forte armée et une nombreuse flotte; il est très-facile de le dire, et, à ce compte, on peut, sans trop de peine, se faire une réputation de patriotisme. Ce qu'il est plus malaisé de trouver, c'est le secret de subvenir, sans ruiner l'État, aux dépenses qu'entraîne ce double développement des forces nationales. Quand Sully vit le pavillon de son maître insulté dans la Manche par une ramberge anglaise, il ne put manquer de comprendre la nécessité pour la France d'avoir une marine; mais lorsqu'en 1595 il prit la direction des finances, « l'État, nous apprend Forbonnais, dans la remarquable étude dont Louis XV eut le tort de ne pas faire tout le premier son profit, devait deux cent quatre-vingt seize millions à la reine d'Angleterre, aux cantons suisses, aux princes d'Allemagne, aux Provinces-Unies et à divers autres créanciers ». Sully paya les dettes de la couronne, réduisit les impôts de moitié et accrut les revenus de quatre millions. Henri IV put alors songer à envoyer, lui aussi, des navires dans les Indes et en Chine. L'ambassadeur de France s'abouchait, en Hollande, avec Isaac Lemaire pour aviser au moyen d'arriver à l'orient, comme l'avait voulu Sébastien Cabot, par le nord, quand, le 14 mai 1610, le meilleur des rois fut assassiné. La disette d'argent redevient sur-le-champ générale. Que servait aux parlements, en ces temps désastreux, de représenter au pauvre roi Louis XIII « que son royaume était flanqué de deux mers et que son autorité ne pouvait se maintenir sans une force maritime » ? A quoi bon ajouter « que cette force, on était obligé de l'avoir toute prête, car on peut faire et refaire des armées entières dans un jour ; il faut des mois et des années pour construire des vaisseaux » ? Nation essentiellement militaire, et par goût et par nécessité, la France n'en a pas moins montré, dès qu'elle s'est éveillée à la vie publique, une sollicitude extrême pour le développement de sa puissance navale. Sous ce rapport, les gouvernements divers auxquels elle a obéi n'ont jamais été obligés de la presser; elle a devancé leur appel par ses offres, elle les a souvent fatigués de ses impatiences. Le cardinal de Richelieu fit une digne réponse à ces doléances. Comme nous l'avons déjà dit au début de ce livre, il rétablit l'ordre dans les esprits, par contre dans les finances, et en moins de cinq ans il nous donna une marine. « Je voudrais me faire vaisseau », écrivait-il à l'archevêque de Sourdis.

Le 19 mai 1635, la guerre est déclarée par le roi de France à l'Espagne. Ce fut dans cette guerre que la marine française révéla au monde son existence; elle le fit par un coup d'éclat. Composée des escadres de Bretagne, de Guyenne et de Normandie, la flotte comptait trente-neuf vaisseaux, six brûlots et douze flûtes. Le vaisseau amiral, bâtiment de mille tonneaux, portait cinquante-deux canons des calibres de trente-six, de vingt-quatre, de dix-huit et de douze. Les autres vaisseaux, achetés pour la plupart en Hollande ou loués à la Compagnie des Indes, auraient à peine mérité d'être comparés, les plus gros à nos corvettes, les autres à nos bricks. Ce n'en était pas moins un armement considérable pour l'époque, puisqu'il comprenait plus de six mille hommes embarqués et neuf cent cinquante pièces de tout calibre. La dépense en était évaluée à cent cinquante-deux mille livres par mois. En même temps, le premier vaisseau de ligne qu'ait possédé la France s'équipait au port de Brouage. Construite dans la Vilaine, à la Roche-Bernard, par le sieur Morieu de Dieppe, la *Couronne* devait être la digne rivale du *Souverain des mers* que les Anglais venaient de lancer à Erith. C'était un navire de dix-huit cents tonneaux, offrant par conséquent, à peu de choses près, le déplacement de nos vaisseaux de soixante-quatorze. Deux forêts de M. de Rohan avaient, disait-on, été employées à le bâtir. Quand il prit la mer, il étonna tous les marins par la rapidité de sa marche et par la facilité de ses évolutions. La construction de ce bâtiment marque un immense progrès dans l'architecture navale.

Six mois après l'ouverture des hostilités, les Espagnols s'étaient emparés des îles Sainte-Marguerite. De ce poste avancé, ils inquiétaient et pouvaient dominer le rivage entier de la Provence. Il fallait, sans perdre un instant, s'occuper de leur reprendre une aussi dangereuse conquête. C'était surtout en vue de rendre le plus tôt possible la sécurité à nos côtes de Bretagne et de Saintonge, que la flotte dont nous avons fait connaître plus haut la composition avait été rassemblée à l'île de Ré. Richelieu prit le parti violent, malgré l'inconvénient de dégarnir cette portion si importante de notre littoral, d'envoyer les vaisseaux du Ponant rejoindre dans la Méditerranée les galères de Marseille. L'archevêque de Bordeaux, Henri d'Escoubleau de Sourdis, bouillant prélat qui n'avait alors que quarante-deux ans, fut nommé chef des conseils du roi dans cette armée navale ; le comte d'Harcourt en fut le généralissime; le marquis de Pontcourlay, neveu du cardinal, commanda les galères. Le 12 mai 1637, le fort de Sainte-Marguerite est enlevé par les forces françaises ; trois jours après, le fort de Saint-Honorat capitule.

L'année suivante, ce fut dans une mer plus difficile que la flotte de Richelieu dut agir. Le prince de Condé assiégeait Fontarabie, sur la Bidassoa, à six lieues environ de la barre de Bayonne. Notre flotte partit de la rade de Saint-Martin de l'île de Ré, le 27 juillet 1638, et se porta, dès sa première étape, au fond du golfe de Gascogne. C'était un terrain scabreux que celui sur lequel on l'aventurait. Deux hommes d'église ne devaient pas s'arrêter à de pareils détails. Le cardinal revivait dans cet archevêque qu'il avait fait nommer lieutenant général des armées navales de Sa Majesté, et ses instructions se résumaient en deux mots : « Audace et activité. » Toute flotte se partageait alors en trois escadres et comptait, en vertu de cette division, un amiral, un vice-amiral et un contre-amiral. L'amiral commandait l'escadre du centre, le vice-amiral l'avant-garde, le contre-amiral l'arrière-garde. Ces titres, dont plus tard on a fait des grades, n'indiquaient, dans le principe, que des fonctions temporaires. L'amiral de la flotte que devait diriger l'archevêque de Sourdis était un excellent officier. « Desgouttes, disait Richelieu en parlant de ce brave et vieux commandeur, c'est le père de la mer. » Le vice-amiral de Razilly, le contre-amiral de Cange avaient aussi leur réputation faite. Un personnage fort important alors, c'était le sergent-major de l'armée. Au sergent-major était dévolu le soin de ranger l'armée en bataille et de la faire évoluer conformément aux ordres de l'amiral. Le sieur de Caën, sur le *Triomphe*, remplissait cet office, qui avait une grande analogie avec les fonctions de nos chefs d'état-major. Parmi les capitaines, nous nous reprocherions de ne pas signaler deux hommes de mer encore à leurs débuts, destinés tous les deux à s'illustrer un jour : le chevalier Paul et Duquesne.

L'archevêque avait eu soin de se munir, avant d'aller à l'ennemi, de bons brûlots. « Il n'y épargna rien, nous apprend le Père Fournier; il y en avait de deux cents et trois cents tonneaux. Qui eût vu les grappins qu'ils portaient au bout de leurs vergues les eût pris pour des vaisseaux de guerre. » Ces brûlots trouvèrent promptement leur emploi. Le 17 août, une division de la flotte française, commandée par le sieur de Montigny, rencontre, à la hauteur de la baie de Guétarie, quatorze galions d'Espagne. Montigny les poursuit et les oblige à chercher refuge au port. L'archevêque, qui n'a pas cessé de bloquer de près Fontarabie, est incontinent averti de cette rencontre et de cette aubaine ; les recommandations du cardinal lui montent à la tête ; il dresse sur-le-champ son plan d'attaque. La position des Espagnols est forte ; toute une armée les appuie de son feu. Il y aura contre les assaillants de l'artillerie et de la mousqueterie, si l'on veut prendre les galions corps à corps. N'importe! on ne laissera pas échapper la proie que le destin envoie à la flotte de la mer océane. Le lion devenu vieux n'inspire plus la crainte, et Richelieu a dit : « Contre les Espagnols, il faut surtout hardiesse à entreprendre. » L'archevêque laisse devant Fontarabie le vice-amiral de Razilly avec vingt vaisseaux. Les dix autres vaisseaux et les six brûlots, il se charge de les conduire lui-même au port de Guétarie ; sur les onze heures du soir, il appareille. Le calme et la houle le mettent en grand péril. Son escadre est portée si près de la côte de Bayonne qu'il s'en faut de bien peu qu'elle ne soit entraînée dans les brisants. « Si un petit vent de terre ne s'était élevé, le 19, vers les neuf heures du matin, tous les vaisseaux partis le 18 au soir de Fontarabie étaient infailliblement perdus. » Imprudent archevêque! Et dire qu'un jour viendra où Richelieu le trouvera trop timide et l'accusera de lui avoir fait perdre la Catalogne!

On arrive enfin en vue de Guétarie. Le sieur de Montigny y gardait soigneusement les galions. Par malheur, le calme était survenu de nouveau. Les Espagnols mettent le temps à profit. Ils élèvent de toutes parts des batteries sur la côte et font filer vers le point menacé de l'infanterie en masse et de la cavalerie. Le 22 au matin, ce sont eux qui prennent à leur tour l'offensive. L'escadre française se voit contrainte à changer de mouillage. Avant qu'elle ait pu se mettre hors de la portée du canon, le vaisseau amiral a reçu un boulet dans son grand mât et a eu deux hommes tués sur le pont. Vers les deux heures, le vent d'est-nord-est se lève. Sourdis se porte à l'instant sur l'ennemi, et le combat s'engage. Ni le feu des cinq batteries de terre, ni celui des galions n'arrêtent les vaisseaux du roi. L'escadre va jeter l'ancre à une encâblure des navires espagnols. Couverts par la fumée, les brûlots, les braves et bons brûlots, se détachent alors du gros de l'armée et s'avancent. Le vice-amiral d'Espagne est un des premiers abordés. En trois heures, « Mgr de Bordeaux à mis en charbon quatorze vaisseaux et trois frégates ». Voilà une belle victoire et un vaillant bulletin ! Prompte besogne et courte dépêche, que peut-on désirer de mieux ? De toute cette flotte qui se composait de dix-sept voiles, non pas menu frétin, mais vaisseaux de six cents et sept cents tonneaux, il n'échappa qu'un seul navire, « troué et rasé de coups de canon ». L'armée du roi ne perdit pas un officier ; l'anéantissement de la flotte ennemie lui coûta tout au plus une trentaine de matelots tués ou blessés.

La joie du cardinal fut extrême, et sa munificence ne connut pas de bornes. « J'enverrai à tous les capitaines des brûlots, écrivit-il, une chaine d'or. » Incendiez donc une flotte à ce prix! Quoi qu'il en soit, on ne pouvait s'attendre, après un pareil début, à voir la marine française rétrograder, peu à peu s'amoindrir et bientôt disparaître.

L'œuvre de Richelieu était à recommencer. Et pendant ce temps quel développement gigantesque prenait la puissance anglaise! L'Angleterre jetait déjà les fondements de cette suprématie navale sur laquelle nous la voyons vivre encore aujourd'hui.

La rivalité commerciale de l'Angleterre et des Provinces-Unies tient presque autant de place dans l'histoire du dix-septième siècle que l'abaissement de la maison d'Autriche. La monarchie anglaise n'avait pas eu le temps de s'alarmer sérieusement de la grandeur naissante des Provinces-Unies; elle avait songé, avant tout, à faire échec à l'Espagne. Ce fut Cromwell, victorieux à Worcester, qui se chargea d'arrêter cette fortune dont le parlement britannique commençait à prendre ombrage. Les prétentions des Anglais étaient excessives. Nous avions été les premiers à en souffrir, mais nous étions faibles, obligés de recourir dans nos tristes discordes à l'appui de l'étranger. Nous nous résignâmes et nous

nous soumîmes; les gueux de mer émancipés depuis près de quatre-vingts ans furent plus fiers.

Dans toute l'étendue de ce qu'elle appelait les mers étroites — *narrow-seas* — de l'extrémité septentrionale de l'Écosse au cap Finistère, l'Angleterre prétendait que tout navire étranger baissât pavillon devant les couleurs britanniques. Ce n'était pas seulement *les honneurs de la mer* que les Anglais entendaient revendiquer par cette exigence, c'était le droit de propriété exclusive, le droit de pêche aussi bien que celui de navigation. Le salut du pavillon impliquait en effet la reconnaissance d'une souveraineté dont Selden faisait remonter l'origine à l'époque où les rois normands possédaient les deux rives de la Manche. Grotius repoussait cette étrange doctrine au nom des principes de justice sur lesquels repose tout l'édifice des sociétés modernes; plus fort et plus convaincant à lui seul que Selden et Grotius, Olivier Cromwell obligea la Hollande à en confesser la légitimité et à en subir les conséquences.

L'amiral Blake reçut l'ordre d'exiger des vaisseaux de guerre hollandais le salut du pavillon et de visiter les vaisseaux marchands. Le 13 mai 1652, la flotte de Blake et celle de Martin Tromp en vinrent aux mains à la hauteur de Douvres. La victoire demeura indécise, mais une grande lutte était engagée; avant de se terminer, elle devait faire couler des flots de sang. Les forces mises en mouvement peu à peu grossissent ; Tromp et Blake tiennent la mer avec des flottes de cent vingt voiles. Des vaisseaux de quatre-vingts canons et de six cents hommes d'équipage portent le pavillon des amiraux. Tromp, pour le seconder, a Ruyter et Evertzen ; Monk et Dean combattent sous les ordres de Blake. Le 3 juillet 1653, c'est un amiral anglais, l'amiral Dean, qui est frappé en plein corps d'un boulet de canon ; le 1er août, ce sont les Hollandais qui perdent à la fois, dans la même journée, Tromp et Evertzen, l'un tué, l'autre fait prisonnier. La Hollande se soumet à ce dernier coup. Cromwell s'empresse de lui accorder la paix et se retourne contre l'Espagne.

La grande monarchie du midi était de tous côtés battue en brèche. La France avait détruit ses armées ; l'Angleterre la ruinait. Huit galions chargés des lingots du Mexique furent pris, brûlés ou coulés à fond par trois vaisseaux anglais. Six autres galions furent enlevés par l'amiral Blake sous les forts de Ténériffe. Pour achever cette antique ennemie, Cromwell parut oublier un instant l'éternelle rivalité de la France et de l'Angleterre ; il nourrissait de plus profonds desseins que ne le supposaient ses nouveaux alliés. Le lord protecteur avait envoyé six mille hommes de ses meilleures troupes se joindre à l'armée du roi ; il exigea pour prix de ce service les places de Dunkerque et de Mardyk. L'Angleterre eut de nouveau un pied sur le continent.

Heureusement pour la France, Cromwell mourut le 13 septembre 1658, et le roi Charles II n'hérita pas de ses projets. Deux ans après être remonté sur le trône des Stuarts, ce prince voluptueux et sceptique vendit Dunkerque à la France pour la somme de cinq millions de francs. Il allait en dépenser cent quatre-vingt-cinq pour renouveler contre la Hollande une guerre aussi injuste qu'impuissante.

La France avait alors un roi, et ce roi avait rencontré un homme. Si Colbert ne restait, dans une certaine mesure, responsable des témérités de son fils, le marquis de Seignelay, pour lequel il avait, de bonne heure, réclamé la *survivance*, il faudrait le mettre sans hésiter au-dessus de Richelieu et au-dessus de Sully. Ni Sully ni Richelieu n'ont eu, à l'égal de Colbert, « la connaissance des effets du commerce ». Admirable ministre qui, secondé par quinze employés qu'il appelait avec un merveilleux sang-froid « ses bureaux », sut créer en quelques années la flotte devant laquelle l'Angleterre et la Hollande un instant tremblèrent! Les héros font la grandeur et la gloire des nations ; les bons financiers font la gloire des héros, car ce sont eux qui forgent les armes avec lesquelles les héros triomphent.

Anne d'Autriche trouva les fonds de 1644, de 1645, de 1646 consommés entièrement. « Les rentes qui s'étaient jadis constituées au denier quatorze ne se plaçaient plus alors qu'au denier quatre. » Le roi, en d'autres termes, recevait cent francs de capital et se reconnaissait débiteur de vingt-cinq francs de rente perpétuelle. En 1659, la dépense courante s'élevait à soixante millions, et les revenus ne dépassaient pas quarante-huit ; le peuple payait quatre-vingt-dix millions dont le roi touchait à peine trente cinq ; deux années de revenu étaient consommées d'avance. En 1661, apparaît Colbert ; tout va changer. Dès l'année 1664, les revenus atteignent le chiffre de cinquante-trois millions, de cinquante-huit en 1665, de cinquante-neuf en 1666, de soixante-trois en 1667, de soixante-quatre en 1668. En 1669, on peut les évaluer à plus de soixante-dix millions.

Pour accroître le produit des tailles et augmenter la puissance du royaume, était-il un plus sûr moyen que de favoriser la fécondité des unions ? Jacques Bonhomme devient sous ce rapport l'objet de la sollicitude toute particulière du ministre. Au mois de novembre 1666, Colbert a fait rendre un édit ainsi conçu :

« Tous nos sujets taillables qui auront été mariés avant ou dans la vingtième année de leur âge seront exempts des charges publiques jusqu'à ce qu'ils aient vingt-cinq ans révolus.

« Tout père de famille ayant dix enfants vivants, nés en loyal mariage, sera exempt de toute taille, taillon, sel, subside et autres impositions ; tutelle, curatelle, logement de gens de guerre, contribution aux ustensiles, guet, garde et autres charges. »

Quelle nomenclature! et qu'on y voit bien la grande utilité de naître à cette époque gentilhomme ! N'ayant point de charges dont on pût exonérer cette heureuse catégorie, on la récompensait, quand elle voulait bien suivre le salutaire exemple des plébéiens, par une pension.

« Les gentilshommes et leurs femmes qui auront dix enfants vivants jouiront de mille livres de pension par an — de deux mille livres s'ils ont douze enfants. »

En 1670, « la prospérité ne cesse pas de croître, mais l'économie des premières années ne préside plus au maniement des finances ». La dépense réelle excédait la dépense projetée de plus de dix millions, et les recettes d'environ neuf millions; l'État vivait de nouveau sur des anticipations de revenus. « Anticiper sur les revenus, a fait observer Necker, c'est les consommer d'avance; de là vient le mot d'*anticipations*. » Pour anticiper, l'enregistrement du parlement n'était pas nécessaire; aussi tenait-on l'anticipation « pour l'emprunt le plus séduisant et le moins cher ». Le marquis de Seignelay arrivait à son heure; « l'économie avait cessé d'être de mode en France. »

Louis XIV voulait entretenir constamment armés cent vingt vaisseaux de guerre : douze du premier rang — vingt-trois du second — trente-trois du troisième — vingt-trois du quatrième — vingt-neuf du cinquième — trente frégates légères — vingt brûlots — vingt-quatre flûtes — cent quatre-vingt-quatorze bâtiments en tout partagés entre cinq arsenaux : Toulon, Rochefort, Brest, le Havre et Dunkerque. Les vaisseaux de premier rang étaient des vaisseaux à trois ponts de quinze cents tonneaux de jauge ; les vaisseaux de second rang avaient trois ponts entiers ou deux ponts et demi ; le troisième pont s'étendait de la poupe jusqu'à mi-longueur du navire. Le nombre des canons n'était ni au-dessus de soixante-dix ni au-dessous de cinquante-six.

Par une singulière coïncidence, les fonds attribués alors à la marine offraient à peu de chose près un chiffre identique avec celui des revenus consacrés à entourer le pouvoir suprême d'un éclat qui était encore au dix-septième siècle considéré comme une nécessité de premier ordre. En 1670, l'État comptait sur soixante-dix millions de recettes. Il en destinait de neuf à dix à l'entretien de la maison du roi, de la reine, de Monsieur, de Madame, de Madame douairière ; six aux bâtiments, trois aux pensions, onze à la marine et vingt à la guerre. Il faut être juste cependant : les fonds absorbés par l'entretien des maisons royales ne représentaient pas seulement ce qu'on a désigné plus tard sous le nom de liste civile ; le luxe du souverain constituait une partie notable de la force militaire du pays ; il dispensait aussi de toute autre subvention accordée aux beaux-arts.

De 1671 à 1678, la dépense excéda la recette de

près de vingt-six millions. En 1684, un an seulement après la mort de Colbert, les revenus, qui s'étaient élevés à cent six millions, redescendent au chiffre de quatre-vingt-huit. En 1689, la guerre devient générale, et « l'on ne parle plus que de combats et de ressources de finances ».

Seignelay n'a pas la responsabilité directe de la glorieuse défaite de la Hogue. Il était mort le 3 septembre 1690; la bataille de la Hogue eut lieu le 29 mai 1692. — mais le ministre qui voyait dans Tourville « un poltron de tête », n'a-t-il pas, jusqu'à un certain point, inspiré le triste et célèbre message expédié par son successeur? Attaquer l'ennemi « fort ou faible » est un ordre qu'il ne faut pas donner aux hommes de cœur dont d'injustes reproches ont exaspéré le courage, car ils sont gens à l'exécuter. La flotte française ne se releva pas de cet acte de désespoir. « La misère du royaume était extrême, de nouveaux impôts ne tardèrent pas à y mettre le comble. » Le discrédit des finances amena, de 1700 à 1715, la ruine graduelle de la flotte. S'il faut en croire les archives de la marine, rien n'était alors payé dans les ports, « ni appointements, ni ouvriers, ni souvent le prêt des soldats ». On compta en 1709, dans le seul port de Rochefort, plus de six cents hommes qui moururent littéralement de faim et de misère. Dans les dernières années du règne de Louis XIV, le défaut de radoubs, avait mis la plupart des vaisseaux hors de service.

Un ministre de la marine — ce fut, je crois, M. de Mackau, — prononça, sous le gouvernement de Juillet, une parole qu'il serait peut-être bon de ne pas oublier : « L'économie, dit-il, est aussi une puissance. » La sage économie, entendons-nous bien, non pas celle qui fit, en 1761, réformer la dépense des chats entretenus dans les magasins pour la destruction des rats, quoiqu'il n'en coûtât que douze francs par jour, mais l'économie qui admet les grands sacrifices et réprime sévèrement les moindres gaspillages. Si Louis XIV n'eût pas survécu à Colbert, la monarchie française serait probablement debout, car la monarchie succomba sous sa dette bien plus encore que sous un prétendu besoin de réformes. Les réformes, on les allait accomplir ; la dette, on était dans l'impossibilité de la payer. En tout cas, nous aurions encore nos colonies, nous aurions l'Inde et nous aurions le Canada, cette nouvelle France qui n'a pas cessé de parler notre langue et qui a le cœur plus français que nous ne l'avons souvent nous-mêmes. La cause principale, sinon la cause unique, du déclin de nos armes, sous Louis XIV comme sous Louis XV, comme sous le Directoire, a été l'embarras croissant de nos finances. Cet embarras nous a fait perdre l'un après l'autre nos vaisseaux. Quand nous n'eûmes plus de vaisseaux, nous n'eûmes pas longtemps des colonies.

Et maintenant nous sommes riches! Qu'allons-nous faire de tant de ressources? N'imitons ni Louis XIV ni Philippe II, n'imitons pas même Colbert, car les temps où nous vivons ne ressemblent guère à l'époque où s'exerçait le génie de ce grand ministre. La plus grave faute qui se puisse commettre en politique, ce sont les anachronismes. Tout le monde au quinzième et au seizième siècle voulait aller au Cathay. C'est le Cathay, prenons-y bien garde, qui bientôt va venir chez nous. Il y peut apporter une crise industrielle dont je ne me chargerais pas de mesurer les conséquences. « Nous avons mis la main dans la ruche, disais-je il y a vingt-six ans, et nous avons éveillé les abeilles. » Cette main, ne l'enfonçons pas trop avant; nous avons mieux à faire. Notre effacement n'est pas de la sécurité, et une grande nation ne peut vivre d'alarmes; sa prospérité matérielle même en souffrirait. Nous reparaîtrons donc tôt ou tard sur la scène du monde. Reparaissons-y avec une marine respectable et une situation dégagée. Nous ferons ensuite nos plans de campagne.

FIN DU DEUXIÈME VOLUME.

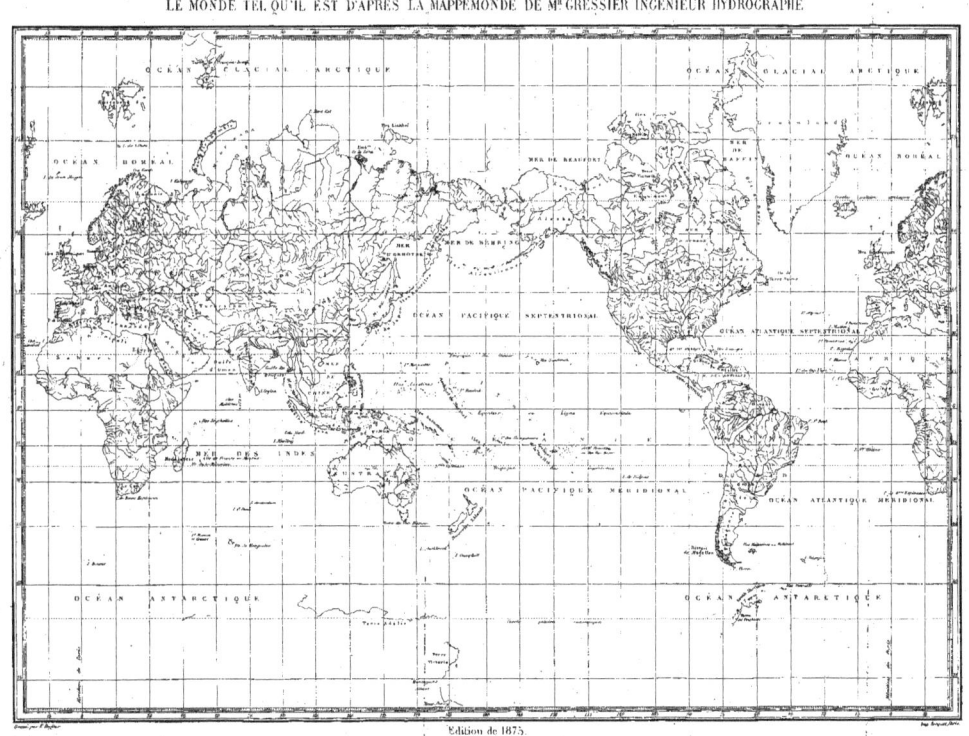

TABLE DES MATIÈRES

DU DEUXIÈME VOLUME.

TROISIÈME PARTIE

LA COMPAGNIE MOSCOVITE

Chapitre	Ier. — Stephen Burrough........................	1
Chapitre	II. — Établissement des relations commerciales entre l'Angleterre et la Russie................	51
Chapitre	III. — Les marchands anglais en Russie..........	81
Chapitre	IV. — De Moscou à Astrakan....................	127

QUATRIÈME PARTIE

LES VOYAGES D'ANTHONY JENKINSON

Chapitre	Ier — La mer Caspienne et la terre des Turcomans.	151
Chapitre	II. — Jenkinson et le Grand Sofi..............	183
Chapitre	III. — La terreur en Russie et les progrès de la Compagnie moscovite........................	233
Chapitre	IV. — Les dernières années d'Ivan le Terrible et la dernière ambassade de Jenkinson........	279

CONCLUSION

Conséquences politiques des découvertes maritimes du XVe et du XVIe siècle................................... 321

PARIS. TYPOGRAPHIE DE E. PLON ET Cie, RUE GARANCIÈRE, 8.

En vente à la même Librairie :

L'Afrique centrale. Expéditions au lac Victoria-Nyanza et au Makraka Niam-Niam, à l'ouest du Nil Blanc, par le colonel Chaillé-Long. In-18, avec carte et gravures. Prix. . . 4 fr.

Afrique orientale : Abyssinie, par A. Raffray. Un vol. in-18, orné d'une carte spéciale et de gravures sur bois. Prix. 4 fr.

Cachemire et petit Thibet, d'après la relation de M. F. Drew, par le baron Ernouf. In-18, avec carte et gravures. 4 fr.

La Conquête du Pôle nord, par W. de Fonvielle. Un volume in-18 avec gravures. Prix. . . . . 4 fr.

En Karriole à travers la Suède et la Norwége, par A. Vandal. Un vol. in-18 avec gravures sur bois. 2e *édition*. Prix. 4 fr.

Bosnie et Herzégovine, souvenirs de voyage pendant l'insurrection, par C. Yriarte. In-18 jésus, avec carte et gravures. 4 fr.

De Paris à Pékin par terre, par M. V. Meignan. Un volume in-18 jésus, avec gravures et carte. 3e *édition*. Prix. . 4 fr.

Syrie, Palestine, mont Athos, par le vicomte Eugène-Melchior de Vogüé. Un volume in-18 jésus, avec gravures. Prix. 4 fr.

La Hollande pittoresque : Voyage aux villes mortes du Zuiderzée, par M. Havard. In-18 illustré. 3e *édition*. Prix. 4 fr.

La Hollande pittoresque : Les Frontières menacées. Voyage dans les provinces de Frise, Groningue, Drenthe, Overyssel, Gueldre et Limbourg, par H. Havard. Un volume in-18 jésus, avec gravures et carte. 3e *édition*. Prix. . . . . 4 fr.

La Hollande pittoresque : Le Cœur du pays. Voyage dans la Hollande méridionale, la Zélande et le Brabant, par H. Havard. Un volume in-18 jésus avec gravures. Prix. . . . . . 4 fr.

L'Afrique équatoriale : Gabonais, Pahouins, Gallois, par le marquis de Compiègne. Un volume in-18 jésus, enrichi d'une carte spéciale et de gravures sur bois. 3e *édition*. Prix. 4 fr.

L'Afrique équatoriale : Okanda, Bangouens, Osyéba, par le marquis de Compiègne. Un volume in-18 jésus, avec une carte spéciale et des gravures sur bois. 2e *édition*. Prix. . 4 fr.

PARIS. TYPOGRAPHIE DE E. PLON ET Cie, RUE GARANCIÈRE, 8.

www.ingramcontent.com/pod-product-compliance
Lightning Source LLC
Chambersburg PA
CBHW060332170426
43202CB00014B/2754